实用 HSE 管理

罗远儒　张晓何　侯　静　主编

石油工业出版社

内 容 提 要

本书结合 HSE 管理实践，系统介绍了 HSE 管理理论，内容包括风险评价与管理、安全系统工程、人机工程学、安全心理学、安全经济学、职业健康管理和应急管理等。

本书系统性和实用性较强，适合 HSE 管理人员使用，也可供基层员工阅读。

图书在版编目（CIP）数据

实用 HSE 管理/罗远儒，张晓何，侯静主编 .
北京：石油工业出版社，2013.9
ISBN 978 - 7 - 5021 - 9691 - 2

Ⅰ. 实…

Ⅱ.①罗…　②张…　③侯…

Ⅲ. 石油工业—工业企业管理—研究

Ⅳ. F407.226

中国版本图书馆 CIP 数据核字（2013）第 170511 号

出版发行：石油工业出版社
　　　　　（北京安定门外安华里 2 区 1 号　100011）
　　　　　网　　址：http://pip.cnpc.com.cn
　　　　　编辑部：(010)64255590　发行部：(010)64523620
经　　销：全国新华书店
印　　刷：北京中石油彩色印刷有限责任公司
2013 年 9 月第 1 版　2013 年 12 月第 2 次印刷
787×1092 毫米　开本：1/16　印张：14.5
字数：350 千字
定价：55.00 元
（如出现印装质量问题，我社发行部负责调换）

前　言

HSE 体系管理是 20 世纪 90 年代在国际上兴起的健康、安全与环境综合管理的现代管理模式。起初是在石油化工行业推行，由于它的科学性、系统性，现已逐步被包括制药、机械、玩具等行业广泛接受。

各行业在推行 HSE 体系管理过程中，都积累了不少宝贵的经验，有些已编纂成书。但迄今为止，都是将 HSE 管理中应用较为广泛的理论集合，还没有既汇总较为系统的 HSE 理论，又汇集实用有效的 HSE 管理实战经验的书籍。为了弥补这一不足，我们精心策划，编写了本书，目的在于梳理、汇总在 HSE 体系管理中所能涉及的 HSE 理论，提供我们在 HSE 体系推进过程中总结的实际经验。希望读者能从理论到实践、再到理论地进行学习，从而深刻领会 HSE 理论精髓，更加科学、自觉地指导 HSE 实践。

本书由浅入深地介绍了 HSE 基本理论，不仅收录了 HSE 管理工作者熟知的 HSE 基础理论，还有许多 HSE 专业书籍中欠缺的职业健康安全管理、应急管理、系统安全工程、人机工程学、安全心理学等理论，使之更为系统。同时，充分体现了中国石油几年来与世界知名企业（杜邦公司、壳牌公司）合作的理论成果。

本书与《HSE 推进实务》既独立成册，又相互联系。本书虽然更适合 HSE 管理人员使用，但由于它为保证 HSE 理论的系统性，也介绍了基本理论，因而可满足不同层次的基层员工、HSE 管理人员的需求。《HSE 推进实务》虽然更适合基层员工、基层干部使用，但由于 HSE 推进的工具、理念来源于理论，是 HSE 理论在现场的具体体现，因而也可作为 HSE 管理者的补充读物。

本书具有较强的系统性、理论性、针对性和实用性，既可以作为实施 HSE 管理体系企业的理论培训教材，也可以作为体系管理、HSE 理论研究人员的研究资料。

本书在编写过程中，参阅和引用了大量国内外文献资料，在此对原著者深表感谢。由于 HSE 体系管理的专业性、广泛性和复杂性，我们对这本书的编写虽力求全面和实用，但由于编者的水平有限，以及编写时间仓促，难免存在疏漏之处，敬请读者批评指正。

编　者

2013 年 6 月

目　　录

第一章　HSE 管理体系概述

　　石油工业发展初期，由于生产技术落后，人们只考虑对自然资源的盲目索取和破坏性开采，没有人深层次地、特别是从历史后果上，考虑这种生产方式对人类、对员工所造成的影响。随着"以人为本"思想的形成以及经济国际化进程的深入，国际社会越来越迫切地呼唤一个关注员工生命健康、保护环境的企业管理模式。伴着国际石油勘探开发多年工作经验的积累，健康、安全与环境管理体系（Health Safety and Environment Management System，HSE MS）应运而生，形成了健康、安全与环境合为一个整体的管理体系模式。可以说，HSE 管理体系是石油石化工业发展到一定时期的必然产物。

第一节　HSE 管理体系的起源与发展

一、HSE 管理体系的起源

　　美国的海上石油勘探与开发虽然比英国早 10 年，但在之后的 10 年中，英国已成为海上石油的最大生产国。海上作业的第一年，发生在英国大陆架的第一起海上事故意义深远。1965 年 12 月 25 日，自升式钻井平台"SeaGem"沉入深海，造成 13 人死亡。对这次事故的调查开始了安全条例的建立，1971 年英国通过了新的海上规章制度，但该制度并没有引起高度重视。

　　1974 年，国际石油工业勘探和开发论坛（E&P Forum）建立，它是国际协会的石油工业组织，论坛现有成员 52 名，来自世界上 60 个不同的国家。勘探与开发论坛组织了专题的工作组，从事健康、安全和环境体系的开发。

　　全球海上石油作业二三十年的实践，大大推动了各石油石化公司加强安全管理的进程。1985 年，壳牌（Shell）石油公司首次在石油勘探开发领域提出了强化安全管理（Enhance Safety Management，ESM）的构想和方法。1986 年，在强化安全管理的基础上，形成一套管理手册，并以文件的形式确定下来；1987 年，壳牌公司发布了环境管理指南（EMG）；1989 年，该公司又发布了职业健康管理导则（OHMG），使体系管理逐渐丰满，HSE 管理体系初现端倪。

　　20 世纪 80 年代后期，国际上的几次重大事故对安全工作的深化发展与完善起了巨大的推动作用。如 1987 年瑞士的桑多兹（Sandoz）大火，1988 年英国北海油田的帕玻尔·阿尔法（Piper Alpha）平台火灾爆炸事故，以及 1989 年埃克森（Exxon）石油公司瓦尔迪兹（Valdez）油轮触礁漏油事故引起了国际工业界的普遍关注，大家都深深认识到了石油石化作业的高风险特性，必须进一步采取更有效、更完善的管理系统，以避免重大事故的发生。

1988 年 7 月 6 日，英国北海油田帕玻尔·阿尔法平台上，一个大型的石油和天然气综合设备爆炸，死亡 167 人。英国政府和工业界被震惊了，政府任命卡伦（Lord Culten）爵士领导这次事故的公开调查，并成立了一个事故调查委员会。

对事故原因的调查显示，1988 年 7 月 6 日 21：45，帕玻尔·阿尔法平台上两台凝析油注入泵中的一台（甲泵）发生跳闸，夜班工人试图启动另一台停用待修泵（乙泵），却不知道乙泵正在维修，而且不知道乙泵的一些泄压管线上的安全阀已被拆除，上一班工人只在安全阀的位置上安装了一个盲板法兰，而该法兰却没有上紧螺栓。乙泵启动后，凝析油立刻从没有上紧的盲板法兰处泄漏，顿时引起燃烧爆炸，且规模不断增加，最终导致帕玻尔·阿尔法平台废弃，167 人死亡。这次事故中大多数人是在宿舍等待救援时窒息而死的，因为宿舍处于事故中心，且是一个密封系统，无法监测外面的情况。此外，周围平台发现帕玻尔·阿尔法平台失火爆炸后，由于没得到岸上总部命令，还继续把原油和天然气送到帕玻尔·阿尔法上，这不异于火上加油。通过调查发现了许多生产和管理漏洞：该平台用于过程控制（如同时生产和维修）的管理体系是完全不适用的，工作中的作业许可制度未能遵守，而且交接班的信息交流和检查也不到位，对于整套管线设备的管理也有许多不适当的重复。调查还发现，英国能源部工程处在事故发生的一个月前就对平台进行了检查，认为大体上符合条例，而这些都是由一个毫无经验的检查员在不到一天的时间内在平台上完成的。

卡伦爵士率领的调查组形成的报告和 106 条建议，不仅对管理体系的基本做法有了重新认识，促进了新的海上安全法规的制定，而且还启动了以目标管理为目的的法规研究。特别是调查报告中提出的安全状况报告（Safety Case）、安全管理体系（Safety Management System，SMS）、安全立法和强化执法等建议，对现代安全管理产生了革命性的影响。鉴于帕玻尔·阿尔法平台的惨痛教训，英国能源部要求石油作业公司建立安全管理体系和呈报"安全状况报告"，并在以后的每三至五年更新一次。

壳牌公司当年就制定了自己的安全管理体系（SMS），并在英荷壳牌公司范围的海上作业实施"安全状况报告（Safety Case）"。由于对健康、安全、环境危害管理在原则和效果上彼此相似，在实际过程中，它们三者又有不可分割的联系，因此很自然地把健康、安全和环境形成一个整体的管理体系。1991 年，壳牌公司委员会颁布了健康安全环境（HSE）方针指南。

1989 年，美国埃克森石油公司在阿拉斯加的"瓦尔迪兹"号巨型油轮发生重大泄油事故，约 37600 吨原油流入威廉太子湾洋面，扩散成一条面积约 1300 平方千米的浮油带，污染海岸 488 千米，大量野生动物和植物以及富饶的渔业资源深受其害，生态环境遭受严重破坏。这次事故的长期影响将持续几十年。这次重大泄油污染事故后，国际海事组织于 1990 年在伦敦召开了"国际油污防备和反应国际合作会议"，于 1990 年 11 月 30 日形成了《1990 年国际油污防备、反应和合作公约》。同一时期，美国通过了石油污染法（Oil Pollution Aat－90，OPA－90），规定大型油船今后不再采用单壳体，将由双壳体代替。

1991 年，在荷兰海牙召开了第一届油气勘探开发的健康、安全与环保国际会议，HSE 这一概念逐步为大家所接受。许多大石油公司相继提出了自己的 HSE 管理体系。1992 年，壳牌公司正式出版安全管理体系标准 EP92－01100。1994 年，油气勘探开发的健康、安全与环保国际会议在印度尼西亚雅加达召开。中国石油天然气总公司作为会议发起人之一和资助者，派代表参加了会议及论文评定。由于这次会议由美国石油工程师学会（SPE）发起，并得到国际石油工业保护协会（IPICA）和美国石油地质工作者协会（AAPG）的支持，影响面很大，有全球各大石油公司和服务厂商的参与，因而有关 HSE 的活动在全球范围内迅速展开。

1994 年 7 月，壳牌公司为勘探和开发论坛制定的"开发和使用健康、安全与环境管理体系导则"正式出版。1994 年 9 月，壳牌公司 HSE 委员会制定的"健康、安全与环境管理体系"正式颁布。1995 年，壳牌公司将卡伦报告所提出的安全管理体系和安全状况报告、EP92－01100、石油作业公司的经验和危害管理技术集于一体，采用与 ISO 9000 和英国标准 BS 5750 质量保证体系相一致的原则，充实了健康、安全、环境这三项内容，形成了完整的、一体化的 HSE 管理体系（HSE—MS）EP95－0000，这是石油行业长期以来经验积累的产物。

国际标准化组织（ISO）的 TC 67 技术委员会也随之在一些成员国家的推动下，着手从事 HSE 管理体系标准化工作。ISO/TC 67 是负责石油天然气工业材料、设备和海上结构标准化的技术委员会，1996 年 1 月，ISO/TC 67 的 SC6 技术委员会发布了《石油和天然气工业健康、安全与环境（HSE）管理体系》（ISO/CD 14690 标准草案），得到了世界各主要石油公司的认可，并逐步发展成为被国际石油界广泛推崇和共同执行的一种国际管理规则。从此，HSE 管理体系在全球范围内进入了一个蓬勃发展时期。

二、HSE 管理体系在国际上的发展

早在冷战时期，西方就把经济、贸易作为战略武器来使用。在制定世界贸易组织（WTO）多边贸易规则的过程中，美国等西方国家一再提出劳工标准、环境保护等社会条款，发展中国家也总是进行针锋相对的斗争。在关贸总协定（GATT）乌拉圭回合谈判中，发达国家就一再提出在国际贸易规则中应加上国家经济贸易政策、环境保护和劳工标准等新议题。1995 年，世界贸易组织成立，而 1996 年的新加坡部长级会议结束的宣言表明：世界贸易组织并不是不关心劳动标准问题，而是承认遵守核心劳动标准是一项国际的义务。

发达国家另一个重要武器就是"人权"。这种观点认为，在现代社会，人的尊严和权利高于一切，任何经济、社会活动必须首先服从保障基本人权这一目标，在国际经济一体化的今天更要崇尚这一原则。所以发达国家认为，他们有义务在与发展中国家进行经济贸易合作时，首先要注重当事国家的人权状况，尤其是涉及产品出口贸易企业的劳工状况。

从长期看，发展中国家将不得不顺应将劳工标准纳入世界贸易组织规则这一趋势。一个明显的标志就是"核心劳动标准"作为新议题被明确地列入新加坡世界贸易组织首届部长会议宣言的 23 个内容之中。作为石油石化企业，不得不紧跟这种趋势的发展，积极地搞好安全生产，保护劳动者在工作中的安全与健康，努力减少事故的发生，特别是杜绝能给企业带来恶劣影响、授人以柄的重特大事故发生。这既符合世界贸易组织提高生活水平的宗旨，也是现代文明的体现。

在这种形势下，1995 年上半年国际标准化组织正式开展职业健康安全管理体系标准化

工作，当时成立了由中、美、英、法、德、日、澳、加、瑞士、瑞典以及国际劳工组织和世界卫生组织（WHO）代表组成的特别工作组，并于 1995 年 6 月 15 日召开了第一次工作组会议，但会上各方观点不一。国际标准化组织遂于 1996 年 9 月 5 日至 6 日召开了职业健康安全管理体系标准化研讨会，来自 44 个国家及国际电工委员会（IEC）、国际劳工组织（ILO）、世界卫生组织（WHO）等 6 个国际组织的共计 331 名代表与会，讨论是否将职业健康安全管理体系纳入国际标准化组织的发展标准中，结果会上各方意见分歧较大。

国际标准化组织根据此次会议的研讨结果，于 1997 年 1 月召开的技术管理局（TMB）会议上做出决定：国际标准化组织目前暂不在职业健康安全管理体系领域开展工作。

尽管国际标准化组织做出了当前暂不开展职业健康安全管理体系标准制定工作的决定，但世界各国早就认识到职业健康安全管理体系标准化是一种必然的发展趋势，并着手本国或本地区职业健康安全管理体系标准化工作。据不完全统计，世界上已有 30 多个国家有相应的职业健康安全管理体系标准，最为典型的当属澳大利亚、英国等国，其国家内部有较为完整的标准系列、正规的培训机构和初步完善的国家认证制度。职业健康安全管理体系标准化在国际区域范围内发展也较为迅速，亚太地区职业健康安全组织（APOSHO）在近年来的几次年会上，都组织各成员对此进行研讨，特别是在 1998 年的第 14 次年会上建议各成员组织参照 ISO 14000 和 APOSHO 1000（草案）开发本国的标准。欧洲、大洋洲、亚洲、非洲一些国家标准化组织及认证机构共同参与制定了"Occupational Health and Safety Assessment Series（OHSAS 18000）"。国际劳工组织也在开展职业健康安全管理体系标准化工作，在 1999 年 4 月第 15 届世界职业健康安全大会上，国际劳工组织负责人指出，国际劳工组织将像贯彻 ISO 9000 和 ISO 14000 进行认证那样，研究进行企业职业健康安全管理的评价。随后，国际劳工组织颁布了关于职业健康安全管理体系的指南。

而美国石油工程师学会通过举办三次国际油气勘探开发的健康、安全与环保会议，也促进了石油工业职业健康和 HSE 管理的工作及标准的结合。1989 年，HSE 管理体系的代表——壳牌公司在实施 HSE 管理体系前，颁布了职业健康管理导则（OHMG），也为 HSE 管理体系与职业健康安全管理体系的融合在实践中找到了结合点。HSE 从产生到现在，虽然只是短短的十几年时间，但在全球范围内迅猛发展，形成了目标一致、要素相近、模式各异的庞大体系。如目前较为通行的壳牌模式、杜邦模式、BP 模式及美国石油学会 EHS 模式等，不一而足。

毫无疑问，在过去的时期内，通过实施不同方式的 HSE 管理，安全行为在石油勘探和开发作业中已得到很大的改进，见图 1-1。

壳牌公司是世界四大石油石化跨国公司之一，该公司拥有员工 4 万余人。它的管理体系共有 7 个要素，和 ISO/CD 14690 标准草案是一致的。其 HSE 方针是：任何事故都是可以预防的；HSE 是业务经理的责任；HSE 目标同其他经营目标一样，具有同样的重要意义；创造一个安全和健康的工作环境；保证有效的安全、健康训练；培养每个人对 HSE 的兴趣和热情；每个职工对 HSE 都负有责任；承诺为可持续发展做贡献。壳牌公司强调必须加强对雇员和承包商的 HSE 培训，必须舍得花费人力和财力来预防事故的发生，必须制定一个明确的计划和建立一个必不可少的管理机构，必须建立一整套 HSE 规划的内部审查制度。这些都是明智的做法。

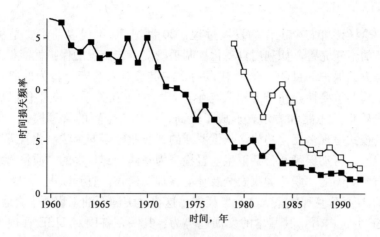

图 1-1　典型的安全行为的改进

　　壳牌 HSE 管理体系模型（图 1-2）是建立在早期的壳牌 HSE 指南和安全管理经验基础之上的。

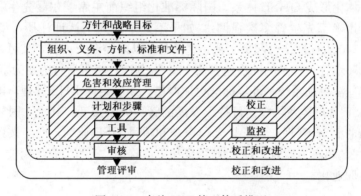

图 1-2　壳牌 HSE 管理体系模型

　　而 BP 集团，它的 HSE 体系包括 13 个要素。其 HSE 目标是：追求并实现出色的健康、安全和环保表现，对健康、安全和环保表现的承诺是该集团五大经营政策（道德行为、雇员、公共关系、HSE 表现、控制和财务）之一。其承诺是：每一个 BP 员工无论身处何地，都有责任做好 HSE 工作；良好的 HSE 表现是事业成功的关键；目标是无事故、无害于员工健康、无损于环境。为了确保 HSE 管理体系行之有效，它建立了定期的风险评估、同行审查、自评估和外部评价。其 HSE 原则是：所有的事故都是可预防的；安全的工作是每个雇员的责任（包括 BP 直接监督下的承包商）；安全操作（包括安全运输、产品安全及参与其中的整体安全）；在合同中对承包商安全培训提出具体要求。

　　日本、韩国现在提倡的说法是 EESH（能源、环境、安全、职业健康），在欧美等国更多的说法是 HSE（职业健康、安全、环境），更人性化。国际上 HSE 体系管理已从原来的石油勘探开发行业，扩展到了化工、塑料、半导体、制药、印刷、造船、汽车行业，甚至有些玩具厂商也实施 HSE 体系管理。据有关信息资料报道，澳大利亚、新西兰、新加坡、韩国及中国的香港、台湾都在三体系的建立及其结合管理体系方面正在尝试或取得了成功的经验。

国外专家曾这样评价安全工作的发展过程：20 世纪 60 年代以前主要是从安全方向要求，通过对装备的不断完善，如利用自动化控制手段使工艺流程的保护性能得到完善等，来达到不断改善对人们保护的目的；70 年代以后，注重了对人的安全行为的研究，提出了安全行为对安全工作的重要性，注重考察人与生产环境的相互关系；80 年代以后，逐渐发展成了一系列安全管理的思路和方法，形成了全面、系统、全新的管理模式；90 年代以后，世界安全管理的模式呈现多元化趋势，从俄罗斯的"职业健康安全法制化管理"模式（即技术监督暨紧急状态、劳动保障及公共卫生监督检疫为一体）到日本的"质量管理及安全体系管理"模式，再到美国的"职业健康安全及环境管理"模式，直到欧洲、中东及世界大石油公司合作地区的"HSE 管理体系＋文化"模式，这也是美国石油工程师学会通行的惯例。

从未来 HSE 的走向看，其基本的发展趋势为：其一，各国对 HSE 管理更为重视，作为管理核心的以人为本思想更加明晰化。其二，HSE 管理成为世界性的潮流与主题，建立和持续改进 HSE 管理体系将成为波及石油石化行业以外的 HSE 管理的大趋势。其三，在三体系的整合及一体化已成为先进工业国倡导的国际发展趋势的基础上，HSE 管理体系与质量管理体系一体化形成 QHSE 体系。国际标准化组织前主席蒙尔曼先生和 ISO 14000 标准起草人——沙拉米都先生曾多次强调："如果不是单纯为了认证注册，组织完全可以将 ISO 9001、ISO 14001 标准结合起来实施。这样既可以减轻组织负担，又可以统一考虑组织质量管理体系和环境管理体系的同步建立及实施。"其四，将事后行为变为事前控制。其五，世界各国的环境立法更加系统，环境标准更加严格，逐步走向 EHS 管理，即更加重视环境管理。其六，HSE 管理体系将会向可持续发展的管理体系演变。其七，国外大石油公司为了加强对承包商的 HSE 管理，以维护公司声誉和项目 HSE 业绩，已经按照监督机制，开始实施 HSE 监督的第三方监督。HSE 监督也和质量监督、工程监督等岗位一样，已经成为一种专业并走向职业化。

三、HSE 管理体系在中国的发展

中国石油石化企业推行 HSE 管理体系是市场竞争形势的迫切要求。随着中国加入世界贸易组织，国际合作的领域与机会日益增多。一方面我们要在西部大开发、海上大开发中，面对外国公司对中国石油石化企业形成的竞争，另一方面由于中国的石油石化产出不能满足经济发展的需求，能源缺口量较大，国家在"十五"石油石化工业规划中已经明确实施"走出去战略"，中国的石油石化企业必须到境外竞争国际市场。但是，无论是进行境外项目承包，还是在国内进行反承包，投标前都要进行资格预审，世界石油行业都要遵循同样的规则，即建立 HSE 管理体系。HSE 管理成为现今国际石油行业的一种通行办法，成为进入国际石油市场的准入证。

随着改革开放进程的不断深入，中国石油石化行业与国际石油公司的合作不断扩大，我们在合作的过程中也注意引进国际先进的管理理念。至 1995 年，壳牌公司的健康、安全、环保管理体系（HSE MS）形成并已经日趋成熟。1997 年壳牌公司的在南海西江海上石油钻井项目和 1998 年的在辽河油田清水项目以全新的健康、安全、环保管理体系在中国石油行业推行，使我们有机会学到了当时世界上最先进的 HSE 管理方法。

中国石油工业界一直关注着国际上 HSE 管理体系标准制定的发展动态。从 1996 年开始，中国石油天然气总公司就组织人员对 ISO/CD 15690 标准草案进行了翻译和转化，在吸收公司以往行之有效的安全生产、环境保护的规章制度和管理经验的基础上，将 ISO/CD 14690 国际标准等同转化，于 1997 年 6 月 27 日正式颁布了中华人民共和国石油天然气行业标准《石油天然气工业健康、安全与环境管理体系》（SY/T 6276—1997），自 1997 年 9 月 1 日起实施。1999 年 12 月，中国石油在经过石油炼化企业广泛试点的基础上，基于 SY/T 6276—1997 以及石油工业国际勘探开发论坛的 HSE 指南，并考虑到与 ISO 9000 质量管理体系、ISO 14000 环境管理体系以及中华人民共和国职业安全卫生管理体系所涉及的主要要素的兼容性，发布了《中国石油天然气集团公司健康、安全与环境管理手册》，标志着中国石油 HSE 管理体系的全面推行。

从 1998 年开始，中国石油在大庆油田、大港油田、大连石化公司、独山子石化厂，开展了 HSE 管理体系建立的试点，提出了力争三年内在全公司建立和实施 HSE 管理体系的要求，并在公司健康、安全、环境工作计划中连年提出工作计划，大大加快了 HSE 管理的前进步伐。1999 年，中国石油发布《HSE 管理文件体系建立指南》，全面宣贯、建立 HSE 体系，并成立了中国石油的 HSE 指导委员会。2000 年，发布了《中国石油天然气集团公司 HSE 管理体系　管理手册》，组建了大庆、新疆、辽化、物探、重庆五大集团公司级培训基地，并取得了国家职业健康安全管理体系、环境管理体系的培训、咨询资格，构建了 HSE 管理体系培训和咨询的技术支持网络及认证体系。2001 年，又发布了《HSE 作业指导书编制规范》、《HSE 作业计划书编制规范》，建立了基层 HSE 管理模式。2002 年，探索实施异体安全监督机制，提出了《HSE 创优升级计划》，明确提出管理层在《HSE 管理手册》、《HSE 程序文件》、《HSE 管理作业文件》的基础上，完善《HSE 管理方案》的管理模式。2003 年，推行实施异体安全监督机制，加强目标责任管理，研究 HSE 国际化战略，探索安全文化。

2004 年，在执行 SY/T 6276—1997《石油天然气工业健康、安全与环境管理体系》石油天然气工业标准基础上，通过工作实践，中国石油对 HSE 管理体系的认识也有了更加深刻的认识。结合国际 HSE 发展趋势和国家对安全生产、职业健康安全及环保的标准规范要求，中国石油制定并发布了《中国石油天然气集团公司健康安全环境管理体系规范》（Q/CNPC 104.1—2004），出台了《中国石油天然气集团公司进一步加强安全生产工作的决定》，完善了《企业文化建设纲要》，完善了各项制度体系，制定了《基层建设纲要》，发展了海外施工 HSE 管理模式。2005 年，迎接了世界知名的英国劳氏船级社对中国石油进行的"HSE 评估审核"，中国石油总部、大港油田集团公司、辽河石油勘探局、中国石油集团东方地球物理勘探有限责任公司，代表中国石油迎接了这次审核，极大地提升了中国石油的 HSE 管理水平。出乎英国审核员的意料，中国石油 HSE 体系运行效果良好，这给他们留下了深刻的印象，他们给予了很高的评价。2007 年 6 月，中国石油在北京召开 HSE 管理体系推进工作视频会议之后，逐步从个别单位与杜邦公司尝试合作到进行 HSE 体系推进试点、与杜邦"强强联合"，直到 2011 年与杜邦公司全面合作，使中国石油的 HSE 体系管理水平不断提高。

2007 年 8 月，中国石油总结了多年 HSE 体系建立、实施的经验，采纳了 GB/T 24001—

2004《环境管理体系　要求及使用指南》及 GB/T 28001—2001《职业健康安全管理体系　规范》中的精华，再次修订完成并发布了中国石油的新标准 Q/SY 1002.1—2007《健康、安全与环境管理体系　第 1 部分：规范》，并且随之配套发布了 Q/SY 1002.2—2007《健康、安全与环境管理体系　第 2 部分：实施指南》和 Q/SY 1002.3—2007《健康、安全与环境管理体系　第 3 部分：审核指南》，使中国石油的 HSE 体系标准不断丰富、健全和完善。

与此同时，中国石油天然气股份有限公司、中国石油化工集团公司、中国石油化工股份有限公司也加快了 HSE 体系的建设。1999 年，中国石油天然气股份有限公司委托大港油田 HSE 认证中心承担 QHSE 管理体系的起草工作；2001 年，中国石油天然气股份有限公司 HSE 委员会通过了 QHSE 管理体系框架；2001 年 9 月，独山子石化承担了 QHSE 管理体系标准起草工作；2001 年 12 月 15 日，中国石油天然气股份有限公司发布了 QHSE 管理体系企业标准（Q/SY 2.2）。2001 年 2 月 8 日，中国石油化工集团公司、中国石油化工股份有限公司发布了 Q/SHS 0001.1—2001《中国石油化工集团公司安全、环境与健康管理体系》企业标准（试行），2001 年 3 月 1 日实施。标准的实施推动了国内石化行业企业建立和实施 HSE 管理体系的进程。

目前，国内许多企业（如上海、天津、武汉的很多合资企业）都是采取了"H、S、E 三位一体"管理系统，职业健康、环保、安全等诸多方面效益显著，得到当地政府各职能部门好评。

自 1997 年在国内进行推广和实行 HSE 管理体系以来，国内各大石油公司都建立了结合各自特点的 HSE 管理体系，收到了显著的经济、环境、社会效益。近年来，按照 HSE 管理体系持续改进的指导思想，各石油企业都在探索提高 HSE 管理水平的方法。

中国石油的 HSE 标准，在继续保持原标准要素结构的基础上，一方面突出了与当今国际石油界 HSE 管理规则发展潮流的对接，便于开展国内外业务合作，另一方面实现了与职业健康安全管理体系、环境管理体系的整合，达到了 HSE 管理体系与相关管理体系在要素上兼容、文件上简化、操作上简便的目的。2010 年，中国三大石油公司（中国石油天然气集团公司、中国石油化工集团公司、中国海洋石油总公司）在北京召开会议，就形成统一的 HSE 标准进行研讨。最终，与会专家形成一致意见，推荐将中国石油的 HSE 标准适当修改后，形成中国石油行业的 HSE 行业标准。在中国石油的 HSE 标准基础上，2011 年 1 月 9 日由国家能源局发布，2011 年 5 月 1 日实施的 SY/T 6276—2010《石油天然气工业健康、安全与环境管理体系》标准正式出台，形成了新的中华人民共和国石油天然气行业标准。

HSE 体系管理在中国石油近年的工作中逐步体现到：

（1）不断完善 HSE 责任体系，形成自上而下的、每个岗位的 HSE 职责，从而把 HSE 方针、目标分解到基层单位，把识别危害、削减风险的措施、责任逐级落实到岗位人员，真正使 HSE 管理体系从上到下规范运作，体现"全员参与、控制风险、持续改进、确保绩效"的工作要求。

（2）越来越重视动态的、全员性的风险识别和风险削减工作以及法律法规的"合规性"评价工作。各企业每年都要针对本单位的生产工艺变化、人员变动，或者由新设备、新技术、新材料的应用而引入的新风险进行识别，并采取相应措施削减风险。同时，越来越重视法律法规，尤其是各类标准的变化可能造成的"违规"现象。

（3）力主"本质安全"，逐步提高 HSE 软件、硬件（尤其是硬件）的投入，重视 HSE

隐患的整改治理工作。各级领导越来越重视 HSE 的投入，有的甚至把这项工作与其业绩挂钩。中国石油进行的"顺价资金"投入，也有一定的示范作用。

（4）坚定不移地实行 HSE"异体监督"。中国石油大力推行"安全监督体系和管理体系两条线运行"的保障体制，使各企业越来越体会到"异体监督"的必要性和有效性。同时，在实践中发现仅仅监督安全还是不够的，没有充分发挥 HSE 监督人员这一人力资源的作用。今后会向 HSE 监督员现场同时监查"安全、环保和职业健康"工作的局面发展。

（5）HSE 体系与职业健康安全管理体系 OSHMS、环境管理体系（EMS）一体化整合已成为必然趋势。各企业为了取得必要的资质，形成一定的市场竞争力，提高其管理的时效性，简化基层的体系管理工作，大多选择了多体系一体化整合这条路。随着职业健康安全管理体系、EMS 的广泛推行，HSE 管理体系正越来越多地吸纳职业健康安全管理体系、EMS 的相关内容，HSE 在内容上更丰富，标准更高，在体现行业性特点时，通用性更好。HSE 管理体系的建立逐步与企业的日常行政管理有机地融合在一起，避免出现"两层皮"的现象。

（6）中国石油天然气集团公司下属企业的基层单位，已经体会到《HSE 作业指导书》、《HSE 作业计划书》和《HSE 现场检查表》（即 HSE"两书一表"）在施工现场的作用，越来越重视 HSE"两书一表"的实施。本着"持续改进"的思想，会不断修订、不断完善、不断简化，使之更易于基层操作。各企业不断强化全员 HSE 培训，不断提高全员安全技能与安全意识，尤其着重加强对基层队、站领导及业务骨干 HSE 作业书的业务指导。

（7）各企业越来越重视 HSE 的绩效考核，HSE 绩效考核的形式也从过去的检查、实施创优升级计划、内审、管理评审、外部审核，发展形成一个新型的"交叉审核"形式。交叉审核是既不同于第一方审核，又不同于第三方认证审核、监督审核，也不同于顾客单位进行的第二方审核，是由组织的上级召集其他单位有资质的审核员，对组织进行的较为客观的体系审核。它既能避免审核质量的滑坡，避免了本单位"领导层"、"敏感科室"无法审核的现象，也避免了外来审核员不了解企业情况的"教条审核"，同时也给各单位的审核员提供了一个交流、学习、提高审核技能的平台。这方面，辽河石油勘探局从 2004 年起至今，做了有益的探索，收到了较好的效果，使体系管理薄弱的单位通过"交叉审核"，体系管理水平有了质的飞跃。

（8）各企业越来越重视 HSE 激励机制的建立和完善，这是一个管理体系能否长久坚持下去的不竭动力。2005 年，英国劳氏船级社在辽河石油勘探局审核时提出：你们检查、考核机制中惩罚的条款太多，很少看见奖励的条款。为此，辽河石油勘探局在 2006 年 7 月建立了《辽河石油勘探局局机关安全生产责任制管理考核办法》、《辽河石油勘探局安全管理评价激励（暂行）办法》等一系列激励机制。2009 年重组后的长城钻探工程公司，又在与杜邦公司 HSE 体系推进合作项目的基础上，提出了《长城钻探工程公司领导及机关 HSE 责任制考核办法》，这必将会推动 HSE 体系的长远发展。

（9）HSE 文化作为企业文化的一部分，已成为各企业关注的焦点。中国石油在大庆石油管理局召开的"企业文化现场会"，提高了各企业对企业文化的认识，各企业对企业文化的建立，掀起了一个高潮。企业的文化管理（安全文化）将从杜邦安全文化模型的原始型

（本能管理），走上依赖型（监督管理），逐步实现独立型（自我管理），最终向互助型（团队文化）迈进。

概括起来，HSE 管理体系在国内发展趋势为：

（1）变多头管理为一体化管理。二者都在以"安全"为核心，将健康、环境等越来越突出的社会问题纳入到 HSE 一个体系当中进行管理。

（2）变事后处理为事前预防。HSE 体系管理要求将生产作业过程中的风险因素进行预先分析、评价、评估，并采取可靠措施来预防可能发生的不良后果。

（3）全过程控制。为了有效控制整个生产活动过程中的危险因素，HSE 体系要求按照早已制定的措施对生产的全过程进行控制，并通过自主行动和异体监督来完成，从而消除或减少风险。

（4）提高物的本质安全化程度。由于 HSEMS、OSHMS、EMS 都来自西方工业发达国家，因此，三者都倾向于在生产活动中采用先进、无害（低害）、自动化程度较高的设备、工艺，从而大大提高物的本质安全化程度，有效防范各类事故的发生。

（5）提高员工素质。各个体系都非常重视加强职工培训，使之具有与体系管理要求相符合的意识和能力。

（6）持续改进。各体系均以 PDCA 理论为指导，建立起了闭环管理、螺旋上升、持续改进的工作改进机制，从而促进安全生产管理水平的有序提升，实现安全生产的良性循环。注重 HSE 的总结和评审工作，以利于 HSE 体系管理的改进和提高。

（7）理念升华。HSE 管理体系理念被越来越多的管理者和广大员工接受，对 HSE 管理体系的认识也由开始的文件化管理、风险管理，上升到卓越管理和文化管理的战略高度。

（8）改变观念。面对中国石油跨国战略的思考，各企业领导逐步树立可持续发展观，建立正确的政绩观，把 HSE 体系管理作为形成企业核心竞争力的工作来抓。

（9）顺应国际防恐形势的需要，逐步强化反恐应急预案的编制、演练。

总之，从理论上讲 HSE 体系是一个比较成熟、比较完善、比较先进的管理模式。HSE 管理没有固定的模式，没有永远的老师，百花齐放才会充分展现 HSE 体系的蓬勃生命力。随着 HSE 管理体系的不断推广实施，全员 HSE 意识的逐渐提高，HSE 基础工作逐年得到加强，相信中国石油行业的事故发生率会明显下降，重、特大事故会得到有效遏止，各企业一定会取得明显的经济效益、环境效益和社会效益，一定会迎来更加辉煌的明天。

四、HSE 管理体系的戴明模式和基本原则

健康、安全与环境管理体系是企业管理体系的一种，它将企业的健康（H）、安全（S）和环境（E）管理纳入了一个管理体系中，体现了企业一体化的管理思想，而管理思想是由一定的管理模式和管理原则来体现的。

（一）戴明模式

戴明模式是质量管理体系、环境管理体系、HSE 管理体系所依据的管理模式。

戴明是美国的经济学家和统计学家。第二次世界大战后，戴明受邀到日本传授其质量管

理的思想，帮助日本重建经济。戴明鼓励日本人用系统的方法来解决问题，后来这套方法被称为戴明循环或戴明模式，它是由"计划（P）、实施（D）、检查（C）和改进（A）"四个阶段的循环组成，简称 PDCA 循环模式。

（二）基本原则

HSE 管理体系是企业整个管理体系的有机组成部分之一。HSE 管理体系为企业实现持续发展提供了一个结构化的运行机制，并为企业提供了一种不断改进健康、安全、环境表现和实现既定目标的内部管理工具。

HSE 管理体系是在企业现存的各种有效的健康、安全和环境管理组织结构、程序、过程和资源的基础上建立起来的，并按照 HSE 管理体系标准的要求加以规范和补充，使之转化为体系的有机组成部分。HSE 管理体系的建立不必从头开始，体系的详尽与复杂程度、文件化程度和对支持体系运转的资源要求等，取决于企业的规模、内外部条件及其所从事的活动的性质，不必机械地采用一种固定模式。应结合本企业的具体情况和内外部条件，设计和建立有本企业特点的质量管理体系和 HSE 管理体系。

HSE 管理体系有效运行应遵循以下原则：

HSE 管理体系的建立是以体系标准为框架，以风险管理为核心，以全员参与为手段，以持续改进为机制，以实现健康、安全和环境目标为宗旨，同时对风险的削减依照"合理实际并尽可能低"的原则。

HSE 管理体系是一个不断变化和发展的动态体系，其设计和建立也是一个不断发展和交互作用的过程。随着时间的推移，随着对体系各要素的不断设计和改进，体系经过良性循环，不断达到更佳的运行状态。

HSE 管理体系通盘考虑企业各管理体系的组织、过程、程序和资源，尽量合理地设置和共享共用，以简化内部各项管理工作的复杂程度，防止相互冲突，实现相互协调。

第二节　杜邦安全文化及安全管理

一、杜邦安全文化

（一）杜邦安全文化的形成

杜邦公司是 1802 成立以生产黑火药为主的公司。黑火药是相当高风险的产业，早期发生了许多的安全事故，这些事故甚至造成杜邦的一些亲人都丧生了。最大的事故发生在 1818 年，当时杜邦公司只有 100 多位员工，40 多位员工在这次事故中死亡或受到伤害，企业几乎面临破产，不可能生产。

但杜邦的炸药技术在当时是处于世界领先地位的，正好美国开发西部，需要大量的炸药，所以政府给他贷款，把炸药做下去。但杜邦本人体会到如果不抓安全，杜邦公司就不可能存在了。在接受了美国政府贷款支持的情况下，杜邦做出了三个决策：第一是建立了管理层对安全的负责制，即安全生产必须由生产管理者直接人负责，从总经理到厂长，部门经理到组长对安全负责，而不是由安全员负责；第二是建立公积金制度，从员工工资中拿出一部分，企业拿一部分，建立公积金，万一发生事故可在经济上有个缓冲；第三是实现对员工的关心，公司决定，凡是在事故中受到伤害的家属，公司会抚养起来，小孩抚养到工作为止，如果他们愿意到杜邦工作，杜邦优先考虑。这样建立考虑、关心员工的理想，到最后成为公司的核心价值之一。

杜邦在 1818 年建立了这个制度，还规定，最高管理层在亲自操作之前，任何员工不得进入一个新的或重建的工厂。在当时规模不太大的情况下，杜邦要求凡是建立一个新的工厂，厂长、经理先进行操作，目的是体现对安全的直接责任，对安全的重视。你认为你的工厂是安全的，你先进行操作、开工，然后员工再进入。发展到现在，杜邦成为规模很大的跨国公司，不可能让高级总裁参加这样的现场操作，所以杜邦安全也发展到现在的有感领导：第一，不是本人感觉的领导，是让员工和下属体会到你对安全的重视，是理念上的领导；第二，是人力、物力上的有感领导；第三，是平时管理上的领导，加起来是体现对企业安全生产的负责。

到 1912 年，杜邦建立了安全数据统计制度，安全管理从定性管理发展到定量管理。到 20 世纪 40 年代杜邦提出"所有事故都是可以防止的"理念，因为在这之前很多事故总是要发生的，杜邦认为这样的思想是不可以有的。一定要树立所有的事故是可以防止的理念，因为事故是在生产中发生的，随着技术的提高，管理水平的提高，人的重视，这些事故一定是有办法防止的。到 20 世纪 50 年代，推出了工作外安全方案。假如一个老总、业务员、销售人员拿到一个大的订单，无论是 8h 以内，还是 8h 以外，他发生安全事故，对公司的损失都是一样的。对员工的教育让员工积极参与，进行各种安全教育，比如旅游如何注意安全。运动如何注意安全，很多方面的员工教育，就是从 1802 年发展而来的。

（二）杜邦安全文化的建立

1. 安全文化的作用

安全就是通过你的行为对人的生命的尊重，是人性化管理、以人为本，没有"我"，再大的经济利益对"我"也没有意义。安全文化的作用是相当大的，文化主导人的行为，行为主导态度，态度决定后果。建立企业安全文化就是让员工在安全的环境下工作，来改变员工的态度，改变行为。行为改变就是安全，公司就在安全下运行。

如果要改变员工的行为，首先要改变安全文化，所以要了解企业文化中哪些主导了员工行为，而这些行为是不希望出现的。要知道加入哪些因素才能使得员工成功。就是要了解哪些因素是需要的，哪些因素是不需要的；还要了解哪些因素是缺的，要加入到企业中来，完善企业文化建设的要素，并且要巩固和发展。

安全文化如何改变，企业文化对员工的作用是改变，是影响其态度、行为、后果、表现，员工行为是受到企业安全文化影响的。如果企业没有安全文化，员工在企业中就会表现出不安全的行为，后果就是不安全。文化还有间接的影响，员工的态度会受到事故事实影响，发生安全事故了，员工相信这样做是错误的，也会改变行为。这同样说明员工的行为是受到安全文化影响的。区别在于一个是从正面引导，另一个是从事故去影响。所以需要建立安全文化驱动员工的行为，企业安全文化要提供员工长期连续的行为安全教育。

改变员工的行为不是一天两天，要有长远规划，是不断自我发现、反复教育的过程，让员工意识到自己的不安全行为、不安全态度对企业的影响，在自我发现中改变其态度、价值，最终改变其行为。

2. 安全文化的建立

安全文化的建立有 4 个阶段，即自然本能阶段、严格监督阶段、独立自主管理阶段、互助团队管理阶段，这就是对安全文化理论的模型总结。

（1）自然本能阶段。企业和员工对安全的重视仅仅是一种自然本能保护的反应，缺少高级管理层的参与，安全承诺仅仅是口头上的，将职责委派给安全经理，依靠人的本能，以服从为目标，不遵守安全规程要罚款，所以不得不遵守。在这种情况下，事故率是很高的，事故减少是不可能的，因为没有管理体系，没有对员工进行安全文化培养。

（2）严格监督阶段。企业已建立起必要的安全系统和规章制度，各级管理层知道安全是自己的责任，对安全做出承诺。但员工意识没有转变时，依然是被动的，这是强制监督管理，没有重视对员工安全意识的培养，员工处于从属和被动的状态。从这个阶段来说，管理层已经承诺了，有了监督、控制和目标，对员工进行了培训，安全成为受雇的条件，但员工若是因为害怕纪律、处分而执行规章制度的话，是没有自觉性的。在此阶段，依赖严格监督，安全业绩会大大地提高，但要实现零事故，还缺乏员工的意识。

（3）独立自主管理阶段。企业已经有了很好的安全管理制度、系统，各级管理层对安全负责，员工已经具备了良好的安全意识，对自己做的每个层面的安全隐患都十分了解，员工已经具备了安全知识，员工对安全做出了承诺，按规章制度标准进行生产，安全意识深入员工内心，把安全作为自己的一部分。其实讲安全不仅是为了企业，而是为了保护自己，为了亲人，为了自己的将来，有人认为这种观念自我意识太强，奉献精神不够。当然国家需要的时候，我们还是要有民族意识。但讲安全时，就要这么想，如果每个员工都这么想，这么做，每位员工都安全，企业能不安全吗？安全教育要强调自身价值，不要讲什么都是为了公司。

（4）互助团队管理阶段。员工不但自己注意安全，还要帮助别人遵守安全，留心他人，把知识传授给新加入的同事，实现经验共享。

3. 改变安全文化的关键要素

怎样才能建立一流的安全文化，重要的是去做，要员工注意安全，高级管理层首先要主动去做，承诺和建立起零事故的安全文化，工作上要重视人力、物力、财力，要有战略思想上的转变，从思想上切实重视安全。要体现有感领导，要有强有力的个人参与，要有安全管理的超前指标，如果达不到这个指标，就意味着要出事故，不要以出事故后的指标为指标。要有强有力的专业安全人员和安全技术保障，要有员工的直接参与，要对员工培训，让每个员工参与安全管理，这样才能实现零事故。要改变导向，从以结果为基础转变为以过程为基础，重视事故调查，不要等事故发生后给予重视，过几年又不重视，然后又发生事故，又重视，又震荡，要从管理层驱动转变为员工驱动，从个人行为转变为团队合作，从断断续续的方法转变为系统的方法，从故障探测转变为实况调查，从事后反应转变为事前反应，从快速解决到持续改进。要对自己的情况有评估，使管理层有能力管理，对现在评价，知道哪里要改进，进行持续改进，这就是安全文化发展的过程。

二、杜邦安全管理

(一) 杜邦安全管理的十大理论

(1) 所有的事故都是可以防止的。从高层到基层都要有这样的观念，采用一切可能的办法防止，控制事故的发生。

(2) 各级管理层对各自的安全负责。因为安全包括公司的各个层面，每个角落，每位员工的点点滴滴的事，只有公司高层管理层对所管辖范围的安全负责，下属对各自范围安全负责，到车间主任对车间的安全负责，生产组长对所管辖的范围安全负责，直到小组长对员工的安全负责，涉及每个层面，每个角落安全都有人负责，这个公司的安全才真正有人负责。安全部门不管有多强，人员都是有限的，不可能深入到每个角落，每个地方24h监督，所以安全必须是从高层到各级管理层对每位员工自身的责任，安全部门从技术提供强有力的支持，只有每位员工对自身负责，每位员工是每个单位元素，企业由员工组成，每个员工、组长对安全负责，安全才有人负责，最后总裁才有信心说我对企业安全负责，否则总裁、高级管理层对底下哪里出问题都不知道。这就是直接负责制，是员工对各自领域安全负责，是相当重要的一个理念。

(3) 所有安全操作隐患都是可以控制的。安全生产过程中的所有隐患都要有计划地投入、治理、控制。

(4) 安全是被雇佣的员工条件。在员工与杜邦的合同中明确写着，只要违反安全操作规程，随时可以被解雇，每位员工参加工作的第一天起，就意识到这家公司是讲安全的，把安全管理和人事管理结合起来。

(5) 员工必须接受严格的安全培训。让员工安全，要求员工安全操作，就要进行严格的安全培训，要想尽可能的办法，对所有操作进行安全培训，要求安全部门和生产部门合作，知道这个部门要进行哪些安全培训。

(6) 各级主管必须进行安全检查。这个检查是正面的、鼓励性的，以收集数据、了解信息，然后发现问题、解决问题为主的，如发现一个员工的不安全行为，不是批评，而是先分析好的方面在哪里，然后通过交谈，了解这个员工为什么这么做，还要分析领导有什么责任，这样做的目的是拉近距离，让员工谈出内心的想法，为什么会有这么不安全的动作，知道真正的原因在哪里，是这个员工不按操作规程做，安全意识不强，还是上级管理不够，重视不够。这样拉近管理层和员工的距离，鼓励员工通过各种途径把安全想法反映到高层管理者，只有知道了底下的不安全行为、因素，才能对整个的企业安全管理提出规划、整改。如果不了解这些信息，抓安全管理是没有针对性的，不知道要抓什么。当然安全部门也要抓安全，重点检查下属，同级管理人员有没有抓安全，效果如何，对这些人员的管理进行评估，让高级管理人员知道这个人在这个岗位上安全重视程度怎么样，为管理提供信息。这是两个不同层次的检查。

(7) 发现安全隐患必须及时更正。在安全检查中会发现许多隐患，要分析隐患发生的原因是什么，哪些是可以当场解决的，哪些是需要不同层次管理人员解决的，哪些是需要投入力量来解决的，重要的是必须把发现的隐患加以整理、分类，知道这个部门主要的安全隐患是哪些，解决需要多少时间，不解决会造成多大的风险，哪些需要立即加以解决。哪些是需要加以投入力量的，安全管理真正落到了实处，就有了目标，这是发现安全隐患及时更正的真正含义。

（8）工作外的安全和工作安全同样重要。

（9）良好的安全就是一门好的生意。这是一种战略思想，如何看待安全投入，如果把安全投入放到对业务发展同样重要的位置考虑，就不会说这就是成本，而是生意。这在理论上是一个概念，而在实际上也是很重要的，否则企业每时每刻都在高风险下运作。

（10）员工的直接参与是关键。没有员工的直接参与，安全是空想，因为安全是每一个员工的事，没有每位员工的参与，公司的安全就不能落实到实处。

杜邦的核心价值，第一是善待员工，第二是要求员工遵守职业道德，第三是把安全和环境作为核心价值。为什么杜邦公司生存了 200 年，成为当前世界前 300 强之一，就是这些核心价值保证了企业的发展生存。

自从提出"一切的安全事故都是可以防止的"理念之后，杜邦的安全表现以 200 万人工时单位业绩，比美国平均值好 30～40 倍，杜邦公司在全世界范围内工厂的安全记录，很多企业都是 20、30 年以上没有事故，这个事故是一天以上的病假，也包括中国大陆、台湾，在深圳的公司是杜邦在国内的第一家企业，15 年以来没有任何安全事故。举这个例子是想说明国内很多人认为，中国和美国在安全业绩上的不同表现是因为不同的文化背景，西方人文化素质比较高，东方人文化素质较低，但是根据杜邦公司在全世界的经验来看，这个理论是不正确的，只要重视起来，采取有效行动、实际行动，不管怎样的文化背景都可以实现零事故或很低的事故。关键是我们采取怎样的方法，采取怎样的体制，采取怎样的激励机制鼓励员工参与。文化背景不是关键，因为它是可以改变、可以融合的。

2001 年，杜邦在全球 267 个工厂和部门中，80% 没有出现失能工作日（一天及以上病假）事故，50% 的工厂没有伤害记录，20% 的工厂超过 10 年没有伤害记录，在 70 多个国家，79000 名员工创造了 250 亿美元产值，安全业绩是很好的，被评为美国最安全的公司之一，连续多年获得这个殊荣。

（二）杜邦安全管理的组织和职责

杜邦有生产管理层，从总裁到生产部门和服务部门，他们对安全直接负责，杜邦也有安全副总裁，他抓安全，但他不对安全负责。他负责整个公司的安全专业队伍的建设和他直接管辖范围内的部门安全。因为从某个角度讲，安全部门也是公司生产的一个部门，他对这个部分的安全负责，他对安全提供强有力的保障，这就是直接领导责任。

（1）安全管理资源中心。公司有环保中心，里面有 50 多位专家，如果还不够，可以到高校聘请教授，中心与社会的安全组织有良好的网络关系，万一有安全问题，可以得到很好的技术支持。他是一个调配中心，包含了全球范围内杜邦公司所有安全部门和工厂安全方面的人员，形成一个网络，为全球范围的工厂提供技术支持，如果某个地方遇到问题，可以通过网络求救，网络把这个问题传递到全球，总是有人可以给予解决。一是专家组人员还是有限的，知识也是有限的，假如还不能解决，就会把问题传递到大学，研究部门请求支持，最终得到解决。这就是调配的作用。二是技术安全管理，制定内部安全管理和要求，为当地安全人员业务协作解决问题。三是研究和制定各种安全培训计划，对高级管理层、地方管理层、技术人员有效安全培训提供指导。四是开发和维护 HSE 监控系统和指标，包括第二方安全审计，监督和评估各地区安全业绩表现，不是单靠报表和材料进行安全审计，应按照报告对下级安全表现进行评价，以便升迁和提拔。

（2）各地区、各工厂安全人员的职责。这是安全顾问的概念，安全人员站在更高的角度，帮助厂长理解法律法规，理解上级安全要求，结合厂里的具体情况，提出安全规划，提供安全规划、设想、支持，同时又是一个安全咨询员，对厂里的安全技术提供帮助，还是 HSE 协调员、解说员。

（3）各个生产部门的职责。各级生产管理层对安全负责，要直接参与安全管理，把安全管理作为平时业务工作的一部分，在考虑生产发展、企业发展、生产产品、质量的要求时，安全工作就是其中的一部分。把质量、成本与安全同时考虑，安全就是日常管理的一部分，有的工程说质量第一，又说安全第一，到底哪个是第一，不清楚，多个第一就是没有第一，要把安全工作和规划、产品的质量、效益结合起来，安全就是工作的一部分，能做到这一点就是把安全作为一门生意来做，国外公司很少谈安全第一，但他们会把安全与其他工作放到同等重要的地位考虑，所以要做到这点，就要直接参与管理。第二，每个管理者要对员工负责，如车间主任对员工负责，这个责任不光是对管辖的员工负责，而是要对管辖范围内的员工负责，其他部门的人到这个范围来工作，客人到这里来访问，上级部门来检查，都要对他们的安全负责。只要是负责范围内，安全就是我的责任，这也是对上级部门负责，只有车间主任对车间负责，厂长才能对全厂负责，如果车间主任不负责，厂长怎么负责。只有员工对组长负责，组长对车间主任负责，车间主任对厂长负责，厂长对地区经理负责，地区经理对总公司总裁负责，才能真正叫做安全有人负责。安全是在最底层的，确实需要领导重视、全员参与。要做到这点，每个经理都要建立起长期安全目标，知道我这个部门有什么样的安全问题，有什么样的安全隐患，什么样的问题需要什么时候解决。如果不知道这些问题，就不可能去重视安全，不可能去抓安全。一旦知道问题了，建立了目标，在实现目标的过程中，就会有具体计划，还要有一个开发实施计划。标准有了，要对照目标监督结果，不要到年底再看目标没有落实就关门了。要自我检查、自我监督，看看三个月后计划实施了多少，六个月后差距多少，半年后有没有落实，为什么没有落实，要做到这点，就需采取许多具体措施。

（三）杜邦安全管理系统

杜邦安全管理系统分为几个部分：一是行为安全，就是员工的安全行为、安全表现要进行管理。二是工艺安全，设备如何管理。其目的是为了保护环境、保护员工健康，整个就是对客户、员工、股东负责，对公司整体业务发展负责，提供公司业务发展的保障。

1. 员工的行为安全管理

要发现、杜绝不安全行为，了解这种行为，进行安全检查，告诉员工这么做有什么风险，为此要注意几个因素：一是要有显而易见的管理层承诺，领导不承诺去做，是没有人去管理这种行为的，这些行为永远可能发生；二是要有切实可行的政策，杜邦有十大基本理论予以保证；三是要有综合性的安全组织，要从员工到各级管理层参与；四是要有挑战性的安全目标；五是要有直线管理责任，各级管理层对各级安全负责；六是要有严格的标准、激励计划，很多情况下对员工给予鼓励；七是要有切实有效的双向沟通；八是要有持续性的培训；九是要有有效的检查；十是要有有能力的安全专业人员，很快提供解决方案，有助解决问题；十一是要有事故调查，一旦发生事故，进行事故调查，防止事故再次发生，事故是要承担责任，如果系统出现问题，就要改进系统，如果不找到真正的原因，下一次事故的原因可能就是上一次事故没有找到的原因；十二是要推出新的标准。这些是安全管理的十二个主要因素。

2. 安全事故的原因分析

杜邦实践中有 96％以上的事故是由人为因素造成的，而国内有 80％以上的事故是由人为因素造成的，假如片面强调投入，消除了所有工艺上的隐患，而不解决员工行为，也只能解决 20％的事故隐患。不抓人的因素就不可能实现零事故，投入很重要，但也要重视员工安全行为管理，行为安全抓的是人（员工的安全意识、各种各样的不安全行为），如不用劳保用品、对事故的反应、所处位置危险、使用不当工具、工作场所杂乱无章等都是造成事故的原因，这些原因是人的行为，不是技术。杜邦有 90％的事故是人为因素造成的，因为投入大，工艺、设备比较过关，国内 80％的事故是人为造成的，如果不抓人的行为，永远不可能杜绝事故。

在安全事故上有个冰山理论，浮在海面上的是表现出来的安全事故，有死亡、工伤、医疗事件、损工事件，这些是看到的；而在海面之下是看不到的，是支撑这些事故的深层次原因，这些海面之下的不安全行为、不安全环境、底下的因素是不容易看到的。如果事故发生了，找到了原因，解决了事故，就是解决了这个问题，然而根本的行为因素没有得到解决，还会有新的事故发生，直到事故足够多，一点点解决。因为事故发生，解决的是表现出来的，而海面下的、深层次的是大部分。反过来，假如解决不了安全行为问题，冰山自然下去了，这些还没有导致事故，还没有造成损失，所以安全管理就是要找到这些不安全行为，直到消除为零，安全事故才能为零，这就是安全行为管理理论。根据统计，每三万次不安全行为就会有一次造成死亡，重点是找出不安全行为，对行为再教育，对行为进行系统管理，这叫做"防患于未然"。

3. 工艺安全管理

设备上有些可能不是人的因素，而是设计上的问题，因为设计不当，致使一开工就发生事故，如何进行工艺安全管理？领导承诺是最重要的，领导要承诺进行工艺安全管理，有 3 个方面，即技术方面、设备方面、人员方面。

（1）从技术方面考虑。设备买来了，它有很多工艺信息，有人去关注，而很多人读了操作规程，读了技术信息，看到安全信息就跳过，根本就不了解这个工艺、这个设备的安全信息。其实安全信息不是白写的，要了解工艺安全信息，要进行工艺安全危害的分析，这样的流程、工艺风险在哪里，哪部分是风险最大的，这个风险发生了会发生怎样的问题，要认真进行分析，在此基础上进行操作规程的控制，要让员工知道为什么这样做。另外当进行技术变革时，要有控制，为什么要进行该项技术变革，技术变革后会产生怎样的安全隐患，要有技术人员去做，这就是工艺安全技术方面的控制，这就要求强有力的安全队伍，指导技术人员进行安全工作，去从安全方面给予考虑。

（2）从设备方面考虑。买设备要有一个质量保证，同样的设备会有不同的价格，你买哪一个要有质量上的考虑，一定要从质量角度分析并决定买哪一个。一旦设备更新，一定要进行质量分析。要有预开车安全审核，很多事故是在设备新开工时发生的，所以预开车要进行严格的、一步一步的分析，形成一个预开车前详细的安全工作程序，保证设备安全运行。这样就知道什么人可以在这个岗位，什么人不可以。还要保证设备机械完整性，一个设备100万，可我只有80万，砍哪部分费用，砍环保、砍安全，可砍了之后的风险是什么，工作人员要把风险报告放到决策者面前，还有一个设备变更管理，如进口设备没了，变成国产设备，要有人评价代替以后产生的风险，这些是技术管理踏踏实实的技术工作，要有安全人员、工程人员、工艺人员一起去做。

（3）从人员方面考虑。首先要有培训，要掌握培训效果，确信员工已经知道怎么去做。要受承包商管理，很多设备是承包商负责的，要对承包商安全负责，要认为承包商的安全事故就是我的安全事故，因为他在我的管辖范围内工作。不但我的安全事故目标是零，要控制安全事故的发生，也要控制他的安全事故的发生，他的安全也是我的责任的一部分。还要有人员变更管理，如果这个岗位需要5个人，现在缺了两个人怎么办，除了正常工作人员之外，一定要有替代人员，平时对他们教育、培训，一旦需要就可以顶上去，否则发生事故的可能就是这些人。老工人工作那么多年，不容易发生事故，临时工就可能发生事故，所以在每个岗位上都要考虑一定比例的替代人员，一旦人员短缺就可以替代了。要有应急事故计划和响应。每个工作要进行安全分析，一旦发生事故该怎么控制、怎么管理，小的事故、小的原因得到响应不会酿成大事故的，不确当的响应会造成大的事故，很多都是安全反应的问题。所以每个岗位都要有分析，这个应急预案不仅是公司的事，也是每个岗位的事。最近有个管理事故，就因为一个小洞泄漏天然气造成的，附近的整个城市都发动了。如果有好的应急预案，一堵就可以了。还要有审计（就是有效的安全检查）、事故调查，这些都是工艺安全管理系统。

（四）杜邦安全管理的成本和效益

1. 安全事故的经济分析

说到安全，你想到的是什么，是钱，还是收益？安全事故发生会有损失，而成本也是冰山效应。我们看得到的美国每年安全损失大约有700亿，然而安全事故涉及方方面面，看不到的间接损失就更大，间接损失是直接损失的3～5倍。控制了安全事故就是控制了这些成本。

另外一个影响就很大了，一旦发生事故，对员工、客户都产生影响，对股票产生影响，对公共形象产生影响。可能带来业务中断，不遵守法律要受到处罚，可能要赔偿，可能被起诉，工厂可能要重建，对公司声誉和市场资本产生影响，公司甚至可能破产倒闭，还要产生领导者的责任，这些都是事故的影响。

2. 安全管理的价值

防止了事故首先是挽救了生命，在美国，每天有16人死于与工作相关的伤害，包括职业病、工伤等。在中国，去年的统计数据是每天460多人，安全事故管理的价值首先是体现了生命；其次是经济上的，美国每起事故有 28000 美元的损失，间接损失是 3～5 倍。杜邦安全管理业绩每百万小时事故工伤率是 1.5，工学工业平均是 9.5，美国全工业平均是 14，杜邦每年发生 28 起损工以上事件，直接损失大约是 780 万美元。与美国的化学工业平均水平相比，它每年节省 3500 万美元；与美国全工业平均相比，每年节省 100 亿美元。

杜邦公司的财产没有保险，它认为我的财产我自己可以保险，所以它特别重视安全，它是把这些省下来的钱又作为安全上的投入。我们可以算一笔账，过去 5 年来，石油公司安全事故造成多少损失，假如保持现状，就意味着今后 5 年还要有这么一笔投入。如果把这笔钱作为投入，投放到安全上去，从长远考虑，成本没有增加，只是用途不同，但得到的很多，挽救了生命，公司在市场上有了好声誉，特别是现在随着中国走向全球，安全和环境方面具有举足轻重的影响。所以要算安全投入这笔账，不能局限于投入多少钱，要想一想过去安全事故有多少损失，要是把这笔钱投入到安全上去，产生的是荣誉、信誉、生命。

三、中国石油与杜邦 HSE 咨询合作

（一）中国石油与杜邦合作的背景

2006 年 3 月，重庆开县罗家 2 号井，继 2003 年 "12.23 事故" 后，又发生天然气泄漏事故，之后又相继发生了其他事故。为了扭转安全生产的被动局面，按照中国石油党组的要求，公司上下认真总结过去 HSE 管理工作的经验和教训，引入国际先进的 HSE 管理理念和方法工具，以构建中国石油特色的 HSE 管理体系为目标，进一步开展了 HSE 体系推进工作。

独山子石化公司、华北销售公司、锦州石化公司、辽阳石化公司、塔里木油田公司、宁夏石化公司先期分别与杜邦尝试初级合作，引入杜邦的安全管理经验和安全理念。2007 年 6 月 20 日，中国石油在北京召开 HSE 管理体系推进工作视频会议，总结推行 HSE 管理体系以来的工作，安排部署今后三年 HSE 管理体系推进工作任务。

为积极借鉴杜邦公司 HSE 管理的先进经验和有效方法，全面提升中国石油的 HSE 管理水平，2007 年 8 月 31 日，中国石油与美国杜邦公司在北京正式签署《HSE 咨询服务协议》，在 HSE 管理领域全面开展合作。拟用三年时间，健全完善中国石油 HSE 制度体系、培训管理系统和绩效管理系统，这是中国石油推进 HSE 管理体系的又一重大举措。

2008 年，中国石油拓展与杜邦公司的合作项目，在总结前一年塔里木油田、宁夏石化公司 HSE 推进工作的基础上，2008 年 12 月起，增加了川庆钻探工程公司、大港石化公司、长城钻探工程有限公司、东方地球物理勘探有限公司四个企业开展试点工作。

（二）杜邦 HSE 咨询合作的主要工作

杜邦 HSE 咨询合作的主要工作包括以下几方面：

（1）开展 HSE 管理现状评估。依据共同确定的评估方法，2007 年，杜邦专家对原大港油田集团、原四川石油管理局、兰州石化、大港石化及中国石油总部开展了 HSE 管理现状评估，与 10 家国际石油公司进行了对比，编制了评估报告，摸清了 HSE 管理现状。

（2）健全完善 HSE 制度体系。对中国石油总部及其下属公司现有 HSE 制度进行梳理并编制了梳理报告，借鉴国际石油公司先进经验，形成了中国石油总部通用性的 HSE 管理

制度框架，编制了 88 项 HSE 管理试点标准，发布了作业安全、工艺安全等方面的 26 项 HSE 管理标准。

（3）开展 HSE 培训管理系统改进。在评估现有的 HSE 培训管理程序和实践的基础上，编制完成《中国石油 HSE 培训管理系统改进方案》、《HSE 培训管理办法》及《HSE 培训管理规范》；培养了几十名培训师，建立总部与两试点单位典型岗位 HSE 培训矩阵；杜邦专家协助项目组对总部机关部门、专业公司领导以及企业领导班子成员开展 HSE 培训；在杜邦思路基础上，探索形成了以落实基层培训直线责任为重点、以编制培训矩阵为基础，完善培训教材，细化培训需求分析，培养 HSE 培训师队伍，采取分岗位、短课时、小范围、多方式、重实效的基层 HSE 培训管理模式。

（4）开展 HSE 绩效管理系统改进。梳理中国石油 HSE 绩效管理现状，完成中国石油 HSE 绩效管理改进方案，编制 HSE 绩效管理指南；指导编写了《中国石油 HSE 绩效管理指南》（试点稿），指导完成了 20 个岗位的 HSE 目标指标设置及行动方案；在试点企业初步探讨和试行了组织指标与个人指标、结果指标与过程指标、正向激励与负向激励相结合的 HSE 绩效管理的工作方式。

（5）开展 HSE 试点企业咨询指导。四家试点单位在关注整体合作框架范围的同时，以自身为主体，结合本单位的专业和日常运作特点，适时调整工作方案，在杜邦公司现场专家的指导下，形成了各自的推进模式和思路。

（6）开展 HSE 咨询师培养。与杜邦公司合作开展中国石油百名 HSE 咨询师培养工作，编制了 HSE 咨询师培养方案，签署了 HSE 咨询师培养合同，分六个阶段进行培训；经企业初选上报，安全环保部和杜邦专家确认了 150 名参培学员；完成 HSE 培训课件的编审、培训师资的配置、培训计划制定等工作。安全环保部领导亲自参加培训课件审定，完成六个培训阶段的前四阶段课堂培训和现场培训，取得了预期效果。每阶段培训，安全环保部领导出席开班典礼并做重要讲话，对培养工作提出明确要求，加强培训过程控制，编制了 HSE 咨询师培训总结报告，对 HSE 咨询师前四期培训的学员学习、教师授课水平、现场实习等情况进行考核总结。

（三）杜邦 HSE 咨询合作的成效

通过杜邦 HSE 咨询合作项目的开展，给中国石油带来了国际先进的安全管理理念和工作方法，影响和推动了中国石油转变和建立了先进的 HSE 理念，建立完善了中国石油新的 HSE 制度框架及制度标准，探索出了一些 HSE 培训管理和 HSE 绩效改进的思路和方法，指导、协助试点单位改进 HSE 体系管理，并取得明显的 HSE 成效。

（1）理念更加清晰：杜邦公司给中国石油带来了国际先进的安全管理理念，促进了中国石油在 HSE 观念上的转变和认识上的提高。

（2）制度更加规范：研究建立了涵盖工艺安全、行为安全、个体防护和污染物控制的总部通用性健康安全环保管理制度框架，进一步提高了 HSE 管理的系统性和科学性。

（3）措施更加有力：开发并丰富了 HSE 工具和方法，通过试点运行和总结提炼，不断完善安全环保工作的载体和抓手，提高了 HSE 管理的针对性和有效性。

（4）示范作用显现：通过指导、咨询，促进了试点单位 HSE 管理水平和管理业绩的明显提升。试点企业推进形成的推进模式和典型经验符合企业实际，可借鉴性强，已经在全系统推广。

知识链接：杜邦公司十大安全原则

杜邦公司经过 200 多年的发展，已经形成了自己的企业安全文化，并把安全、健康和环境作为企业的核心价值之一。他们对安全的理解是：安全具有显而易见的价值，而不仅仅是一个项目、制度或培训课程。安全与企业的绩效息息相关；安全是习惯化、制度化的行为。杜邦公司十大安全原则为：

(1) 所有安全事故都是可以预防的；

(2) 各级管理层对各自的安全直接负责；

(3) 所有安全隐患都是可以控制的；

(4) 安全是被雇佣的条件之一；

(5) 员工必须接受严格的安全培训；

(6) 各级管理者必须安全审核；

(7) 发现的不安全因素必须及时纠正；

(8) 工作外的安全和工作中的安全同样重要；

(9) 良好的安全等于良好的业绩；

(10) 安全工作以人为本。

壳牌公司 HSE 原则及政策

壳牌公司 HSE 管理 11 条原则：

(1) HSE 管理的具体保证；

(2) HSE 管理的政策；

(3) HSE 是行业管理的责任；

(4) 有效的 HSE 培训；

(5) 能胜任的 HSE 专员；

(6) 通俗易懂的 HSE 高标准；

(7) 测定 HSE 实施情况的技术；

(8) HSE 标准的实践的检验；

(9) 现实可行的 HSE 目标管理；

(10) 人员伤害和事故的彻底调查与跟踪；

(11) 有效的 HSE 鼓励和交流。

壳牌公司 HSE 政策：

(1) 预防发生各种人身伤害；

(2) HSE 是业务经理的责任；

(3) HSE 目标同其他经营目标一样，具有同样的重要意义；

(4) 建立一个安全和健康的工作营地（基地）；

（5）保证有效的安全、健康训练；

（6）培养 HSE 的兴趣和热情；

（7）对 HSE 要承担个人责任；

（8）对环境要给予应有的重视。

第三节　中国石油 HSE 管理体系概述

一、建立和实施 HSE 管理体系的意义

一个企业，做好健康、安全与环境管理工作既是国家法律规定的义务、政府的要求，也是社会、顾客和相关方的需要，是企业的生存发展切身利益所在。凡是健康、安全与环境工作做得好的企业，都会有一套健全的、文件化的、可行的健康、安全与环境管理方式和制度。健康、安全与环境管理工作做得好，企业的产品、服务质量高，员工的安全健康有保障，企业的财产不受损失，环境受到保护，就可以促进企业生产经营的发展，提高经济效益，同时可以树立企业良好形象，培养一批素质高的员工，增强市场竞争力。

当前，大多企业已经有了比较健全的健康、安全与环境管理制度及相应的配套办法和机制，为什么还要建立和实施 HSE 管理体系？它的意义何在？

建立和实施 HSE 管理体系的原因：

（1）我们现有的管理制度、办法和机制难以满足建设现代化企业管理的要求，主要表现在：一是企业虽然有一套现行的比较有效的管理方式和管理制度，但多数还是由计划经济体制下行政管理式的方式和制度转化的，还未形成科学、系统、持续改进的管理体系；二是在健康、安全与环境管理的思维模式上与国外先进的管理思想存在较大的差距，如普遍缺乏国外的高层承诺和零事故思维模式；三是缺乏现代化企业健康、安全与环境管理所要求的系统管理方法和科学管理模式。

（2）石油行业是一种高风险的行业，健康、安全与环境管理的风险同时伴生，应同时管理。一是石油企业的健康、安全与环境管理事故往往是相互关联的，必须同时加以控制；二是 ISO 14000 环境管理体系和在 2001 年发布的中国的职业健康安全管理体系标准虽然都是先进的管理体系，其中也各自包含了一些相关要素，但主要分别是针对环境和安全健康的，未形成一个整体。

（3）HSE 管理体系是企业与国际市场接轨的需要，尤其是国际石油石化行业的管理惯例。一是 HSE 管理体系是国际上几乎所有大型石油天然气企业都在推行的先进的科学管理体系；二是良好的 HSE 管理是进入国际市场的准入证；三是可保证企业健康、安全与环境管理水平的不断提高，提高企业的名声，增加在国际市场上的竞争力。

具体概括为以下内容：

（1）可满足贯彻国家可持续发展战略的要求；

（2）可促进我国石油企业进入国际市场；

（3）可减少企业成本，节约能源和资源；

（4）可减少各类事故的发生，减少事故损失；

（5）可提高健康、安全与环境管理水平；

（6）可改善企业的形象和与当地政府和居民的关系；

（7）可吸引投资者；

（8）可帮助企业满足有关法规的要求；

（9）可提高企业的社会效益和经济效益。

二、中国石油 HSE 管理体系的理念

2003 年重庆开县"12.23"事故之后，2004 年中国石油将"安全"提高到企业核心经营理念的高度，正式提出了"诚信、创新、业绩、和谐、安全"的企业核心经营理念，这一理念代表着中国石油经营管理决策和行为的价值取向，是有机的统一整体。诚信是基石，创新是动力，业绩是目标，和谐是保障，安全是前提。之后，中国石油不同的领导逐步提出"HSE 源于责任、源于质量、源于设计、源于防范"，"一切事故都是可以控制和避免的"等先进思想。在这些思想的指导下，逐步形成了中国石油比较系统的以下HSE 理念：

（1）"领导作用"的理念：领导和承诺是体系运行的驱动力。没有领导对 HSE 管理的信心、决心和承诺，没有领导对员工的不断激励和督促，体系管理所需的资源就无法保障，HSE 管理体系就无法有效运行，企业 HSE 文化就无法建立。

（2）"全员参与"的理念：全体员工的参与是每个组织 HSE 管理的基础。组织的 HSE 管理不仅需要最高管理者的正确领导，还有赖于全员的参与。HSE 风险的控制，必须要全体员工立足本职、立足岗位的积极参与，才能最终削减或控制。全员参与包括两方面：一方面，组织要对员工进行 HSE 意识和敬业精神的教育，以激发他们参与 HSE 管理的积极性和责任感；另一方面，员工还要通过组织的培训、自身的刻苦学习，具备足够的知识、技能和经验，胜任本职工作，实现充分参与。

（3）"风险管理"的理念：风险管理是 HSE 体系的核心，体系方针和目标、体系的管理方案、体系有效运行的决策和实施均来源于"风险管理"。

（4）"事故预防"的理念：事故是可以预防、可以控制的。隐患、事故的管理要重视"事后处理"，更要注重"事前控制"。

（5）"责任到人"的理念：HSE 体系管理和运行工作是由一个个责任主体的履职来体现的，必须建立一整套的责任体系，出现问题必须责任到人。

（6）"闭环管理"的理念：HSE 体系运行的各个环节、各项工作都必须遵循 PDCA 循环，必须按此循环"封闭"管理。

（7）"持续改进"的理念：HSE 体系不苛求管理"一步到位"，对 HSE 目标的制定和完成，不揠苗助长，不好高骛远。制定的目标只要符合法律法规要求、切实可行，就允许企业不断有新的进步，哪怕进步只是一点点。只有坚持持续改进，企业才能不断进步。持续改进应成为每一个企业永恒的追求、永恒的目标、永恒的活动。

（8）"合理实际并尽可能低"的理念：要注重风险削减和控制，所需的资源一定要讲究

节约的原则，在完成"风险削减和控制"的目标时，应采用合理的方案，考虑实际的能力、尽可能低的费用。

2008 年后，中国石油拓展与杜邦公司的合作项目，全面引入杜邦的安全管理经验和安全理念。通过四年的合作，逐步在整个中国石油内部开展 HSE 管理体系推进工作，又新引入一些包括"事故事件是宝贵资源"、"安全经验分享"、"个人安全行动计划"、"安全观察与沟通"等新的理念。最有代表性、影响也比较广泛的有以下 3 个：

(1) 有感领导。各级领导通过以身作则的良好个人安全行为，使员工真正感知到安全生产的重要性，感受到领导做好安全的示范性，感悟到自身做好安全的必要性。

(2) 直线责任。主要领导、各级分管领导、机关职能部门和各级管理人员、基层领导和分管干部都有直线责任，都应该对业务范围内的 HSE 工作负责，都应结合本岗位管理工作负责相应 HSE 管理。也就是各部门（或者说"各系统"）负责各部门（各系统）所管业务，如工程技术部门负责工艺安全危害分析，完善工艺制度规程；装备部门负责设施完整性管理，完善设备管理制度；人力资源部门负责培训矩阵分析，组织好人员培训等。

(3) 属地管理。"属地管理"实际上就是指生产作业现场的每一个员工对自己所管辖区域内人员（包括自己、同事、承包商员工和访客）的安全、设备设施的完好、作业过程的安全、工作环境的整洁负责。真正做到"安全是我的责任"、"我的属地我管理"、"我的区域我负责"。

三、中国石油的 HSE 方针

HSE 方针是企业对其健康、安全与环境绩效的意图与原则的声明。中国石油的 HSE 方针是"以人为本、预防为主、全员参与、持续改进"。2009 年，中国石油提出各所属公司的 HSE 方针必须与中国石油的 HSE 方针一致，并提出各公司可以结合自身实际，对 HSE 方针的内涵进行有针对性的诠释。长城钻探工程有限公司的 HSE 方针内涵包括以下几个方面：

(1) 以人为本。

解读：员工是公司最宝贵的资源和财富，做任何事情必须以保证人的健康、安全为基本出发点。公司尊重和保护每一位员工的合法权益，为员工健康、安全地开展工作提供充分必要的设施、培训、程序和工作环境并进行监督管理，搭建员工健康成长的平台，保障并激励实现人的本质安全。

(2) 预防为主。

解读：树立"一切事故都是可以避免的"的理念。在生产经营活动前，对健康、安全和环境风险进行全过程、全方位地识别与评价，制定并落实风险控制、应急恢复措施，从管理上入手消除各种不安全行为、不安全状态，从而避免事故事件的发生。

(3) 全员参与。

解读：以落实"有感领导"、"直线责任"、"属地管理"为主线，将中国石油的岗位责任制、杜邦公司的安全文化，同长城钻探"否定、肯定、再提升"一切从零开始的石油工程安全管理理念有机结合，把 HSE 工作融入到公司日常的生产经营活动中，使每个员工、每个单位都能充分地参与 HSE 管理。

（4）持续改进。

解读：落实"三分之一工作法"，以不断地内审、外审、管理评审及专项检查、事故事件调查、绩效考核等为监视测量手段，对公司整体及各单位 HSE 管理进行评估，找出制约公司生产经营与发展的系统性 HSE 问题，有针对性的采取纠正预防措施，持续提高管理水平，获取更好的 HSE 业绩。

四、中国石油的 HSE 目标

HSE 目标是企业在健康、安全与环境绩效方面所要达到的目的。中国石油的 HSE 战略目标是"追求零事故、零伤害、零污染，努力实现健康、安全与环境管理的国际先进水平"。

长城钻探工程有限公司的 HSE 目标是"追求零伤害、零污染、零事故，在健康、安全与环境管理方面达到国际同行业先进水平"。

五、中国石油的 HSE 管理原则

综观国际石油公司的安全管理，概括起来共同的理念主要包括以下几个方面：

（1）一切事故都是可以控制和避免的；

（2）安全拥有高于一切的优先权；

（3）以人为本、关爱生命；

（4）全员参与，安全是每个人的责任；

（5）把健康、安全、环保作为公司核心价值；

（6）工作内的安全和工作外的安全同等重要；

（7）对承包商和其他相关方的 HSE 管理进行统一管理。

中国石油为统一 HSE 认识，规范 HSE 行为，培育 HSE 文化，确保 HSE 方针和 HSE 目标得到更好贯彻与落实，借鉴杜邦、壳牌和 BP 等国际大公司通行做法，结合公司实际，编制了 HSE 管理原则。HSE 管理原则是对中国石油 HSE 方针和战略目标的进一步阐述和说明，是针对 HSE 管理关键环节提出的基本要求和行为准则。HSE 管理原则与 HSE 方针和 HSE 目标共同构成了中国石油 HSE 管理的基本指导思想。

中国石油 HSE 九项管理原则为：

（1）任何决策必须优先考虑健康安全环境。良好的 HSE 表现是企业取得卓越业绩、树立良好社会形象的坚强基石和持续动力。HSE 工作首先要做到预防为主、源头控制，即在战略规划、项目投资和生产经营等相关事务的决策时，同时考虑、评估潜在的 HSE 风险，配套落实风险控制措施，优先保障 HSE 条件，做到安全发展、清洁发展。

（2）安全是聘用的必要条件。员工应承诺遵守安全规章制度，接受安全培训并考核合格，具备良好的安全表现是企业聘用员工的必要条件。企业应充分考察员工的安全意识、技能和历史表现，不得聘用不合格人员。各级管理人员和操作人员都应强化安全责任意识，提高自身安全素质，认真履行岗位安全职责，不断改进个人安全表现。

（3）企业必须对员工进行健康安全环境培训。接受岗位 HSE 培训是员工的基本权利，也是企业 HSE 工作的重要责任。企业应持续对员工进行 HSE 培训和再培训，确保员工掌握相关 HSE 知识和技能，培养员工良好的 HSE 意识和行为。所有员工都应主动接受 HSE 培训，经考核合格，取得相应工作资质后方可上岗。

（4）各级管理者对业务范围内的健康安全环境工作负责。HSE 职责是岗位职责的重要组成部分。各级管理者是管辖区域或业务范围内 HSE 工作的直接责任者，应积极履行职能范围内的 HSE 职责，制定 HSE 目标，提供相应资源，健全 HSE 制度并强化执行，持续提升 HSE 绩效水平。

（5）各级管理者必须亲自参加健康安全环境审核。开展现场检查、体系内审、管理评审是持续改进 HSE 表现的有效方法，也是展现有感领导的有效途径。各级管理者应以身作则，积极参加现场检查、体系内审和管理评审工作，了解 HSE 管理情况，及时发现并改进 HSE 管理薄弱环节，推动 HSE 管理持续改进。

（6）员工必须参与岗位危害识别及风险控制。危害识别与风险评估是一切 HSE 工作的基础，也是员工必须履行的一项岗位职责。任何作业活动之前，都必须进行危害识别和风险评估。员工应主动参与岗位危害识别和风险评估，熟知岗位风险，掌握控制方法，防止事故发生。

（7）事故隐患必须及时整改。隐患不除，安全无宁日。所有事故隐患，包括人的不安全行为，一经发现，都应立即整改，一时不能整改的，应及时采取相应监控措施。应对整改措施或监控措施的实施过程和实施效果进行跟踪、验证，确保整改或监控达到预期效果。

（8）所有事故事件必须及时报告、分析和处理。事故和事件也是一种资源，每一起事故和事件都给管理改进提供了重要机会，对安全状况分析及问题查找具有相当重要的意义。要完善机制、鼓励员工和基层单位报告事故，挖掘事故资源。所有事故事件，无论大小，都应按"四不放过"原则，及时报告，并在短时间内查明原因，采取整改措施，根除事故隐患。应充分共享事故事件资源，广泛深刻汲取教训，避免事故事件重复发生。

（9）承包商管理执行统一的健康安全环境标准。企业应将承包商 HSE 管理纳入内部 HSE 管理体系，实行统一管理，并将承包商事故纳入企业事故统计中。承包商应按照企业 HSE 管理体系的统一要求，在 HSE 制度标准执行、员工 HSE 培训和个人防护装备配备等方面加强内部管理，持续改进 HSE 表现，满足企业要求。

六、建立和实施 HSE 管理体系的要求

（1）按照中国石油的要求，各单位主要领导要亲自抓这项工作，配备相应的资源，安排有技术、懂管理、会写作、有一定安全、生产技术工作经验的专业技术人员参与 HSE 管理体系文件的编写。

（2）要根据本单位的实际，有针对性地编写，重点抓领导承诺、风险评价、事故预防、应急反应等要点的编写。写你所做的，做你所写的，记你所做的。有什么工作，写什么内容；做了什么工作，记什么内容。有什么风险（分析导致事故的原因和发生事故的后果），制定什么措施（预防事故发生的手段）。切忌纸上谈兵，关键在落实，应该强调管理体系一经建立并批准实施必须遵照执行。

知识链接：《中国石油天然气集团公司反违章禁令》解析

根据中国石油 HSE 委员会会议精神，综合分析近年来发生的事故原因，为进一步规范员工安全行为，防止和杜绝"三违"现象，保障员工生命安全和企业生产经营的顺利进行，特制定《中国石油天然气集团公司反违章禁令》（以下简称《反违章禁令》）。

一、发布《反违章禁令》的原因

《反违章禁令》是保证企业安全生产的重要制度，各单位必须贯彻落实到生产、经营、施工的各个环节，做到"规定动作"到位。

（1）要加强对《反违章禁令》的学习、宣传力度。各单位要加强选车工作，要层层组织进行认真学习，确保广大员工人人皆知，熟知熟记，入脑入心。

（2）要加大对《反违章禁令》的监督检查力度。采取切实有效的措施，下大力气、下真功夫，加大对《反违章禁令》执行情况的监督检查力度。

（3）要加强劳动纪律和工作纪律，这是《反违章禁令》中的重要条款，也是安全工作的重要保证。劳动纪律要常抓不懈，一以贯之。各单位要以对企业、对员工高度负责的精神，对员工队伍严格管理，对违章操作，绝不姑息迁就。

二、《反违章禁令》的内容及含义

1. 严禁特种作业无有效操作证人员上岗操作

（1）严禁特种作业人员不经过专门培训取得特种作业操作证上岗操作。

（2）严禁特种作业人员持无效操作证上岗操作。

2. 严禁违反操作规程操作

（1）严禁不按规定着个人防护用品。

（2）严禁不按规定悬挂警示牌、设置警戒线。

（3）严禁驾驶员不系安全带驾车。

（4）严禁无证开车、超速行驶、疲劳驾驶、酒后驾驶。

（5）严禁违反设备操作规程操作。

（6）严禁违反岗位操作规程操作。

3. 严禁无票证从事危险作业

（1）严禁动火、高处、有限空间、动土和临时用电等作业无许可作业票。

（2）严禁涂改、代签、补签作业票。

（3）严禁作业票超期使用或超出审批作业范围作业。

4. 严禁脱岗、睡岗和酒后上岗

（1）严禁作业中操作人员离开现场。

（2）严禁班前饮酒进入岗位生产作业。

5. 严禁违反规定运输民爆物品、放射源和危险化学品

(1) 严禁危险化学品车辆未取得危险化学品道路运输准运证运输。

(2) 严禁危险化学品驾驶员未持有危险化学品运输从业资格证和内部准驾证从事危险化学品车辆驾驶。

(3) 严禁危险化学品装卸作业中驾驶员离开作业现场。

(4) 严禁运输危险化学品车辆在运输途中收起导静电拖带。

6. 严禁违章指挥、强令他人违章作业

(1) 严禁强令部门或员工违反操作规程作业。

(2) 严禁强令无证员工上岗作业或替岗作业。

(3) 严禁强令特种作业人员无有效特种作业操作证上岗操作。

(4) 严禁强令他人违章驾驶车辆。

员工违反《反违章禁令》，给予行政处分；造成事故的，解除劳动合同。

三、《反违章禁令》有关条文的解释

(1)《反违章禁令》第一条：当无有效特种作业操作证的人员上岗作业时，处理的责任主体是岗位员工。安排无有效特种作业操作证人员上岗作业的责任人的处理按第六条执行。

特种作业范围，按照国家有关规定包括点工作业、金属焊接切割作业、锅炉作业、压力容器作业、压力管道作业、电梯作业、起重机械作业、场（厂）内机动车辆作业、制冷作业、爆破作业及井控作业、海上作业、放射性作业、危险化学品作业等。

(2)《反违章禁令》中的行政处分是指根据情节轻重，对违反《反违章禁令》的责任人给予警告、记过、记大过、降级、撤职等处分。

(3)《反违章禁令》中的危险作业是指高处作业、用火作业、动土作业、临时用电作业、进入有限空间作业等。

(4)《反违章禁令》中的事故是指一般生产安全事故 A 级及以上。

第四节　中国石油 HSE 管理体系标准

中国石油于 2007 年颁布实施了 Q/SY 1002.1—2007《健康、安全与环境管理体系　第 1 部分　规范》。Q/SY 1002.1—2007 标准规定了健康、安全与环境管理体系的基本要求，旨在使组织能够控制健康、安全与环境风险，实现健康、安全与环境目标，并持续改进组织的绩效。该标准为组织规定有效的健康、安全与环境管理体系要素（图 1-3），这些要素可与其他管理要求相结合，帮助组织实现其健康、安全、环境目标与经济目标。

该标准适用于中国石油天然气集团公司各组织及其有以下愿望的相关方：

(1) 建立、实施、保持和改进健康、安全与环境管理体系；

(2) 使自己确信能符合所声明的健康、安全与环境方针；

图 1-3　健康、安全与环境管理体系要素结构图

（3）寻求相关方（如顾客）对其符合性的确认；

（4）寻求外部机构对其健康、安全与环境管理体系的认证；

（5）进行自我评价和自我声明。

该标准适用于中国石油天然气集团公司各组织及其相关方建立、实施、保持和持续改进健康、安全与环境管理体系。

组织依据该标准的要求建立、实施、保持和改进健康、安全与环境管理体系时，应充分考虑组织的健康、安全与环境方针、活动性质、运行的风险与复杂性等因素。

一、HSE 管理体系标准条文内容及解析

（一）总要求

【条文内容】

> **4　总要求**
>
> 组织应建立、实施、保持和持续改进健康、安全与环境管理体系，确定如何实现这些要求，并形成文件。第 5 章描述了健康、安全与环境管理体系的要求。

组织应界定健康、安全与环境管理体系的范围，并形成文件。

健康、安全与环境管理体系模式如图 1 所示。

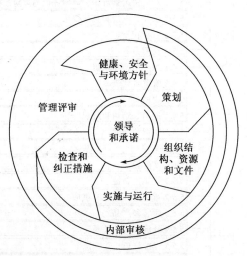

注：本部分规定的健康、安全与环境管理体系基于策划—实施—检查—改进（PDCA）的运行模式原理。关于 PDCA 的含义简要说明如下：

——策划：建立所需的目标和过程，以实现组织的健康、安全与环境方针所期望的结果；

——实施：对过程予以实施；

——检查：根据承诺、方针、目标、指标以及法律法规和其他要求，对过程进行监视和测量；

——改进：采取措施，以持续改进健康、安全与环境管理体系绩效。

图 1　健康、安全与环境管理体系模式

【理解要点】

HSE 管理体系标准的七个关键要素与原则要求见表 1-1。

表 1-1　HSE 管理体系要素与原则要求

HSE 管理体系要素	HSE 管理的原则要求
领导和承诺	自上而下的承诺和企业文化是 HSE 管理体系成功实施的基础
健康、安全与环境方针	HSE 的共同意图、行动原则和追求
策划	活动、产品和服务中 HSE 风险的辨识、评价与控制
组织结构、资源和文件	良好的 HSE 绩效所需的人员组织、资源和文件
实施与运行	对实施与运行的有效控制是 HSE 管理体系实施的关键
检查和纠正措施	HSE 绩效和活动的监测，及必要时所采取的纠正措施
管理评审	对 HSE 管理体系适宜性、充分性和有效性的定期评价

"领导和承诺"是 HSE 管理体系建立与实施的前提条件。

"健康、安全与环境方针"是 HSE 管理体系建立和实施的总体原则。

"策划"包括 4 个二级要素：对危害因素辨识、风险评价和风险控制的策划，法律、法规及其他要求，目标和指标，HSE 管理方案。"策划"是 HSE 管理体系建立与实施的输入。

"组织结构、资源和文件"包括 7 个二级要素：组织结构和职责，管理者代表，资源，能力、培训和意识，协商和沟通，文件，文件和资料控制。其是 HSE 管理体系建立与实施的基础。

"实施与运行"包括 8 个二级要素：设施完整性、承包商和（或）供应方、顾客和产品、社区和公共关系、作业许可、运行控制、变更管理、应急准备和响应。其是 HSE 管理体系实施的关键。

"检查和纠正措施"包括 5 个要素：绩效测量和监视，不符合、纠正措施和预防措施，事故、事件报告、调查和处理，记录和记录管理，审核。其是 HSE 管理体系有效运行的保障。

"管理评审"是推进 HSE 管理体系持续改进的动力。

（二）领导和承诺

【条文内容】

> **5.1　领导和承诺**
>
> 组织应明确各级领导健康、安全与环境管理的责任，保障健康、安全与环境管理体系的建立与运行。最高管理者应对组织建立、实施、保持和持续改进健康、安全与环境管理体系提供强有力的领导和明确的承诺，建立和维护企业健康、安全与环境文化。各级领导应通过以下活动予以证实：
>
> a）遵守法律、法规及相关要求；
>
> b）制定健康、安全与环境方针；
>
> c）确保健康、安全与环境目标的制定和实现；
>
> d）主持管理评审；
>
> e）提供必要的资源；
>
> f）确保健康、安全与环境管理体系有效运行。

【理解要点】

高级管理层的领导和承诺是 HSE 管理体系的核心，是体系运转的动力，对体系的建立、运行和保持具有十分重要的意义。管理者对健康、安全与环境管理负有重要的领导责任是不言而喻的。因为无论采用哪种类型的管理体系，如果离开管理者的领导和支持都会寸步难行。

（三）健康、安全与环境方针

【条文内容】

> **5.2　健康、安全与环境方针**
>
> 组织应具有经过最高管理者批准的健康、安全与环境方针，规定组织健康、安全与环境管理的原则和政策。健康、安全与环境方针应：

a) 包括对遵守法律、法规和其他要求的承诺，以及对持续改进和清洁生产、事故预防、社会责任的承诺等；

b) 与上级组织的健康、安全与环境方针保持一致；

c) 适合于组织的活动、产品或服务的性质和规模以及健康、安全与环境风险；

d) 传达到所有为组织或代表组织工作的人员，使其认识各自的健康、安全与环境义务；

e) 形成文件，实施并保持；

f) 可为相关方所获取；

g) 定期评审。

组织应建立健康、安全与环境战略（总）目标，并应与健康、安全与环境方针相一致，以提供建立和评审健康、安全与环境目标和指标的框架。

【理解要点】

健康、安全环境方针是组织建立与运行体系所应围绕的核心，它规定了组织在健康、安全与环境方面的发展方向和行动纲领，并通过将其要求在体系诸要素中具体化和落实，从而控制各类 HSE 风险，并实现绩效的持续改进。

这一条款要求，组织的最高管理者批准健康、安全与环境方针，并规定了健康、安全与环境方针的内容和管理要求。

（四）对危害因素辨识、风险评价和风险控制的策划

【条文内容】

5.3.1 对危害因素辨识、风险评价和风险控制的策划

组织应建立、实施和保持程序，用来确定其活动、产品或服务中能够控制或能够施加影响的健康，安全与环境危害因素，以持续进行危害因素辨识、风险评价和实施必要的风险控制和削减措施。这些程序应包括但不限于：

a) 常规和非常规的活动；

b) 所有进入工作场所的人员（包括合同方人员和访问者）的活动；

c) 工作场所的设施（无论由本组织还是由外界所提供）；

d) 事故及潜在的危害和影响；

e) 以往活动的遗留问题。

组织在建立健康、安全与环境目标时，应考虑危害因素辨识、风险评价的结果和风险控制的效果。

组织应开发危害因素辨识、风险评价和风险控制的方法：

a) 依据健康、安全与环境风险和影响的范围、性质和时限性进行，确保该方法是主动性的而不是被动性的；

b) 规定风险分级，识别出可通过风险管理措施来削减或控制的风险；

c）与运行经验和所采取的风险削减和控制措施的能力相适应；

d）为确定设施要求、识别培训需求和（或）开展运行控制提供输入信息；

e）规定对所要求的活动进行监视，以确保其及时有效实施。

组织应对危害因素辨识、风险评价和风险控制的过程的有效性进行评审，并根据需要进行改进。

组织应将危害因素辨识、风险评价和风险控制结果方面的信息形成文件并及时更新。

注：危害因素辨识、风险评价和风险控制包括了健康、安全与环境三个方面的因素。

【理解要点】

本要素要求组织通过建立程序文件，根据健康、安全与环境风险和影响的范围、性质和时限性，选择确定危害因素辨识、风险评价和风险控制的方法，通过持续地对作业活动、产品、或服务过程中的危害及危害因素进行识别和风险评价，从而制定风险控制和削减措施，实现对风险的管理。

风险评价和风险控制是 HSE 管理中最重要的一环，可分为四个阶段（图 1-4）：识别、评价、控制和评审。

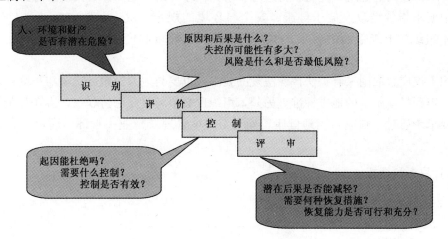

图 1-4　风险管理的基本过程框图

这样分为先后四个阶段是为了便于说明整个风险管理过程，但实际上这些阶段的界限并不总是很清楚的，许多情况下要将四个阶段作为一个整体来考虑，才能作出最后决策。风险识别、评价和控制的最后结果都应达到使风险降低到"合理实际并尽可能低"的程度，即将风险降低到"可容忍"的程度。

（五）法律、法规和其他要求

【条文内容】

5.3.2　法律、法规和其他要求

组织应建立、实施和保持程序，用来：

a) 识别适用于其活动、产品和服务中危害因素的法律、法规和其他应遵守的要求，并建立获取这些要求的渠道；

b) 确定这些要求如何应用于组织的危害因素。

组织应及时更新有关法律、法规和其他要求的信息，并将这些信息传达给相关员工和其他相关方。

组织应确保在建立、实施、保持和改进健康、安全与环境管理体系时，应考虑现行适用的法律法规和其他要求。

【理解要点】

组织需要认识和了解其活动受到哪些法律、法规和其他要求的影响，并将这方面的信息传达给全体员工和其他相关方。对健康、安全与环境法律、法规及相关制度的遵守是组织健康、安全与环境方针中必须予以承诺的，也是组织健康、安全与环境管理的重点。法律、法规和其他要求是组织评价重大危害因素的主要依据之一。因此，组织要有法律、法规意识，要主动了解法律、法规及其他要求，并及时更新，要有相应的程序和途径。这里强调的也是程序的要求，强调的是组织应有获得这些要求的程序，而不是法律、法规本身。

其他要求指各级政府关于健康、安全与环境的规定、决定、地方标准、有关文件的要求，本组织的上级部门的要求，本组织的条例、规章制度的要求，项目合同规定的要求等。

组织不仅应获取国家有关法律、法规的要求，也要与地方健康、安全与环境管理部门保持联系，得到最新版本的地方标准。另外，组织也必须与行业保持联系，遵守行业规范。当与这些要求矛盾时，则应与当地健康、安全与环境管理及行业主管部门商定，形成一致的意见。

（六）目标和指标

【条文内容】

5.3.3 目标和指标

组织应针对其内部各有关职能和层次，建立、实施和保持形成文件的健康、安全与环境目标和指标。

如可行，目标和指标应可测量。目标和指标应符合健康、安全与环境方针及战略（总）目标，并考虑对遵守法规、事故预防、清洁生产和持续改进的承诺。

组织在建立和评审健康、安全与环境目标和指标时，应考虑：

a) 法律、法规和其他要求；

b) 健康、安全与环境危害因素和风险；

c) 可选择的技术方案；

d) 财务、运行和经营要求；

e) 相关方的意见。

【理解要点】

组织应针对其内部各有关职能和层次，建立并保持形成文件的健康、安全与环境目标和指标。

"有关职能和层次"目标和指标的确定，应考虑危害因素辨识、风险评价和风险控制的结果和职能分配的因素。

组织应将所建立的目标和指标形成文件，同时考虑到形成目标和指标体系，并且应做到持续改进。目标应向相关人员传达并通过健康、安全与环境管理方案进行部署。

（七）管理方案

【条文内容】

> **5.3.4　管理方案**
>
> 组织应制定、实施并保持旨在实现其目标和指标以及针对特定的活动、产品或服务的健康、安全与环境管理方案。方案应形成文件，内容应包括但不限于：
> a）为实现目标和指标所赋予有关职能和层次的职责和权限；
> b）实现目标和指标的方法和时间表。
> 应在计划的时间间隔内对方案进行评审，必要时应针对组织的活动、产品、服务或运行条件的变化，对方案进行修订。

【理解要点】

管理方案是实现方针和目标具体的行动计划，是评价组织的体系是否按计划实施的重要依据，是实现组织方针和目标的重要保证。

管理方案直接来自目标和指标，并为实现目标和指标服务；

管理方案应明确实现目标和指标所必须的，内容应包括：

（1）相关职能和层次实现管理方案的职责和权限；

（2）具体的行动措施；

（3）时间安排和完成期限；

（4）资源保障（资金、人力、技术等）。

管理方案应设定监控机制对其实行动态管理，依据其实施的时限，定期检查和记录。

（八）组织结构和职责

【条文内容】

> **5.4.1　组织结构和职责**
>
> 组织应确定与健康、安全、环境风险有关的各级职能层次及岗位的作用、职责和权限，形成文件，便于健康、安全与环境管理。
> 健康、安全与环境的最终责任由最高管理者承担。

> 所有承担管理职责的各职能和层次，应表明其对健康、安全与环境绩效持续改进的承诺。

【理解要点】

（1）组织结构和职责的确定。

①组织要确定与 HSE 管理体系有关的各职能和层次的作用、职责和权限，形成文件并进行沟通。

②健康、安全与环境管理是一种线性管理，并不只是健康、安全与环境管理部门的事情。

（2）最高管理者的职责。

①健康、安全与环境的最终责任由最高管理者承担，这也是国家有关法律法规的要求。

②最高管理者的主要职责是：

a. 提出管理承诺；

b. 制定健康、安全与环境方针；

c. 确保 HSE 管理体系的建立和实施，包括任命管理者代表，制定有关健康、安全与环境工作的高层规划、提供资源、组织管理评审等。

（九）管理者代表

【条文内容】

> **5.4.2　管理者代表**
>
> 组织应在最高管理层中指定一名成员作为专门的管理者代表，以确保健康、安全与环境管理体系的有效实施，并在组织内推行各项要求。
>
> 组织的管理者代表，无论是否还负有其他方面的责任，应有明确的健康、安全与环境作用、职责和权限，以便：
>
> a）确保按本部分的要求建立、实施和保持健康、安全与环境管理体系；
>
> b）向最高管理者报告健康、安全与环境管理体系的运行情况和绩效，以供评审，并提出改进建议。

【理解要点】

管理者代表的主要职责：

（1）负责 HSE 管理体系的建立、实施与保持；

（2）组织体系策划与设计；

（3）组织文件评审与批准；

（4）组织体系内部审核；

（5）组织制定与实施纠正措施；

（6）定期向最高管理者汇报 HSE 管理体系运行情况，为评审和改进体系提供依据。

（十）资源

【条文内容】

> **5.4.3　资源**
>
> 管理者应为建立、实施、保持和持续改进健康、安全与环境管理体系提供必要的资源，包括但不限于以下：
> a）基础设施；
> b）人力资源；
> c）专项技能；
> d）技术资源；
> e）财力资源；
> f）信息资源。
>
> 为确保提供的资源适合于组织的活动、产品或服务的性质和规模以及健康、安全与环境风险控制的需要，应考虑来自各级管理者和健康、安全与环境专家的意见，且定期评审资源的适宜性。

【理解要点】

（1）高层管理者应为实施、保持和改进HSE体系提供必要的资源，包括但不限于：基础设施、人力资源、专项技能、技术资源、财力资源。

（2）资源的分配：

①符合国家、地方法规要求；

②满足实现组织健康、安全与环境目标和指标的要求；

③组织持续改进健康、安全与环境管理绩效的需要；

④健康、安全与环境风险控制的需要；

⑤必要时，考虑经济风险，确定资源的最佳利用方式；

⑥考虑来自各级管理者和健康、安全与环境专家的意见；

⑦当缺乏资金和技术时，可考虑通过适当的合作和资源共享进行解决。

（3）资源分配的评审：

①满足健康、安全与环境目标和指标的情况；

②资源配置是否足以实施HSE管理方案；

③风险是否有效控制。

（十一）能力、培训和意识

【条文内容】

> **5.4.4　能力、培训和意识**
>
> 对于其工作可能产生健康、安全与环境风险和影响的所有人员，应具有相应的工作能

力。在教育、培训和（或）经历方面，组织应对其能力做出适当的规定，并对员工完成工作的能力进行定期的评估。

组织应确定培训的需求并提供培训，评估培训效果并采取改进措施。培训程序应考虑不同层次的职责、能力和文化程度以及风险。

组织应建立、实施和保持程序，确保处于各有关职能部门和管理层次的员工都意识到：

a）符合健康、安全与环境方针、程序和健康、安全与环境管理体系要求的重要性；

b）在工作活动中实际的或潜在的健康、安全与环境风险，以及个人工作的改进所带来的健康、安全与环境效益；

c）在执行健康、安全与环境方针和程序中，实现健康、安全与环境管理体系要求，包括应急准备和响应（见 5.5.8）方面的作用和职责；

d）偏离规定的运行程序的潜在后果。

【理解要点】

组织应在教育、培训和（或）经历等方面，对员工能力作出适当的规定。组织应建立一套针对不同人员（如管理者、职员、HSE 人员、关键岗位工作人员等）能力评估的程序。能力评估需考虑以下内容：

（1）资历，指学历、工龄等；

（2）工作表现，包括责任心、工作态度、工作业绩等；

（3）理论考核和操作考核，包括考核方法、综合测评方法等；

（4）岗位培训要求；

（5）各方面的意见。

组织还应建立能力评估的模式。

能力评价的范围：各级应急组织及人员、项目组成员、特殊工种及危害岗位人员、新项目、新方法开工之前、承包方的能力，所有承担体系职责人员具备的能力。

评估管理：评估计划、评估组织及人员、评估标准（不同层次）、评估周期。

组织应根据能力需求提供适宜的培训。

（1）培训内容：理论培训、实际操作培训。

（2）培训范围：承担主要活动和任务的员工。

（3）常规培训：三级教育、特殊工种上岗和换证、风险管理、体系文件及相关标准、法规、制度等。

（4）非常规培训：特殊作业、各种事故状态、应急、变更等。

（5）培训要有计划，目的应明确（分层次），并保存培训记录。

（6）评估培训效果。

（十二）协商和沟通

【条文内容】

5.4.5　协商和沟通

组织应建立、实施和保持程序，确保就相关健康、安全与环境信息进行相互沟通：

组织内各职能部门和管理层次间的内部沟通；

a）与外部相关方联络的接收、文件形成和答复；

b）组织应考虑对涉及健康、安全与环境重要危害因素的信息的处理，并记录其决定。

组织应将员工参与和协商的安排形成文件，并通报有关的相关方。员工应：

a）参与风险管理，方针和程序的制定、实施和评审；

b）参与商讨影响工作场所内人员健康和安全的条件和因素的任何变化；

c）参与健康、安全与环境事务；

d）支持员工代表和管理者代表的工作（见 5.4.2）。

【理解要点】

组织应建立并保持程序，确保就相关健康、安全与环境信息进行相互沟通：

（1）组织内各层次和职能间的内部沟通。

（2）与外部相关方联络的接收、文件形成和答复。

（3）对于涉及健康、安全与环境重要危害因素的信息，组织要考虑进行处理，并记录有关的决定。

（4）常用的信息沟通方式有：

①各种短会，如班前 HSE 短会；

②部门 HSE 计划和工作目标文件；

③录像、快讯；

④板报、张贴图表；

⑤Email、HSE 新闻、公报；

⑥HSE 信息电话；

⑦对外健康、安全与环境数据的报告。

组织应将员工参与和协商的安排形成文件，并通报有关的相关方。

（1）员工协商和沟通方式：

①建立员工代表与管理者之间的协商和沟通的有效机制，如参与事故、事件调查等；

②管理者与员工通过某种机构正式协商，如工会或类似的机构；

③管理者与员工的直接沟通渠道；

④其他沟通方式，如 HSE 简报、公告栏、海报、标语等。

（2）员工协商和沟通内容：

①参与风险管理方针和程序的制定、实施和评审；

②参与商讨影响工作场所内人员健康和安全因素的任何变化；

③参与健康、安全与环境事务；

④应告知谁是他们的员工代表和管理者代表，同时员工也要支持员工代表和管理者代表的工作。

(十三) 文件

【条文内容】

5.4.6　文件

健康、安全与环境管理体系文件应包括：

a) 承诺；

b) 方针、目标和指标；

c) 对健康、安全与环境管理体系覆盖范围的描述；

d) 对健康、安全与环境管理体系主要要素及其相互作用的描述，以及相关文件的查询途径；

e) 组织为确保对涉及危害因素的过程进行有效策划、运行和控制所需的文件和记录；

f) 本部分所要求的其他文件，包括记录。

【理解要点】

(1) 要对本规范中所有要素及其相互作用进行描述，主要是指诸要素是如何实现其功能的？如何相互补充、相互支撑、相互渗透的？自我约束、自我调节、自我完善的运行机制是如何运行的？各个活动过程是如何有机结合，形成一个完整 HSE 管理体系的？

(2) 对各层次的文件要建立相关的查询路径形成一个接口完善的整体。

(3) 体系文件可以以纸或电子形式表示，不主张采用复杂繁琐的文件系统。

(十四) 文件控制

【条文内容】

5.4.7　文件控制

组织应对健康、安全与环境管理体系文件和资料进行控制。记录是一种特殊类型的文件，应依据 5.6.5 的要求进行控制。

组织应建立、实施和保持程序，以规定：

a) 在文件发布前进行审批，以确保其充分性和适宜性；

b) 必要时对文件进行评审和修订，并重新审批；

c) 确保对文件的更改和现行修订状态做出标识；

d) 确保在使用处得到适用文件的有关版本；

e) 确保文件字迹清楚、易于识别；

f) 确保对策划和运行健康、安全与环境管理体系所需的外来文件做出标识，并对其发放予以控制；

g) 防止对过期文件的非预期使用，如需将其保留，要做出适当的标识。

【理解要点】

（1）识别所需控制的所有文件和资料；

（2）确定文件和资料控制的职责和权限（授权部门）；

（3）对体系文件的标识、制定、批准、发布和撤销进行控制；

（4）建立文件资料目录及其位置的清单，如文件登记表、清单或索引等；

（5）对文件和资料进行定期评审，必要时予以修订并由被授权人员确认其适宜性；

（6）凡对健康、安全与环境管理体系的有效运行具有关键作用的岗位，都可得到有关文件和资料的现行版本，无论在常规条件下还是在非常规条件下（包括紧急情况下），需要时现行版本的文件和资料都应易获得；

（7）对于失效文件和资料应及时从所有发放和使用场所撤回，或采取其他措施防止误用；

（8）对出于法律、法规和（或）保留信息的需要而留存的档案文件和资料予以适当标识。

（十五）设施完整性

【条文内容】

5.5.1　设施完整性

组织应建立、实施和保持程序，以确保对设施的设计、建造、采购、安装、操作、维护和检查等达到规定的准则要求，对项目建设、设施购置及建造前应进行健康、安全与环境评价，用满足本质健康、安全与环境要求的设计来削减和控制风险和影响。

对设计、建设、运行、维修过程中与准则之间的偏差，组织应当进行评审，找出偏差的原因，确定纠正偏差的措施并形成文件。

【理解要点】

组织应保证健康、安全与环境设施应与主体设施同时设计、同时施工、同时投入运行，并不断维护，使运行状况达到规定要求。

（1）确保对健康、安全与环境相关的关键设施的设计、建造、采购、操作、维护和检查达到规定的准则要求。

（2）对新项目建设、设施购置及建造前应进行健康、安全与环境评价，以满足本质健康、安全与环境要求的设计来削减和控制风险和影响。

（3）对设计、建设、运行、维修过程中与准则之间的偏差，组织应当进行评审，找出偏差的原因及纠正偏差的措施并形成文件。

（十六）承包方和（或）供应方

【条文内容】

5.5.2　承包方和（或）供应方

组织应建立、实施和保持程序，以保证其承包方和（或）供应方的健康、安全与环境管理与组织的健康、安全与环境管理体系要求相一致。组织与承包方和（或）供应方之间应有特定的关系文件，以便明确各自的职责，在工作之前解决存在的差异，认可有关工作文件。

组织应收集承包方和（或）供应方的相关信息并定期评审，在确定承包方和（或）供应方的评定过程中应考虑：

a）资质；

b）历史业绩；

c）能力；

d）健康、安全与环境管理状况等。

【理解要点】

（1）应保证承包方和（或）供应方的健康、安全与环境管理与组织的健康、安全与环境管理体系要求一致。

（2）关于承包商的健康、安全与环境管理：

①一种是按照组织（甲方）的健康、安全与环境管理体系要求运作，组织给予指导和检查监督，提供相应的文件包。

②另一种是承包商建立自己的管理体系。承包商自己进行检查监督和审核，向甲方表明HSE 管理体系的有效运行，组织进行必要的检查和认可，确认其健康、安全与环境管理，如采取第二方审核等方式。

（十七）顾客和产品

【条文内容】

5.5.3 顾客和产品

组织应识别、确定并满足顾客有关健康、安全与环境方面的需求。对产品的生产、运输、储存、销售、使用和废弃处理过程中的健康、安全与环境风险和影响应进行评估和管理，提供与产品相关的健康、安全与环境信息资料。

【理解要点】

（1）应识别并确定顾客的需求：

①顾客规定的要求；

②顾客未做要求的，但服务或生产过程预期发生的事件要求；

③与服务有关的义务，包括法律、法规和行业惯例等要求（如健康安全环保要求、顾客财产的控制要求、IADC 或 API 标准等要求）；

④组织承诺的其他要求等。

（2）应对产品的生产、运输、储存、销售、使用和废弃处理以及服务过程中的健康、安全与环境的风险和影响进行评估。该过程应考虑与危害因素辨识、风险评价和风险控制过程相结合。

（十八）社区和公共关系

【条文内容】

> **5.5.4 社区和公共关系**
>
> 组织应就其活动、产品或服务中的健康、安全与环境风险和影响，与社区内关注组织健康、安全与环境绩效或受其影响的各方进行沟通。通过适当的规划和活动，展示组织的健康、安全与环境绩效，获取社区各相关方对组织改进健康、安全与环境绩效的支持。

【理解要点】

（1）在进行危害因素辨识、风险评价和控制时，要充分考虑活动过程对社区的风险和影响，要将健康、安全与环境管理的绩效或影响及时与社区各方沟通，特别是可能对社区公众健康、安全和环境产生重大危害及影响的活动，应通过各种渠道和方式向社区及相关方通报。

（2）应当通过规划活动向社区各方展示其健康、安全与环境管理绩效，如宣传、赞助、合作伙伴或其他公益活动等形式。这也是提高组织声誉、展示企业形象、融洽公共关系的有效途径，以此来获得社区各方对组织的支持。

（十九）作业许可

【条文内容】

> **5.5.5 作业许可**
>
> 组织应建立、实施和保持作业许可程序，规定作业许可类型和证明，以及作业许可的申请、批准、实施、变更与关闭。作业许可内容应包括区域划分、风险控制措施和应急措施，以及作业人员的资格和能力、责任和授权、监督和审核、交流沟通等。通过执行作业许可程序，控制关键活动和任务的风险和影响。

【理解要点】

（1）组织应建立、实施和保持作业许可程序，识别并确认较大风险的活动，针对这些活动设立作业许可和证明的票证，实施作业许可管理。程序应明确以下内容：

①实施作业许可的对象、范围和类别；

②每个类别的具体作业许可票证；

③作业申请的提出及要求；

④风险分析和描述；

⑤风险控制措施及现场确认；

⑥审核、批准等的授权及责任；

⑦作业过程的现场监督、隔离与监控；

⑧作业结束后的关闭或销票等。

（2）组织可依据风险判别准则和相关法律法规要求，确定作业许可实施的对象和范围，包括而不限于：

①临时接电、用电；

②高处作业；

③进入受限空间；

④动土作业；

⑤易燃、易爆区域的动火作业；

⑥大型吊装；

⑦爆破；

⑧厂区设备、管道盲板的抽、堵作业；

⑨放射源作业等。

（3）组织要基于风险分析确定作业许可的类型，确定相应的作业许可证。作业许可证有如下五种类型：冷作业许可；热作业许可；电作业许可；起重作业许可；放射作业许可。有时，作业许可证需要相应的作业证明共同使用。作业证明有以下几种：隔离证明，如机械/过程隔离证明、电隔离证明；动土证明；有限空间/容器进入证明；安全系统旁路/跨越证明等。

（4）组织可以通过收集、整理和分析，选定实施作业许可的相关经验，编制出适用的作业许可票或许可证。许可票证设计时应考虑：

①作业项目名称和地点；

②明确作业场所负责人；

③具体作业的步骤、需要的工具、器具和资源等；

④作业项目相关方的协商、技术交底或要求；

⑤所有危害因素及风险评价结果；

⑥拟采用的风险控制和防护措施；

⑦应急措施及应急设施；

⑧提供检查作业安全措施落实的证据；

⑨作业人员、现场监护人员的能力和资质；

⑩作业许可的有效期限；

⑪作业结束后的作业许可终止确认等。

（5）作业许可的控制要求：

①作业人员、现场监护人员应具备相应的能力和资质，作业许可审批人应经过授权。

②作业前应办理作业许可申请，审批人应现场检查落实防范措施。

③作业前将作业许可内容传达到所有作业现场人员，措施落实到位，责任到人。

④作业许可中需要监测时，应由具有相应资质的专业人员进行，其对监测结果负责。

⑤作业地点、作业时间、作业条件等发生变更时，应重新办理作业许可。

⑥同一地点的交叉作业项目或可能同时涉及多种类别的危险作业情况，应满足每种作业许可的要求。

（二十）运行控制

【条文内容】

5.5.6　运行控制

组织应确定控制健康、安全与环境风险的活动和任务，并且不同职能部门和管理层次的管理者应针对这些活动和任务进行策划，通过以下方式确保其在规定的条件下执行：

a）对于因缺乏程序指导可能导致偏离健康、安全与环境方针、目标和指标的运行情况，应建立、实施和保持形成文件的程序和工作指南；

b）在程序和工作指南中对运行准则予以规定；

c）对于组织所购买和（或）使用的货物、设备和服务中已识别的健康、安全与环境风险和影响，应建立、实施和保持程序，并将有关的程序和要求通报承包方和（或）供应方；

d）建立、实施和保持程序，用于工作场所、过程、装置、机械、运行程序和工作组织的设计，包括考虑与人的能力相适应，以便从根本上消除或降低风险和影响；

e）建立、实施和保持程序，推行清洁生产，对使用有毒有害原料进行生产或者在生产中排放有毒有害物质以及污染物超标排放时，应进行清洁生产审核并实施清洁生产方案。

【理解要点】

运行控制是指按照目标、指标及有关程序控制健康、安全与环境管理体系的运转，保证体系各方面正确而有效地运行。组织对具体生产操作，尤其是那些可能引发重大事故的活动，应予以规范和控制，制定相应的程序和作业指导书，明确规定运行标准和要求。特别是对容易引起差错的活动要形成文件化的程序。例如，生产操作的关键部位和工序应制定严格的作业指导书，告诉操作人员怎样才是正确的操作，不正确的操作可能造成怎样的危害。

组织不仅要对自身的危险因素予以考虑，也要对相关方的危险因素给予关注。这就要对承包方、供方提出要求，制定程序，使他们的行动符合组织健康、安全与环境方针和其他要求。组织有责任对承包方提出健康、安全与环境方面的要求，要求承包方按照组织的健康、安全与环境方针和程序规定从事作业活动。在承包方的行为出现错误时，组织应以合同的约定对其实行纠正、处罚、撤销合同等管理措施。

运行控制是健康、安全与环境管理体系实际的运作过程，也是逐步实现目标、指标的过程。

（二十一）变更管理

【条文内容】

5.5.7　变更管理

组织应建立、实施和保持程序，以控制组织内设施、人员、过程（工艺）和程序等永久性或暂时性的变化，避免对健康、安全与环境的有害影响及风险。包括：

a）对提议的变更及实施应确定并形成文件；

b) 对变更及其实施可能导致的健康、安全与环境风险和影响进行评审和做出记录；

c) 对认可的变化及其实施程序形成文件；

d) 提议的变更应当经过授权部门的批准。

注：当新的运行或者更改运行会引起管理体系的变化，变更管理不再适宜，组织需要建立专门的管理计划。

【理解要点】

（1）变更管理的范围：

组织应控制组织内设施、人员、过程和程序等永久性或暂时性的变化，应考虑 HSE 管理体系范围内的所有的变更。

（2）变更管理的程序：

①对提议的变更及其实施要明确并形成文件，可能为变更的说明或变更申请；

②对变更及其实施可能导致的健康、安全与环境风险和影响进行评审和做出记录；

③对认可的变化及其实施程序形成文件，包括确认的风险和影响级削减和控制措施、沟通和培训要求、时间要求、验证和监测要求、不符合的处理等。

④提议的变更应当经过授权部门的批准。

（3）当新的运行或者更改运行会引起管理体系的变化，变更管理不再适宜，组织应当建立专门的管理计划。

（二十二）应急准备和响应

【条文内容】

5.5.8 应急准备和响应

组织应建立、实施和保持程序，以系统地识别潜在的紧急情况和事故，并规定响应措施。

组织应对实际发生的紧急情况和事故做出响应，以便预防和减少可能随之引发的疾病、伤害、财产损失和环境影响。

组织应评审其应急准备和响应的程序和措施，必要时对其修订，尤其是在事故或紧急情况发生后。

如果可行，组织还应定期测试这些程序和措施。

【理解要点】

组织应建立并保持应急准备和响应计划和程序。程序的作用是通过风险识别，确定潜在的事故或紧急情况，有针对性地采取预防措施，以减少可能随之引发的疾病、伤害、财产损失和环境影响。制定应急反应计划，使紧急情况和意外事故得到快速、及时和有效的处置，从而将可能损失降低到最低。通过评审和演练测试应急程序，使其更适宜应急反应地要求。

（二十三）绩效测量和监视

【条文内容】

5.6.1　绩效测量和监视

组织应建立、实施和保持程序，对可能具有健康、安全与环境影响的运行和活动的关键特性以及健康、安全与环境绩效进行监视和测量。程序应规定：

a）适用于组织的运行控制所需要的定性和定量测量；

b）对组织的健康、安全与环境目标和指标的满足程度的监视和测量；

c）主动性的绩效测量，即监视和测量是否符合健康、安全与环境管理方案、运行准则；

d）被动性的绩效测量，即监视和测量事故、事件、疾病、污染和其他不良健康、安全与环境绩效的历史证据；

e）记录充分的监视和测量的数据和结果，以便于后面的纠正措施和预防措施的分析。

如果绩效测量和监视需要设备，组织应建立、实施和保持程序，对此类设备进行校准和验证，并予以妥善维护，且应保存相关记录。

【理解要点】

绩效测量和监视即通过经常和定期的检查、监督、监测与检测来评价 HSE 管理体系的运行情况。标准强调测量和监视是 HSE 管理体系的关键活动，它确保了组织按照其所阐述的 HSE 管理方案的实施与运行开展工作：一是对组织从事的活动进行检查和监督，对重大危险因素进行监测，保持它们始终处于受控状态，当然也要包括对检测设备的校准和维护；二是对检测结果的评价，要与国家的健康、安全与环境管理标准、法律、法规和组织的 HSE 管理体系的目标、指标进行跟踪比较，考查组织活动的符合性。

绩效检测分为主动性绩效监测和被动性绩效监测，主动性绩效监测用于检查组织的 HSE 管理活动是否符合健康、安全与环境管理方案、运行准则。被动性绩效监测用于检测调查、分析和记录 HSE 管理体系的所出现的事故、事件和其他不良的健康、安全与环境绩效。

（二十四）合规性评价

【条文内容】

5.6.2　合规性评价

为了履行遵守法律法规和其他要求的承诺，组织应建立、实施和保持程序，以定期评价对现行适用法律法规和其他要求的遵守情况。组织应保存对上述定期评价结果的记录。

【理解要点】

（1）组织应制定合规性评价的程序，以对所识别的适用的法律、法规的遵守情况进行定期评价。应考虑：

①识别、获取到的适用的法律、法规要求；

②活动、产品或服务的规模、类型和复杂程度；

③策划制定的程序和工作指南及运行准则；

④运行控制的实际效果；

⑤测量和监视的结果；

⑥来自相关方的有关信息等。

组织应根据自身规模、类型和复杂程度，规定适当的合规性评价方法和评价频次。评价频次取决于具体因素，如以往的合规性情况、所涉及具体法律法规和其他要求等。

可将合规性评价纳入其他评价活动，如 HSE 管理体系审核，健康、安全与环境评价或检查，管理评审过程等。对其他要求的评价可单独进行，也可与法律法规的评价一起进行。

（2）合规性评价的方法很多，包括：

①文件和（或）记录评审；

②对设施的检查；

③面谈；

④对项目和工作的评审；

⑤常规抽样分析或试验结果，验证取样或试验；

⑥设施巡视和（或）直接观察；

⑦审核。

（3）合规性评价的输入信息包括：

①全部适用的法律法规和其他要求；

②内部、外部监测与测量的结果；

③日常的监督检查；

④文件评审；

⑤包括抱怨在内的内部、外部交流信息，对投诉情况的处理等；

⑥运行控制记录；

⑦违规报告，纠正措施和预防措施实施情况；

⑧危险废物处置记录，承包方的资质证明；

⑨内审、管理评审、目标和指标考核等有关合规性的信息等。

对评价结果不合规的情况应进行原因分析，针对性地制定和实施纠正措施和预防措施，跟踪措施实施效果，达到法规的要求。组织应记录合规性评价的结果，并保存合规性评价的记录。

（二十五）不符合、纠正措施和预防措施

【条文内容】

5.6.3 不符合、纠正措施和预防措施

组织应建立、实施和保持程序，确定有关的职责和权限，以便：

---

a) 识别和纠正不符合，采取措施减少因不符合而产生的风险和影响；

b) 对不符合进行调查，确定其产生原因，并采取纠正措施避免再次发生；

c) 评价采取预防措施的需求，实施所制定的适当措施，以避免不符合的发生；

d) 记录采取纠正措施和预防措施的结果；

e) 评审所采取的纠正措施和预防措施的有效性。

对于所有拟定的纠正措施和预防措施，在其实施前应先通过风险评价进行评审。采取的措施，应与问题的严重性和相应的健康、安全与环境风险及影响相适应。组织应确保对因纠正和预防措施引起的健康、安全与环境管理体系文件进行修改。

【理解要点】

组织应建立并保持用来处理不符合现象的程序，程序应规定有关的职责和权限，调查处理发生的不符合，采取纠正和（或）预防措施，减少产生的健康、安全与环境的危害。对于所有拟定的纠正和预防措施，在其实施前应先通过适当的风险评价过程进行评审，并与问题的严重性和伴随的风险相适应，对纠正和预防措施完成的进度进行监测，并对这类措施的有效性进评审。程序的主要目的是通过辨识和消除根源来预防上述情况的进一步发生。程序应能使不符合的潜在根源的检测、分析和消除能够进行。对发生的不符合现象和相应采取的措施及引起的文件修改应予记录。

在这里"不符合"是一个专用名词，是指各种偏离或违背 HSE 方针、目标、指标或其他任何体系要求的情况。纠正措施是为了消除确认的不符合的根源，以防止其再次发生而采取的行动。组织出现的不符合现象是多种多样的，解决问题的措施也应针对不符合的严重程度和对健康、安全与环境影响的大小，规定相应的责任与权限，分级分层次解决；所采取的纠正与预防措施，也应与不符合的严重性和对健康、安全与环境影响的程度相一致，组织应注重具有严重后果的不符合事件的处理。

（二十六）事故、事件报告、调查和处理

【条文内容】

5.6.4　事故、事件报告、调查和处理

组织应建立、实施和保持程序，确定有关的职责和权限，以便：

a) 各职能部门和管理层次应记录并报告已经影响或正在影响健康、安全与环境的各类事故、事件（包括突发情况或管理体系的缺陷所引起的事故、事件）。事故、事件报告应达到法律、法规要求的范围，或达到组织对外交流所需要的更广的范围。

b) 确定事故、事件调查和处理的工作程序及责任，应与发生不符合情况时所采取纠正措施、预防措施的工作程序（见 5.6.3）相一致。事故、事件调查和处理所确定的责任应与事故、事件的实际和潜在影响的程度相符合。事故、事件调查应尽可能快地开始，并考虑到事故现场、人员和环境保护的需要。

【理解要点】

(1) 事故、事件报告。

各级组织应建立和保持程序，记录和报告内部已经影响和可能正在影响 HSE 表现的各类事故、事件，以吸取教训和采取必要的措施。

事故调查应尽可能快地开始，并应考虑事故现场、人员和环境保护的需要。

应有一个向执法部门报告事故的明确机制。事故报告应达到法律要求的范围，或达到作为组织对外交流方针所要求的更广泛的范围。员工报告所有的事故对吸取教训和改进 HSE 管理体系是十分重要的，应建立报告系统，鼓励员工报告而不是责难。

(2) 事故、事件调查处理。

不管是突发事故，还是 HSE 管理体系的潜在缺陷引起的事故，都应进行识别，以便负责事故处理的人员做出判断。

应明确规定事故处理的程序和责任，这一程序应与出现 HSE 管理体系不符合时实施纠正措施的过程基本相似。

所有的事故，包括具有较高潜在危险的事故苗头，都需要作适当的调查，这是为了：

①找出事故根源，确定采取的行动，以防再次发生；

②达到调查和报告的法律规定的要求；

③提供事故发生条件的真实记录。

（二十七）记录控制

【条文内容】

> **5.6.5 记录控制**
>
> 组织应建立、实施和保持程序，用于记录的标识、存放、保护、检索、留存和处置。
>
> 健康、安全与环境记录应字迹清楚、标识明确，并具有可追溯性。健康、安全与环境记录的保存和管理应便于查阅，避免损坏、变质或遗失。应规定保存期限并予以记录。
>
> 组织应按照适于组织和健康、安全与环境管理体系的方式保存必要的记录，用于证实符合本部分的要求，以及所实现的结果。

【理解要点】

记录是 HSE 管理体系文件的一部分，在管理过程中的所有重要环节上都要有书面记录。由于在实施和监测过程中需要大量的记录支持，所以在此单独作为一项列出。只有把组织真实的 HSE 管理运行活动予以记录，才能清晰地了解管理体系的运行情况。记录可以使管理者、审核人员了解体系以往的运行情况，记录应体现可追溯性，并便于掌握事件的真实面目。

应根据有关法律、法规要求和标准要求，确定需要保存的记录如事故记录、相关承包商及选用记录、培训记录、环境监测记录、安全记录、雇员医疗记录、紧急事件及应急措施的记录、不符合情况的纠正记录、内部审核记录、管理评审的记录等。

（二十八）内部审核

【条文内容】

5.6.6　内部审核

组织应建立、实施和保持审核的方案和程序，确保按照计划的间隔开展健康、安全与环境管理体系审核。目的是：

a）确定健康、安全与环境管理体系是否：

1）符合健康、安全与环境管理工作的策划安排，包括满足本部分的要求；

2）得到了恰当的实施和保持；

3）有效地满足组织的方针和目标。

b）向管理者报告审核的结果。

审核方案，包括日程安排，应基于组织活动的风险评价结果和以往审核的结果。审核程序应包括审核的准则、范围、频次、方法和能力要求，以及实施审核和报告审核结果的职责和要求。

审核员的选择和审核的实施均应确保审核过程的客观性和公正性。

【理解要点】

审核是 HSE 管理持续改进的一个重要环节，是自我完善体系的需要，组织最高管理者是审核的发起者。标准明确要求组织应对其 HSE 管理体系定期进行审核，以确定体系是否符合计划的安排，是否得到正确的实施和保持。这里的 HSE 管理体系审核是内部审核。内部审核是组织的自我审核，也称为第一方审核第二方审核是顾客或需方对供方的审核，第三方审核是指具有国家认可资格的审核机构对申请认证的组织进行的审核。第二方、第三方审核也称外部审核。

（二十九）管理评审

【条文内容】

5.7　管理评审

组织的最高管理者应按规定的时间间隔对健康、安全与环境管理体系进行评审，以确保其持续适宜性、充分性和有效性。评审应包括评价改进的机会和对健康、安全与环境管理体系进行修改的需求。管理评审过程应确保收集到必要的信息提供给管理者进行评价。应保存管理评审的记录。

管理评审的输入应包括但不限于：

a）内部审核和合规性评价的结果；

b）和外部相关方的交流信息，包括投诉；

c）组织的健康、安全与环境绩效；

d）目标和指标的实现程度；

> e) 纠正措施和预防措施的状况;
>
> f) 以前管理评审的后续措施;
>
> g) 客观因素的变化,包括与组织有关的法律法规和其他要求的发展变化;
>
> h) 改进建议。
>
> 管理评审的输出应包括为实现持续改进的承诺而做出的,与健康、安全与环境方针、目标以及其他要素的修改有关的决策和行动。

【理解要点】

评审是企业的高层领导对健康、安全与环境管理体系的适用性及其执行情况进行的正式评审,评审是健康、安全与环境管理体系的最后一个环节,是健康、安全与环境管理体系实现持续改进的保证。它是组织的最高领导者对管理体系所做的全面评审。评审覆盖了组织的全部活动、产品和服务的各个方面,如对目标、指标和表现的评审,通过评审,可以了解健康、安全与环境管理体系的整体运行情况及其不足之处,以便进而做出改进,使它在螺旋上升的进程中跃上一个新的层次。评审的重点应是评价健康、安全与环境管理体系的适用性、充分性和有效性。

二、中国石油长城钻探工程公司 HSE 管理体系实例

中国石油长城钻探工程公司(以下简称长城钻探公司)认真贯彻落实中国石油天然气集团公司《HSE 管理体系建设推进计划》,围绕建设"国际化石油工程技术总承包商"目标,积极开展 HSE 管理体系推进工作,建立统一、规范、简明、可操作、国际化的 HSE 管理体系,不断提高 HSE 管理水平,建立安全生产长效机制。

(一) 概述

长城钻探公司 B 版 HSE 管理体系于 2012 年 10 月 15 日正式发布,主要依据 Q/SY 1002.1—2007《健康、安全与环境管理体系 第 1 部分:规范》、GB/T 28001—2011《职业健康安全管理体系 要求》和 GB/T 24001—2004《环境管理体系 要求及使用指南》,以及集团公司体系框架要求,在 A 版体系文件的基础上,学习借签了国际知名石油公司体系建设经验,结合几年来持续重组、机构和生产经营活动范围发生变化的实际,将化工产品的研发生产、井下作业、油田建设、装备制造等新增业务纳入公司 HSE 管理体系,形成了长城钻探公司 HSE 愿景、使命和价值观。新版 HSE 管理体系更加符合生产经营实际,是公司经营管理的重要组成部分。

(二) 长城钻探 HSE 管理体系简介

长城钻探公司 HSE 管理体系,包括 HSE 管理手册、程序文件、公司支持性文件和各单位层面执行的 HSE 子体系文件。

管理手册是 HSE 管理体系的纲领性文件,阐明了公司的 HSE 承诺、方针、战略目标、愿景、使命和价值观,是 HSE 管理的最高要求,追求零伤害、零污染、零事故,在健康、安全与环境管理方面达到国际同行业先进水平。系统地描述了 HSE 管理体系的主要控制环

节，明确了体系与各单位子体系之间的关系。对内是公司和承包商全体员工从事 HSE 管理活动应遵守的行为准则，对外是公司向顾客及相关方提供 HSE 保证能力的证实性文件。

程序文件是 HSE 管理体系文件的核心部分，规定了体系有关环节的管理流程，明确了各部门、各单位的接口关系。对各单位和承包商提出了明确要求，依据体系文件的要求，规范了各单位的 HSE 管理。

长城钻探公司支持性文件是 HSE 管理手册、程序文件的支撑文件，是 HSE 管理体系进一步展开和落实的操作性文件，包括 HSE 管理的制度、细则、规定、办法、方案、规范、指南、标准等。现有的 HSE 相关管理制度已全部纳入了公司支持性文件。

各单位在长城钻探公司体系文件模板和框架下，建立本单位的 HSE 管理体系，承接公司体系包括领导和承诺、方针、策划、组织结构资源与文件、实施与运行、检查和纠正措施、管理评审等七大要素，满足本单位业务范围的风险控制需要，符合当地政府、甲方的要求，具体内容包括 HSE 管理职责、制度、专业作业文件、工具方法、两书一表等，具体文件可视单位业务情况、生产需要等进行梳理、整合。

长城钻探公司 HSE 管理体系文件结构如图 1-5 所示。

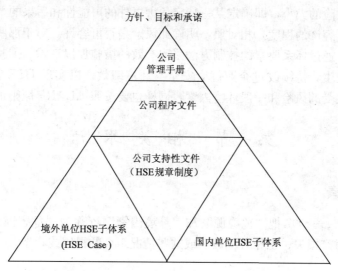

图 1-5　长城钻探公司 HSE 管理体系文件结构

第二章　风　险　管　理

　　风险管理包括对危害因素和环境因素的辩识、风险评价与控制管理，对组织单元活动、产品和服务过程中危害因素的识别与更新、风险评价及风险控制。其中风险与环境因素评价是对系统存在的危险性和环境因素进行定性和半定量分析，依据现存的专业经验、评价标准和准则，得出系统发生危害和影响的可能性及其后果严重性的评价，通过评价寻求最低事故率、最少损失、最优风险和污染的控制措施。

　　本章所讲的"风险评价"与传统的"安全评价"存在着较大的区别，HSE 管理体系中的风险评价是指评估风险大小以及确定风险是否可容许的全过程，可见这里的风险评价包括两步，一是评估风险的大小，即确定某一特定危害事件的可能性和后果的严重性；二是与确定的判别准则（可容许的程度）相对照，明确此风险是否可容许。对于那些不可容许的风险和重要环境因素，通过体系要素的控制方法采取有效的措施加以消除、削减和控制，以预防安全污染事故的发生，持续改进企业健康安全与环境绩效，以实现 HSE 管理体系的目的。当然对于那些可接受的风险和一般环境因素，同样也要按照 ALARP 原则加以有效控制。

第一节　相　关　术　语

一、危害因素

　　Q/SY 1002. 1—2007 把"危险源"和"环境因素"统称为"危害因素"，是指可能导致伤害或疾病、财产损失、工作环境破坏或这些情况组合的根源或状态。

二、风险

　　"风险"是指某一特定危害事件发生的可能性与后果的组合。风险是指特定事件发生的概率与可能危害后果的函数，风险大小可以用危险度（R）来衡量，危险度等于事故发生的可能性即概率（P）与后果严重程度（D）的乘积：$R = f(P, D)$。

三、危险

　　"危险"是指可能导致事故的状态（引自 GJB 900—1990《系统安全性通用大纲》）。在美国军用标准 MIL-STD-882A《系统安全规划要求》中危险的定义是：可能导致意外事故的现有或潜在的状况。无论哪个说法都是指事物所处的一种不安全状态，它是可能发生潜在事故的征兆。系统的危险性由系统中的危险源决定，危险源与危险之间具有因果关系。可以看出危险是指某一系统、产品、设备或操作的内部和外部的一种潜在的状态，其发生可能造成人员伤害、职业病、财产损失、作业环境破坏的状态。危险的特征在于其危险可能性的大小与安全条件和概率有关。危险概率则是指危险发生（转变）事故的可能性即频度或单位时间危险发生的次数。危险的严重度则是指每次危险发生导致的伤害程度或损失大小。

四、危险与风险的关系

危险是风险的前提，没有危险也就无所谓风险。风险由危害事件出现的概率与后果严重程度两个部分组成，如果将这两部分的量化指标综合，就是危险的表征，风险是衡量危险性的指标。

危险是客观存在、无法改变的。而风险却在很大程度上随着人们的意志而改变，按照人们的意志可以改变危险出现或事故发生的概率以及一旦出现危险由于改进防范措施从而改变后果的严重程度。

在通常情况下，"风险"的概念往往与"危险"的概念相联系。危险是与安全相对立的一种事故潜在状态，人们有时用"风险"来描述与从事某项活动相联系的危险的可能性，即风险与危险的可能性有关，它表示某事件产生事故的概率。事件由潜在危险状态转化为伤害事故往往需要一定的激发条件。风险与激发事件的频率、强度以及持续时间的概率有关。

严格地讲，危险与风险是两个不同的概念。危险只是意味着一种现在的或潜在的、不希望的事件状态，危险出现时会引起不幸事故；而风险用于描述未来的随机事件，它不仅意味着不希望事件状态的存在，更意味着不希望事件转化为事故的渠道和可能性。

五、风险管理

"风险管理"是指通过危险源辨识、风险评价与风险控制，从而有效地控制风险，用最经济的方法来综合处理风险，以实现最佳安全生产保障的科学方法。风险管理的基本范畴应包括危险源辨识、风险评价和风险控制三要素。

六、风险评价

"风险评价"是指评估风险大小以及确定风险是否可容许的全过程。

风险评价主要包含两个阶段：一是对风险进行分析评估其发生事故的可能性即概率(P)值以及事故所造成的损失即后果的严重性(D)，危害事件的风险 R 是该事件发生的概率 P 和后果严重性 D 的函数，即 $R = f(P, D)$；二是将得出的风险值与事先确定的风险分级标准和可容许值相对照，确定风险的等级及是否可容许。

风险分级标准和可容许值的界定不是一成不变的，需根据企业实际情况、法规要求、技术进步等方面的要求综合来确定，随着上述内容的变化，风险分级标准和可容许值也应做出适当的调整。

七、风险评估

"风险评估"是指分析特定危害事件发生的可能性和后果的严重性，从而确定风险的大小。风险评估不能等同于风险评价，它只是风险评价中的一部分，不包括确定风险是否可容许的评价过程。风险评估包括频率分析和后果分析，后果分析又包括情景分析和损失分析。

频率分析：分析特定危害事件发生的频率或概率。

后果分析：分析特定危害事件在一定环境条件下可能导致的各种事故后果及其可能造成的损失。

情景分析：分析特定危害事件在环境条件下可能导致的各种事故后果。

损失分析：分析特定后果对其他事物的影响，进一步得出其对某一部分的利益造成的损失，并进行定量化。

通过上述风险分析，得到特定系统中所有危险的风险估计。在此基础上，需要根据相应的判别准则判断各类风险是否可容许，是否需要采取进一步的控制措施，就是风险评价。

八、可容许风险

"可容许风险"是指根据组织的法律义务和健康安全与环境方针，已降至组织可接受的程度的风险。

企业的健康安全与环境方针是不仅包括了遵守法律法规和其他要求的承诺，也包括了持续改进绩效的承诺。而一个企业遵守法律法规和其他要求中，保障员工的健康与安全是最基本的要求。因而对于企业可容许的风险，应是以法律法规和其他要求为最低标准，进而依据持续改进方针要求，不断提高安全程度而逐步降低可容许风险的限值。

九、风险控制

危险源辨识、风险评价是风险管理的基础，风险控制才是风险管理的最终目的。风险控制是利用工程技术、教育和管理手段消除、削减和控制危险源，防止危险源导致事故、造成人员伤害和财产损失的工作。风险控制就是要在现有技术、能力和管理水平上，以最少的消耗达到最优的安全水平。其具体控制目标包括降低事故发生频率、减少事故的严重程度和事故造成的经济损失程度。风险控制技术有微观控制技术和宏观管理技术两大类。微观控制技术以具体的危险源为控制对象，以系统工程原理为指导，对风险进行控制。所采用的手段主要是工程技术措施和具体管理措施，随着辨识、评价与控制对象的不同，方法措施也不同。

宏观管理技术以整个研究系统为控制对象，运用系统工程原理对风险进行有效控制，有法制手段（政策、法令、规章）、经济手段（奖、罚）和教育手段（长期的、短期的）。从某种意义上讲，管理体系的建立与运行就是上述宏观管理技术的集中体现。

微观控制与宏观管理互相依存，互为补充，互相制约，缺一不可。在危险源辨识时，针对每一项实际的危险源都要明确相应的现有控制措施和建议的控制措施，这就是微观控制技术。在风险评价时，针对评价出的每一项重大风险都应明确相应的管理体系的控制方式，如通过纳入目标、指标和管理方案，运行控制、培训、应急响应等方式进行控制，这就是宏观管理技术。在管理体系的建立与运行过程中，我们要充分利用这两种手段，两手都要硬。

第二节 危害因素辨识

一、危害因素的分类

（一）物理性危害因素

（1）设备、设施缺陷（强度不够、刚度不够、稳定性差、密封不良、应力集中、外形缺陷、外露运动件、制动器缺陷、控制器缺陷、设备设施其他缺陷）；

（2）防护缺陷（无防护、防护装置和设施缺陷、防护不当、支撑不当、防护距离不够、其他防护缺陷）；

（3）电危害（带电部位裸露、漏电、雷电、静电、电火花、其他电危害）；

（4）噪声危害（机械性噪声、电磁性噪声、流体动力性噪声、其他噪声）；

（5）振动危害（机械性振动、电磁性振动、流体动力性振动、其他振动）；

（6）电磁辐射（电离辐射：X射线、γ射线、α粒子、β粒子、质子、中子、高能电子束等；非电离辐射：紫外线、激光、射频辐射、超高压电场）；

（7）运动物危害（固体抛射物、液体飞溅物、反弹物、堆料垛滑动、气流卷动、冲击地压、其他运动物危害）；

（8）明火；

（9）能造成灼伤的高温物质（高温气体、高温固体、高温液体、其他高温物质）；

（10）能造成冻伤的低温物质（低温气体、低温固体、低温液体、其他低温物质）；

（11）粉尘与气溶胶（不包括爆炸性、有毒性粉尘与气溶胶）；

（12）作业环境不良基础下沉、安全过道缺陷、采光照明不良、有害光照、通风不良、缺氧、空气质量不良、给排水不良、强迫体位、气温过高、气温过低、气压过高、气压过低、高温高湿、自然灾害、其他作业环境不良）；

（13）信号缺陷（无信号设施、信号选用不当、信号位置不当、信号不清、信号显示不准、其他信号缺陷）；

（14）标志缺陷（无标志、标志不清楚、标志不规范、标志选用不当、标志位置缺陷、其他标志缺陷）；

（15）其他物理性危险和危害因素。

（二）化学性危害因素

（1）易燃易爆性物质（易燃易爆性气体、易燃易爆性液体、易燃易爆性固体、易燃易爆性粉尘与气溶胶、其他易燃易爆性物质）；

（2）自燃性物质；

（3）有毒物质（有毒气体、有毒液体、有毒固体、有毒粉尘与气溶胶、其他有毒物质）；

（4）腐蚀性物质（腐蚀性气体、腐蚀性液体、腐蚀性固体、其他腐蚀性物质）；

（5）其他化学性危险、危害因素。

（三）生物性危害因素

（1）致病微生物（细菌、病毒、其他致病微生物）；

（2）传染病媒介物；

（3）致害动物；

（4）致害植物；

（5）其他生物性危险、危害因素。

（四）心理、生理性危害因素

（1）负荷超限（体力负荷超限、听力负荷超限、视力负荷超限、其他负荷超限）；

（2）健康状况异常；

（3）从事禁忌作业；

（4）心理异常（情绪异常、冒险心理、过度紧张、其他心理异常）；

（5）辨识功能缺陷（感知延迟、辨识错误、其他辨识功能缺陷）；

（6）其他心理、生理性危险危害因素。

（五）行为性危害因素

（1）指挥错误（指挥失误、违章指挥、其他指挥错误）；

（2）操作失误（误操作、违章作业、其他操作失误）；

（3）监护失误；

（4）其他错误；

（5）其他行为性危险和有害因素。

除上述五种危害因素外，还有其他一些危害因素，此处不再列举。

二、危害因素辨识的范围

危害因素的辨识要覆盖公司所有产品、活动和服务过程，至少考虑：

（1）常规和非常规的活动；

（2）所有进入工作场所人员（包括相关方人员和外来访问者）的活动；

（3）作业场所内的设备、设施（包括外界提供的设备、设施）；

（4）以往活动的遗留问题，新开发（建设）项目以及在工艺技术、设备、人员、作业环境和条件等方面发生变更的情况；

（5）事故及潜在的危害和影响；

（6）施工所在地的自然和社会环境因素；

（7）对相关方能够施加影响的环境因素（如地面工程建设等）。

三、危害因素辨识应考虑的因素

（1）三种时态：过去时即单位历年的 HSE 事故；现在时即单位目前可能造成的危害和影响；将来时即由于今后的各种变化可能造成的危害和影响。

（2）三种状态：正常生产情况属于正常状态；开工或停工和装置开停车、设备开停机及检维修等情况属于异常状态；事故、事件或自然灾害等情况属于紧急状态。

（3）六种类型：物理性、化学性、生物性、心理及生理性、行为性和其他危险和有害因素。

四、危害因素辨识的方法

危害因素辨识可采用以下方法：

（1）现场观察：对作业活动、设备运转或系统活动进行现场观测，分析人员、工艺、设备运转存在的危害因素；

（2）查阅资料：通过查阅有关事故、事件、职业病记录和台账，从中发现存在的危害因素；同行业危害因素辨识结果应是重要的参考资料；

（3）座谈：召集管理人员、专业人员、技术人员、作业人员，集思广益、讨论分析作业活动或设备运转过程中存在的危害因素；

（4）HSE检查表：系统剖析，确定检查项目，按顺序编制表格，以提问或现场观察等方式确定检查项目的状况，确定危害因素；

（5）调查表：通过设计和发放问卷形式，或是直接走访现场，对环境因素进行调查、统计和汇总；

（6）过程分析：把组织活动、产品或服务的全过程划分成许多过程片段，再根据某一过程片段分别识别出相关危害因素；

（7）工作前安全分析（JSA）：把一项作业活动分解为若干个步骤，辨识每一步骤中的危害因素及其危害程度，具体执行《工作前安全分析管理规范》；

（8）工艺安全分析（PHA）：通过系统的方法来辨识、评估和控制工艺中的危害，适用于新、改、扩建项目的项目建议书、可行性研究、设计等阶段，也可有效地应用于现有工艺装置的生产、停用、拆除和报废阶段；

（9）危险与可操作性分析（HAZOP）：用于工艺危险性分析，是一种对工艺过程中的危害因素实行严格审查和控制的技术，适用于工艺设计阶段和现有生产装置。

第三节 风险评价

一、评价目的

通过对组织单元目前管理现状及在生产施工作业过程中存在的各类危害和影响因素的识别、评价，进一步明确组织单元在生产施工过程中存在的主要危害和影响因素，并制订切实可行的削减和预防措施，更好地为全体员工创造良好的健康、安全工作环境，预防和控制职业病的发生，为消除和减少各类事故提供依据，达到预防和控制风险、削减或消除危害、控制事故发生和减少损失的目的；满足组织单元不断开拓市场、增强市场竞争力的需要；为组织单元制订健康、安全与环境管理工作的方针和目标提供必要的理论支持；为组织单元开展HSE管理体系整合工作的顺利开展和有效实施HSE管理体系奠定基础，依据风险评价的具体要求，在全局的范围内开展风险评价工作。

二、评价依据

(一) 可以依据（但不限于）的法律、法规及规定

(1)《中华人民共和国消防法》1998 年 9 月 1 日施行。

(2)《中华人民共和国劳动法》1995 年 1 月 1 日施行。

(3)《中华人民共和国职业教育法》1996 年 9 月 1 日施行。

(4)《中华人民共和国职业病防治法》2001 年 5 月 1 日施行。

(5)《中华人民共和国妇女权益保障法》1992 年 10 月 1 日施行。

(6)《中华人民共和国安全生产法》2002 年 6 月 29 日公布。

(7)《中华人民共和国环境保护法》1989 年 12 月公布。

(8)《中华人民共和国水污染防治法》1996 年 5 月公布。

(9)《中华人民共和国清洁促进生产法》2003 年 1 月 1 日实施。

(10)《中华人民共和国固体废物污染环境防治法》1996 年 4 月公布。

(11)《中华人民共和国矿产资源法》1986 年 3 月 19 日颁布。

(12)《中华人民共和国食品卫生法》1995 年 10 月 30 日实施。

(13)《中华人民共和国环境噪声污染防治法》1997 年 3 月 1 日实施。

(14)《消防监督检查规定》1998 年 12 月 9 日施行。

(15)《国务院关于特大安全事故行政责任追究的规定》2001 年 4 月 21 日施行。

(16)《国务院关于修改（国务院关于职工工作时间的规定）的决定》1995 年 5 月 1 日起实施。

(17)《道路交通事故管理办法》1992 年 1 月 1 日起实施。

(18)《中华人民共和国道路交通管理条例》1988 年 8 月 1 日起实施。

(19)《中华人民共和国防汛条例》1991 年 7 月 2 日起实施。

(20)《国务院关于职工工作时间的规定》1995 年 3 月 25 日起实施。

(21)《中华人民共和国道路交通管理条例》1988 年 8 月 1 日起实施。

(22)《漏电保护器安全监察规程》1990 年 6 月 1 日起实施。

(23)《爆炸危险场所安全规定》1995 年 1 月 22 日起实施。

(24)《企业职工伤亡事故报告和处理规定》2002 年 3 月 15 日发布。

(25)《建设项目环境保护管理条例》1998 年 11 月 29 日起实施。

(26)《机械安全防止上肢触及危险区的安全距离》1998 年 2 月 1 日起实施。

(27)《辽宁省环境保护条例》1993 年 9 月公布。

(28)《辽宁省固体废物污染环境防治办法》2002 年 3 月公布。

(29)《危险化学品安全管理规定》2002 年 3 月 15 日起实施。

(30)《锅炉压力容器安全监察暂行条例》1982 年 2 月 6 日发布。

(31)《压力容器安全技术监察规程》质技监局锅发〔1999〕154 号。

(32)《压力管道安全管理与监察规定》劳部发 1996—140 号。

(33)《安全评价通则》安监管技装字〔2003〕37 号。

（34）《陆上石油和天然气开采业安全评价导则》国家安全生产监督管理局安监技装字〔2003〕115 号。

（35）《非煤矿山企业安全生产许可证实施办法》。

（36）《仓库防火安全管理规则》公安部第 6 号。

（37）《易燃易爆化学品消防安全监督管理办法》公安部第 18 号。

（38）《中华人民共和国民用爆炸物品管理条例》国务院 1984 年 5 号。

（39）《危险化学品安全管理条例》国务院第 344 号令。

（二）评价可以依据（但不限于）的标准及规范

（1）《石油天然气工业健康、安全与环境管理体系》SY/T 6276—1997。

（2）《职业安全健康管理体系 要求》GB/T 28001—2001。

（3）《健康、安全与环境管理体系》第 1 部分 规范 QCNPC 104.1—2004。

（4）《常规试油试采技术规程》SY/T 5981—2012。

（5）《液化石油产品静电安全规程》GB 13348—2009。

（6）《滩（浅）海试油作业规程》SY/T 6012—2012。

（7）《电缆式桥塞、倒灰作业规程》SY/T 5299—2009。

（8）《天然气井试井技术规范》SY/T 5440—2009。

（9）《常规修井作业规程 第 3 部分：油气井压井、替喷、诱喷》SY/T 5587.3—2004。

（10）《常规修井作业规程 第 5 部分：井下作业井筒准备》SY/T 5587.5—2004。

（11）《常规修井作业规程 第 9 部分：换井口装置》SY/T 5587.9—2007。

（12）《常规修井作业规程 第 12 部分：打捞落物》SY/T 5587.12—2004。

（13）《常规修井作业规程 第 14 部分：注塞、钻塞》SY/T 5587.14—2004。

（14）《油水井取套回接工艺作法》SY/T 6378—2010。

（15）《水力活塞泵起下作业与测试方法》SY/T 5807—2012。

（16）《解卡打捞工艺作法》SY/T 5827—2005。

（17）《找鱼顶作业规程》SY/T 5910—1994。

（18）《钻井井下故障处理推荐方法》SY/T 5247—2008。

（19）《套管柱试压规范》SY/T 5467—2007。

（20）《井下磨铣作业规程》SY/T 5780—1993。

（21）《液压修井机立放井架作业规程》SY/T 5791—2007。

（22）《套管段铣和定向开窗作业方法》SY/T 6218—2010。

（23）《潜油电泵解卡打捞工艺作法》SY/T 6087—2012。

（24）《封隔器解卡打捞工艺作法》SY/T 6121—2009。

（25）《油井井下作业防喷技术规程》SY/T 6120—1995。

（26）《井下作业安全规程》SY/T 5727—2007。

（27）《石油工业动火作业安全规程》SY/T 5858—2004。

（28）《井场电器安装技术要求》SY/T 5957—1994。

（29）《石油天然气钻井、开发、储运防火防爆安全生产技术规程》SY 5225—2012。

（30）《消防安全标志》GB 13495—1992。

（31）《石油与石油设施雷电安全规范》GB 15599—2009。

（32）《安全生产管理标准》Q/LH－JZG1101—1999。

（33）《安全生产检查管理标准》Q/LH－JZG1102—1999。

（34）《环境保护管理标准》Q/LH－JZG1201—1999。

（35）《井下作业安全规程》SY 5727—2007。

（36）《石油井下作业队安全生产检查规定》SY 6023—1994。

（37）《井场电器安装技术要求》SY/T 5957—1994。

（38）《建筑灭火器配置设计规范》BGJ 140—1990。

（39）《石油化工企业防火规范》GB 50160—2008。

（40）《工业企业噪声控制设计规范》GBJ 87—1985。

（41）《火灾自动报警系统设计规范 GBJ 116—88》GBJ 116—1988。

（42）《建筑设计防火规范》GB 50016—2006。

（43）《石油库设计规范》GB 50074—2002。

（44）《石油化工企业可燃气体检测报警设计规范》SHJ 3063—1994。

（45）《工业企业设计卫生标准》TJ 36—1979。

（46）《中华人民共和国劳动部噪声作业分级噪声作业分级》LD 80—1995。

（47）《特殊作业人员安全技术考核管理规则》GB 5306—1985。

（48）《企业职工伤亡事故分类》GB 6441—1986。

（49）《石油工业动火作业安全规程》SY/T 5858—2004。

（50）《防静电推荐作法》SY/T 6340—2010。

（51）《石油天然气工程可燃气体检测报警系统安全技术规范》SY/T 6503—2008。

（52）《石油野外作业体力劳动强度分级》SY/T 6358—2008。

（53）《一般工业固体废物贮存、处置场所污染控制标准》GB 18599—2001。

（54）《钻井和修井用动力钳、吊钳》SY/T 5074—2012。

（55）《石油钻机和修井机用转盘》SY/T 5080—2004。

（56）《钻井和修井井架、底座的检查、维护、修理与使用》SY/T 6408—2012。

（57）《自升式井架起放作业规程》SY/T 6058—2004。

（58）《石油天然气工业用钢丝绳》SY/T 5170—2008。

（59）《建筑抗震设计规范（附条文说明）》GB 50011—2010。

（60）《高处作业分级》GB 3608—1993。

（61）《有毒作业分级》GB/T 12331—1990。

（62）《危险化学品重大危险源辨识》GB 18218—2009。

（63）《安全色》GB 2893—2008。

（64）《石油化工企业职业安全卫生设计规范》SH 3047—1993。

（65）《高温作业分级》GB/T 4200—2008。

（66）《低温作业分级》GB/T 14440—1993。

（67）《供配电系统设计规范》GB 50052—2009。

（68）《低压配电设计规范》GB 50054—2011。

（69）《通用用电设备配电设计规范》GB 50055—2011。

（70）《爆炸和火灾危险环境电力装置设计规范》GB 50058—1992。

（71）《建筑物防雷设计规范》GB 50057—2010。

（72）《防止静电事故通用导则》GB 12158—2006。

（73）《汽车加油加气站设计与施工规范》GB 50156—2012。

（74）《电离辐射防护与放射源安全基本标准》GB 18871—2002。

（75）《放射性物质安全运输规程》GB 11806—2004。

（76）《爆破安全规程》GB 6722—2003。

（77）《油（气）田测井用密封型放射源卫生防护标准》GBZ 142—2002。

（78）《油（气）田非密封型放射源测井卫生防护标准》GBZ 118—2002。

（79）《石油放射性测井辐射防护安全规程》SY 5131—2008。

（80）《油田爆破器材安全使用推荐作法》SY/T 6308—2012。

（81）《石油测井作业安全规范》SY 5726—2011。

（82）《石油电缆测井作业技术规范》SY/T 5600—2010。

（83）《射孔施工及质量监控规范》SY/T 5325—2005。

（84）《钻杆及油管输送测井作业技术规程》SY/T 6030—2012。

（85）《水平井射孔施工规范》SY/T 6253—2007。

（86）《钻杆及油管输送测井作业技术规程》SY/T 6030—2012。

（87）《撞击式井壁取心技术规程》SY/T 5326—2002。

（88）《石油射孔、井壁取心民用爆炸物品安全规程》SY 5436—2008。

（89）《石油工业用加热炉安全规程》SY 31—1995。

三、评价要求

参与危害因素识别和风险评价的人员应严格按照风险评价工作程序的要求开展工作；具备一定的技术水平、管理水平、专业技能、评价知识，掌握对所评价的施工作业工艺流程、设备、设施、设计、人员要求、管理要求、物料流向、工作分工、作业性质、生产功能等有关专业情况；在开展危害因素识别过程中应按照对所识别作业项目的全过程、所有设备、所有人员存在的各个危害因素进行识别，采用科学先进的评价方法认真开展评价工作；评价人员要加强信息交流与信息反馈工作，对实际工作中发现的问题应及时进行沟通和解决。

四、评价原则

评价按照二拉平原则（ALARP，as low as reasonably practicable）进行，即合理实际并尽可能低的原则，其含义是：任何工业系统中都是存在风险的，不可能通过预防措施来彻底消除风险，而且当系统的风险水平越低时，要进一步降低就越困难，其成本往往呈指数曲线上升；也可以这样说，安全改进措施投资的边际效益递减，最终趋于零，甚至为负值，如图 2-1 所示。

因此，必须在风险水平和成本之间作出一个折中。二拉平原则可用图 2-2 来表示，其内涵包括如下：

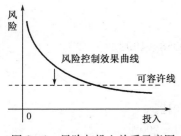

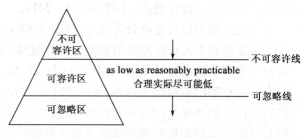

图 2-1　风险与投入关系示意图　　　　图 2-2　二拉平原则

（1）对危险源进行定量风险评价，如果所评价出的风险指标在不可容许线之上，则落入不可容许区。此时，除特殊情况外，该风险是无论如何也不能被接受的，应立即采取风险削减、控制措施，使其逐步降低至可容许的程度，最终落入"可容许区"。

（2）如果所评出的风险指标在可忽略线和不可容许线之间，则落入"可容许区"，此时的风险水平符合"二拉平原则"，需要进行安全措施"投资成本—风险分析"（cost-risk analysis）。如果分析成果能够证明进一步增加安全措施投入对危险源的风险水平降低贡献不大，则风险是"可容许的"，即可以允许该风险的存在，以节省一定的成本，而且是员工在心理上愿意承受该风险，并具有控制该风险的信心。但是"可容许"并不等同于"可忽略"，在经济合理的条件下尽可能地采取必要的预防和控制措施，力求做到"合理实际并尽可能低"。合理实际并尽可能低是指风险削减程度与风险削减过程的时间、难度和代价之间达到平衡。

（3）如果所评出的风险指标在可忽略线之下，则落入"可忽略区"。此时，该风险是可以被接受的，无须再采取安全改进措施。

对于风险评价与风险控制，人们往往认为风险越小越好，实际上这是一个错误的概念。减少风险要付出代价，无论是采取措施降低其发生的可能性还是减少其后果可能带来的损失，都要投入资金、技术和人力。通常的做法是将风险限定在一个合理、可接受的水平上，根据影响风险的因素，经过优化，寻求最佳的投资方案。"风险与效益间要取得平衡"、"不接受不可允许的风险"、"接受合理的风险"等都是风险接受的原则。

五、评价方法

对辨识出来的危害因素可选用风险矩阵法、作业条件危险性评价法（LEC 法）、多因子评分法进行评价。

（一）风险矩阵法

风险矩阵评估表见表 2-1。

表 2-1 中对人员、财产、环境、名誉的损害和影响的判别准则分别见表 2-2、表 2-3、表 2-4、表 2-5。

（二）作业条件危险性评价法

作业条件危险性是三个因素的乘积，这三个因素分别为：

L——发生事故或危险事件的可能性；

E——人暴露于危险环境下的频率，用符号来表示；

C——发生事故可能产生的结果，用符号来表示。

表 2-1 风险矩阵评估表

严重级别	风险后果				几率增加				
	人员	财产	环境	名誉	A	B	C	D	E
	P	A	R	E	从没有发生过	本行业发生过	本组织发生过	本组织容易发生	本组织经常发生
0	无伤害	无损失	无影响	无影响	（Ⅰ区）				
1	轻微伤害	轻微损失	轻微影响	轻微影响	（Ⅰ区）				
2	小伤害	小损失	小影响	有限损害					
3	重大伤害	局部损失	局部影响	很大影响	（Ⅱ区）				
4	一人死亡	重大损失	重大影响	全国影响					
5	多人死亡	特大损失	巨大影响	国际影响	（Ⅲ区）				

注：Ⅰ区——低风险，需加强管理、不断改进；

Ⅱ区——中风险，需制订风险削减措施；

Ⅲ区——高风险，不可忍受的风险，纳入目标管理或制订管理方案。

表 2-2 对人员的影响

潜在影响		定 义
0	无伤害	对健康没有伤害
1	轻微伤害	对个人受雇和完成目前劳动没有伤害
2	小伤害	对完成目前工作有影响，如某些行动不便或需要一周以内的休息才能恢复
3	重大伤害	导致对某些工作能力的永久丧失或需要经过长期恢复才能工作
4	一人死亡	一人死亡或永久丧失全部工作能力
5	多人死亡	多人死亡

表 2-3 对财产的影响

潜在影响		定 义
0	无损失	对设备没有损坏
1	轻微损失	对使用没有妨碍，只需要少量的修理费用
2	小损失	给操作带来轻度不便，需要停工修理
3	局部损失	装置倾倒，修理可以重新开始
4	严重损失	装置部分丧失，停工
5	特大损失	装置全部丧失，造成大范围损失

表 2-4　对环境的影响

潜 在 影 响		定　义
0	无影响	没有环境影响
1	轻微影响	可以忽略的环境影响，当地环境破坏在小范围内
2	小影响	破坏大到足以影响环境，单项超过基本或预定的标准
3	局部影响	环境影响多项超过基本的或预设的标准，并超出了一定范围
4	严重影响	严重的环境破坏，承包商或业主被责令把污染的环境恢复到污染前水平
5	巨大影响	对环境（商业、娱乐和自然生态）的持续严重破坏或扩散到很大的区域，对承包商或业主造成严重经济损失，持续破坏预先规定的环境界限

表 2-5　对名誉的影响

潜 在 影 响		定　义
0	无影响	没有公众反应
1	轻微影响	公众对事件有反应，但是没有公众表示关注
2	有限影响	一些当地公众表示关注，受到一些指责；一些媒体有报道并受到一些政治上的重视
3	很大影响	引起整个区域公众的关注，大量的指责，当地媒体大量反面的报道；国家媒体或当地（国家）政策的可能限制措施或许可证影响；引发群众集会
4	国内影响	引起国内公众的反应，持续不断的指责，国家级媒体的大量负面报道；地区（国家）政策的可能限制措施或许可证影响；引发群众集会
5	国际影响	引起国际影响和国际关注；国际媒体大量反面报道或国际政策上的关注；可能对进入新的地区得到许可证或税务上有不利影响，受到群众的压力；对承包方或业主在其他国家的经营产生不利影响

对某一作业的危险性（D）可用下式表示：

$$D = L \times E \times C$$

L、E、C 赋分标准（推荐值）如表 2-6 至表 2-8 所示。

表 2-6　L 的赋分标准

分 数 值	事故发生的可能性
10	完全可以预料
6	相当可能
3	可能，但不经常
1	可能性小，完全意外
0.5	很不可能，可以设想
0.2	极不可能
0.1	实际不可能

表 2-7 *E* 的赋分标准

分 数 值	频 繁 程 度
10	连续暴露
6	每天工作时间内暴露
3	每周一次或偶然暴露
2	每月一次暴露
1	每年几次暴露
0.5	非常罕见地暴露

表 2-8 *C* 的赋分标准

分 数 值	后 果
100	大灾难,许多人死亡或造成重大的财产损失
40	灾难,数人死亡或造成很大的财产损失
15	非常严重,一人死亡或造成一定的财产损失
7	重大,致残或造成较小的财产损失
3	严重,重伤或造成很小的财产损失
1	引人注目,不利于基本的健康安全要求或造成较小的财产损失

根据计算出的 *D* 值,可对危险等级进行划分,见表 2-9。

表 2-9 危险等级划分

分 数 值	危 险 程 度	风 险 分 级
>320	极其危险,不能继续作业	高风险
160~320	高度危险,需立即整改	高风险
70~159	显著危险,需要整改	中风险
20~69	一般危险,需要注意	低风险
<20	稍有危险,可以接受	低风险

(三) 多因子评分法

对辨识出来的危害因素中的环境因素,也可选用多因子评分法进行评价,即根据实际情况,从表 2-10 所示一个或多个评价因子中分别进行打分,计算方法为:$M = L \times S$。其中 S 取 b、c、d、e 中分值最高者,计算后,如 $S = 5$ 或 $M \geq 15$ 为高风险(重要环境因素),其他为中低风险(一般环境因素)。

表 2-10 多因子评价法

评价因素 分值	发 生 频 率 L	排放与法规 标准值之比 b	影响范围 c	恢复能力 d	公众关注程度 e
5	连续发生	偶尔超标或≥90%	区域性破坏	不可恢复	社会极度关注
4	每天至每周一次	81%~90%	局部地区破坏	半年以上可恢复	区域性极度关注

续表

评价因素 分值	发生频率	排放与法规 标准值之比	影响范围	恢复能力	公众关注程度
	L	b	c	d	e
3	每周至每月一次	51%～80%	局部地区以 外小范围	一周至半年可恢复	地区性极度关注
2	每月至每年一次	31%～50%	局部地区以内	一周内可恢复	地区性一般关注
1	几乎不发生 （或一年至多一次）	30%以下 或没规定	影响很小（操作 者可处理）	一天内可恢复	不甚关注

六、工作原则

风险评价小组在风险评价的过程中应遵循科学性、系统性、综合性和适用性的原则；以对组织单元推行 HSE 管理工作高度负责的责任感积极地开展工作，全面识别组织单元在各项生产作业施工全过程中的各种危害，确保 HSE 管理体系的有效运行。

（1）科学性。科学的任务是揭示事物发展的客观规律，探求客观真理，作为人们改造世界和进一步认识世界的指南。系统安全分析和评价的方法也必须反映客观实际，即确实能辨识出系统中存在的所有危险。应该承认，许多危险是能够凭经验或知识辨识出来的，但受现有技术水平的制约、受现有人们认识和观念的影响，也确有一些潜在的危险不易于被发现。评价的结论要做到尽量符合实际情况，因此就必须找出充分的理论和实践依据，以保障方法的科学性。

（2）系统性。危险性存在于生产活动的各个方面，因此只有对系统进行详细解剖，研究系统与子系统间的相关和约束关系，才能最大限度地辨识被评价对象的所有危险，评价它们对系统影响的重要程度。

（3）综合性。系统安全分析和评价的对象千差万别，涉及企业的人员、设备、物料、法规、环境的各个方面，不可能用单一的方法完成任务。例如，对待新设计的项目和现有的生产项目就应有区别，前者多半属于静态的分析评价，后者则应考虑动态的情况。又如，对危险过程的控制和伤亡数字的目标控制，在方法上也有所不同。所以在评价时，活动、生产、服务之间是相互作用和影响的，甲的危害引起乙的变化，乙的变化涉及丙的变化，活动与活动、产品与产品之间存在潜在的事故"链"。所以评价时要综合考虑各种因素与影响，一般需要采用多种评价方法，取长补短。

（4）适用性。系统分析和评价方法要适合企业的具体情况，即具有可操作性。方法要简单，结论要明确，效果要显著，这样才能为人们所接受。

七、评价工作程序

本次开展的风险评价活动是针对组织单元的作业性质、生产功能、工艺流程、部门分工、物料流向和特点，综合危害因素辨识的内容和要求，针对各生产施工作业过程中存在的安全和健康危害因素进行识别和评价。评价工作程序如图 2-3 所示。

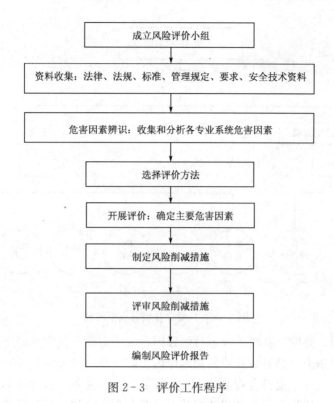

图 2-3 评价工作程序

第七节 评价过程描述

一、识别的危害和影响清单

风险评价小组成员依据法律、法规、标准、危害辨识方法对组织单元各个生产施工作业场所存在的危害因素进行辨识。

二、风险的深入分析

必要时,可采用事故树评价法(FTA)做进一步评价,下面就部分主要危害因素进行了分析。

(1) 风险评价小组成员针对作业条件危险性评价法(LEC)的结果,针对施工作业中存在的主要危害因素"井喷、井喷着火"作进一步的事故树评价(FTA),以更直观、更准确地反映事故顶上事件与事故要素之间的因果关系。井喷、井喷着火事故树见图 2-4。

对事故树进行分析,其结构函数式为:

用求最小径集的方法 $T' = A_1' + A_2' = X_1'X_2' + X_3'X_4' + X_5'X_6' + X_7'X_8'$

得到 2 个最小径集: $K_1 = \{X_1 X_2\}$; $K_2 = \{X_3 X_4 \ X_5 X_6 \ X_7 X_8\}$ 。

根据结构重要度近似判别法,可得:

$$I_\phi(1) = I_\phi(2) > I_\phi(3) = I_\phi(4) = I_\phi(5) = I_\phi(6) = I_\phi(7) = I_\phi(8)$$

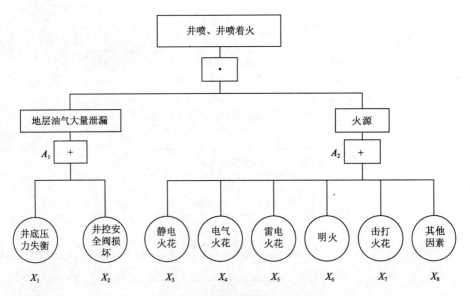

图 2-4 井喷、井喷着火事故树

通过分析表明，井喷、井喷着火事故的致因有 8 个方面，其中井底压力失衡即井内液注压力低于地层孔隙压力，是导致井喷的根本原因。防止井喷的关键是及时发现溢流和及时控制溢流。施工作业过程中要符合规范要求，井控装置安装完备，符合异常高温及高压地层的要求；应对作业人员进行培训并加强井控演习；及时发现溢流，及时启动关井程序并尽快关井；确保井上、井下安全阀的质量及可靠性，建立快捷的应急管理程序。

(2) 针对作业条件危险性评价法（LEC）的结果，对施工作业中存在的主要危害因素"触电"作进一步的事故树评价，以更直观、更准确地反映事故顶上事件与事故要素之间的因果关系。

作业过程中电气设备较多，一旦有设备漏电或线路破损，将有可能发生触电事故，对可能发生的触电现象进行事故树分析见图 2-5。

对事故树进行分析，其结构函数式为：

$$T = X_1 X_2 X_4 + X_1 X_5 X_4 + X_1 X_2 X_5 + X_1 X_5 X_5$$

得到四个最小割集，分别为：

$$K_1 = \{X_1 X_2 X_4\}; K_2 = \{X_1 X_5 X_4\}; K_3 = \{X_1 X_2 X_5\}; K_4 = \{X_1 X_5 X_5\}$$

计算结构重要度，可得：

$$I_\phi(1) = 1/3 > I_\phi(2) = I_\phi(3) = I_\phi(4) = I_\phi(5)$$

显然，要避免事故发生，首先要避免人体接触漏电设备；其次，要保证绝缘良好；第三，要设置有效的漏电保护装置。

(3) 对施工作业过程中存在的危害因素"高空坠落"作进一步的事故树评价，以更直观、更准确地反映事故顶上事件与事故要素之间的因果关系，见图 2-6。

对事故树进行分析，其结构函数式为：

$$T = X_1 X_2 + X_1 X_3 + X_1 X_4 + X_1 X_5 + X_1 X_6 + X_1 X_7 + X_1 X_8 + X_1 X_9$$

得到八个最小割集，分别为：

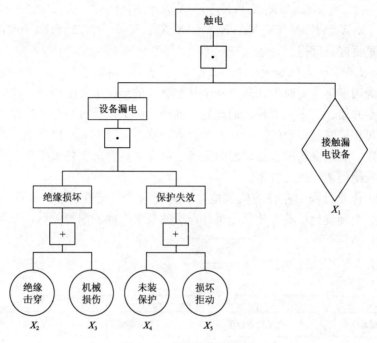

图 2-5 触电伤害事故树

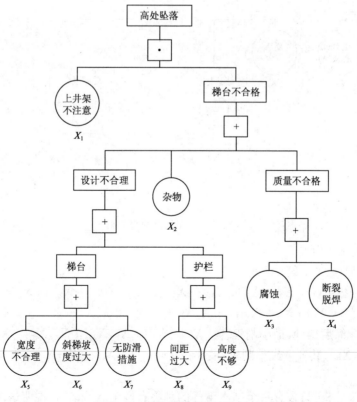

图 2-6 高处坠落伤害事故树

$$K_1 = \{X_1X_2\}; K_2 = \{X_1X_3\}; K_3 = \{X_1X_4\};$$

$$K_4 = \{X_1X_5\}; K_5 = \{X_1X_6\}; K_6 = \{X_1X_7\}; K_7 = \{X_1X_8\}; K_8 = \{X_1X_9\}$$

计算结构重要度,可得:

$$I_\phi(1) = 1/2 > I_\phi(2) = I_\phi(3) = I_\phi(4) = I_\phi(5) = I_\phi(6) = I_\phi(7) = I_\phi(8) = I_\phi(9) = 1/16$$

显然,人为因素是主要原因,其余八个基本事件的结构重要度相同,应予以同样重视。

操作人员对井架、天车、滑轮、钢丝绳、抽油机驴头以及机泵等进行检查和维修时,设备勿启动,人员在检修过程中的违章及人为因素,都可能造成人员高处坠落伤害,属于不可接受的较大危险。应确保各项安全设施的完备、可靠,认真落实各项安全生产管理制度及岗位操作规程,杜绝类似事故的发生。

(4) 对施工作业过程中存在的典型危险、有害因素"交通事故"作进一步的事故树评价,以更直观、更准确地反映事故顶上事件与事故要素之间的因果关系,见图 2-7。

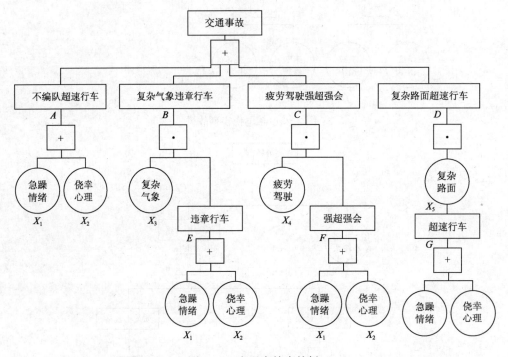

图 2-7 交通事故事故树

此事故树结构如下:

$$
\begin{aligned}
T &= A + B + C + D \\
&= X_1 + X_2 + X_3 \times (X_2 + X_1) + X_4 \times (X_2 + X_1) \times X_5 \times (X_2 + X_1) \\
&= X_1 + X_2 + X_1X_3 + X_2X_3 + X_4X_1 + X_4X_2 + X_5X_1 + X_5X_2
\end{aligned}
$$

事故树经化简后得到,最小割集合:$[X_1]$,$[X_2]$,$[X_1,X_3]$,$[X_2,X_3]$,$[X_4,X_1]$,$[X_4,X_2]$,$[X_5,X_1]$,$[X_5,X_2]$,共 8 个最小割集;最小径集合:$[X_3,X_4]$,$[X_4,X_5]$,$[X_3,X_5]$,共 3 个最小径集。

结构重要度分析:只含有一个基本事件的割集有两个 X_1 和 X_2,说明这两个事件是最危险的事件,在制定削减措施时应首先控制 X_1 和 X_2 两个危险因素。因此,如何克服驾驶员在行车过程中的急躁情绪和侥幸心理是避免上述事故发生的先决条件。

（5）对加油站"储油罐火灾爆炸"这一重大危害因素作进一步的事故树评价，以更直观、更准确地反映事故顶上事件与事故要素之间的因果关系，见图2-8。

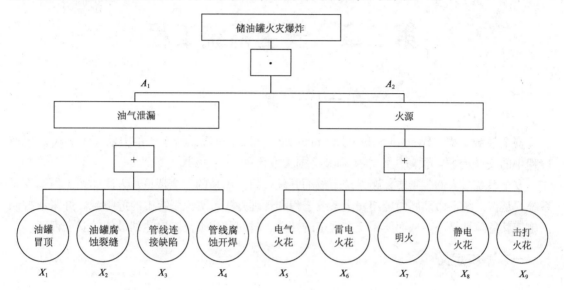

图2-8 储油罐火灾爆炸事故树分析

对事故树进行分析，其结构函数式为：

$$T=X_1X_2+X_1X_3+X_1X_4+X_1X_5+X_1X_6+X_1X_7+X_1X_8+X_1X_9$$

得到八个最小割集，分别为事故树进行分析，其结构函数式用求最小径集的方法为：
$T'=A_1'+A_2'=X_1'X_2'X_3'X_4'+X_5'X_6'X_7'X_8'X_9'$，得到2个最小径集：$K_1=\{X_1X_2\quad X_3X_4\}$；
$K_2=\{X_5X_6\quad X_7X_8\quad X_9\}$。

根据结构重要度近似判别法，可得：

$$I_\phi(1)=I_\phi(2)>I_\phi(3)=I_\phi(4)=I_\phi(5)=I_\phi(6)=I_\phi(7)=I_\phi(8)=I_\phi(9)$$

分析表明，导致储油罐火灾爆炸的因素有油气泄漏、火源两个因素，火源因素导致储油罐火灾爆炸的概率大于油气泄漏因素。因此，应对加油站避雷针、呼吸阀、阻火器、静电传导装置等安全附件按期进行检测，储油罐区域内严禁使用各种火源或进行工业动火，严禁在储油罐区域内进行各种施工作业，卸油过程中操作人员应严格执行安全操作规程；同时加强对储油罐及各连接管线防腐检查和检测工作，确保各连接管线及阀门的密封，按规定储存成品油，避免成品油的泄漏。发生紧急情况时应立即启动应急预案，控制和消灭火灾。

第三章　安全系统工程

第一节　概　　述

安全系统工程（System Safety engineering，SSE）是以系统工程的方法研究、解决生产过程中的安全问题，预防伤亡事故和经济损失发生的一门学科。

安全系统是人们为预防复杂系统事故而开发、研究出来的安全理论、方法体系。所谓安全系统，是在系统寿命期间内应用安全系统工程和管理方法，辨识系统中的危险源，并采取控制措施使其危险性最小，从而使系统在规定的性能、时间和成本范围内达到最佳的安全程度。

一、基本定义

（一）系统的定义

系统是由若干要素组成的集合体，这些要素相互依存和相互影响，为实现一个共同目标，具有特定的功能。

系统具有如下的属性：

（1）整体性：至少是由两个或两个以上可以区别的元素按一定的方式有机地组合起来，完成一定功能的综合体。

（2）相关性：系统内部各元素之间相互联系、相互作用、相互依赖。

（3）目的性：任何系统必须具有明确的功能达到一定的目的，没有目的就不成系统。

（4）分解性：系统由元素组成，具有可分解性。

（二）系统安全的定义

系统安全涉及以下两方面的内容：

（1）危险的控制和判定，以保持设备的完整和保证系统使用者的安全，使任务顺利完成。

（2）对于一组给定的条件，有必要确定什么是合理的或可接受的，即提出了系统的合理性。

系统安全的定义将控制和合理性结合在一起，是指在运行有效性、时间、成本及其他限制下确定的，在系统寿命期的各阶段均可达到的最优安全程度。

（三）系统工程的定义

系统工程是从系统的观点出发，跨学科地考虑问题，运用工程的方法研究和解决各种系统问题。

（四）安全系统工程的定义

安全系统工程是采用系统工程方法，识别、分析、评价系统中的危险性，根据其结果调整工艺、设备、操作、管理、生产周期和投资等因素，使系统可能发生的事故得到控制，并使系统安全性达到最好的状态。

（五）可靠性与安全性的定义

可靠性是指系统、机器、设备、零件等性能在时间上的安全程度。一般意义上的产品故障少，指的就是可靠性高；有时也用来说明人的可靠性，当人不产生差错时，可以认为这个人的可靠性高。一般可靠性高的系统、机器、设备，其安全性也高。但可靠并不等于安全，有的产品本身可靠性高，表现为结构坚固、经久耐用，但是在设计上没有考虑安全问题，存在对操作人员造成伤害的危险，其安全性是低的。安全系统工程的任务，不仅要提高系统的可靠性，同时还要提高系统的安全性。

系统的可靠性与安全性是两个不同的概念。可靠性是指系统在规定条件下，在使用期间内实现规定性能的可能程度。可靠性是针对系统的功能而言，可靠性技术的核心是失效分析；而安全性是针对系统损失而言，安全性技术的核心是危险分析。

（六）缺陷的定义

缺陷是指能对系统、人、机器或元件的可靠性产生不良的因素。缺陷本身不等于故障，但是可能发展成为故障，甚至会引起事故的发生，缺陷是可以检查和测量的。安全工作的内容之一就是要事先发现系统、人和机器的缺陷，因为缺陷往往是事故的前兆。

二、基本原理

系统安全是在系统寿命期内应用系统安全工程和管理方法，辨识系统中的危险源，并采取控制措施使其危险性最小，从而使系统在规定的性能、时间和成本范围内达到最佳的安全程度，是人们为预防复杂系统的危险而开发、研究出来的安全理论、方法体系。

系统安全认为系统中存在的危险源是事故发生的原因。不同的危险源可能有不同的危险性（危险源导致事故、造成人员伤害、财务损坏或环境污染的可能性）。由于不能彻底地消除所有的危险源，也就不存在绝对的安全。所谓的安全，只不过是没有超过允许限度的危险。因此，系统安全的目标不是事故为零，而是最佳的安全程度。

系统安全认为可能意外释放的能量是事故发生的根本原因，而对能量控制的失效是事故发生的直接原因，这涉及能量控制措施的可靠性问题。在系统安全研究中，不可靠被认为是不安全的原因，可靠性工程是系统安全工程的基础之一。一般地，一起事故的发生是许多人的失误和物的故障相互复杂关联、共同作用的结果，即许多事故致因因素复杂作用的结果。

系统安全注重整个系统寿命期间的事故预防，尤其强调在新系统的开发、设计阶段采取措施消除、控制危险源。对于正在运行的系统，管理方面的疏忽和失误是事故的主要原因。

三、安全系统工程发展历程

19 世纪后半叶及 20 世纪初先后出现了电子系统工程学、控制工程学、人机系统工程学等学科，大大促进了 20 世纪科学技术和航天技术以及计算机技术的发展；同时，也促使军事技术迅速发展，在第一次和第二次世界大战中得到广泛的应用。

20 世纪 40 年代初，美国贝尔电话公司首先创造了"系统工程"这一学科名称，在发展微波通信网络时，初步运用了系统工程的方法。以后，贝尔公司和丹麦哥本哈根电话公司在电话自动交换机的工程设计中运用了系统方法。美国研制原子弹的曼哈顿计划，采用系统工程方法获得成功，成为典型事例。举世瞩目的美国航天局 1967 年阿波罗登月计划的实现是正式运用系统工程的巨大成功。

从安全系统工程的发展可以看出，其最初是从研究产品的可靠性和安全性开始的，后来发展到对生产系统各个环节的安全分析。安全系统工程的方法在安全技术工作领域中得到实际应用，引起了各国的重视。国际安全工程系统工程学会每两年举办一次年会，1983 年在美国休斯敦召开的第六次会议，参加国有 40 多个，从讨论议题涉及面的广泛性可以看出这门学科越来越引起人们的兴趣。

(1) 安全技术工作和系统安全分工合作时期。安全工作者和产品系统安全工作者的分工是明确的，前者负责工人的安全，后者负责产品的安全，两者分工协作，密切配合，共同完成生产任务。

(2) 安全技术工作引进系统安全分析方法阶段。安全技术工作就把它的工作方法（系统安全分析）吸收进来。系统安全分析是对系统各个环节，根据其本身的特点和环境条件进行安全性的定性和定量分析，做出科学的评价，并据此采取针对性的安全措施。

(3) 安全管理引用了安全系统工程方法阶段。它不仅可以评价系统各个环节的可靠性和安全性问题，而且对系统开发的各个阶段也可以进行评价，因此企业的安全管理不同阶段（检查、操作、维修、培训）也都可以使用这种方法提高系统性和准确性。

(4) 以安全系统工程方法改革传统安全工作阶段。在安全工作中广泛使用安全系统工程方法是传统安全工作进行改革的趋势，需要不断地在实践中总结经验。

四、安全系统工程在中国的发展现状

1982 年，中国首次组织了安全系统工程研讨会，研究了中国发展安全系统工程的方向，并组织分工进行危险性预先分析、故障类型和影响分析、事件树分析和故障树分析等方法的研究，同时开展了安全检查表的推广应用工作。

钱学森教授对系统工程的建立和发展，做出了重大的贡献。钱学森教授比较深刻地理解系统工程、运筹学、控制论的关系，理解系统工程始终涉及人的因素，对系统科学提出了一些新的见解，首先是现代科学技术的体系结构，认为从应用实践到基础理论，现代科学技术可以分为四个层次：第一个层次是工程技术；第二个层次是直接为工程技术做理论基础的技术科学；第三个层次是基础科学；第四个层次是通过进一步综合、提炼达到最高概括的马克思主义哲学。整个科学技术包括自然科学、社会科学、系统科学、思维科学和人体科学五大部门。其次是系统科学结构，作为现代科学技术六大部门之一的系统科学是系统工程的工程技术，系统工程的理论方法，像运筹学、控制论和信息论这类技术科学以及系统的基础理论，像系统学等组成的一个新兴科学技术部门。再次还表现在他认为系统工程是组织管理的技术，并使之定量化，以便运用数学方法，给系统工程一个确切的描绘，进而论述了系统工程在整个系统科学体系中所处的地位。

现在，中国大部分产业部门和地方劳动工业部门在所属企业中推广 SSE，有近万个企业进行试点。京、津、沪三地分别都有 SSE 的研究协会等组织，全国二十几所高校开设 SSE 课程，中国劳动保护学会管理专业委员会成立了 SSE 学组，开展这方面的交流。

第二节　系统安全分析方法

一、概述

为了充分认识系统中存在的危险，要对系统进行细致的分析。根据需要可以进行不同程度的分析，采用的方法可以是定性的或定量的。

（1）定性分析，例如系统检查法（安全检查表）。

（2）定性定量分析，例如危险性预先分析法（PHA）、故障类型及影响分析法（FMEA）、事件树分析法（ETA）、故障树分析法（FTA）。

近年来由于系统工程学科的发展，出现了许多分析方法。这些方法都有各自的特点，很难说哪种方法比较好，只能是相互补充而不是相互比较。单独用一种方法可能不能查明存在的所有危险，这是安全系统工程的一个特点，并且促进了这门学科的迅速发展。目前，见诸有关文献的分析方法多达 70～80 种，其中较为常见的有 25 种。下面分类列出部分方法名称，并就主要分析方法作简单介绍。

（一）关系比较密切的分析方法

关系比较密切的分析方法主要是针对系统中关系比较密切的组件、元件开展分析，常用的分析方法有子系统安全性分析、单点故障分析、意外事故分析、交界面分析、致命度分析、危险性预先分析等。关系比较密切的分析方法见表 3-1。

表 3-1　关系比较密切的分析方法

分析方法	项目	简　要　描　述
子系统安全性分析（综合性）	方法	对一个系统所包括的子系统、组件和元件进行分析，可以选用多种分析方法，但分析内容不能超过子系统
	应用	只能用于子系统，例如具有单独功能的元件或元件组合，除了这条限制外，用途甚为广泛
	难点	根据所用分析方法的难度而定
单点故障分析（基础性）	方法	对系统中每个元件进行分析研究，查明能够造成系统故障的单个元件或元件与元件的交接面
	应用	在硬件系统、软件系统和人的操作中都能使用
	难点	如果系统很复杂，找单点故障就有困难
意外事故分析（针对性）	方法	找出系统中最容易偶然发生的事故，研究紧急措施和防护设备，以便能控制事故并避免人员和财务的损失。该方法要根据事故的偶发特性、需要和可能，有针对性地选择一个或一组分析方法，所采用的辅助分析技术很重要
	应用	广泛用于系统、子系统、元件、交接面等处，使用时必须研究意外事故的发生特性和时机。该方法对于哪些地方应配置备件、哪些地方应着重注意以减少故障十分有用。另外，制定防止事故计划和评价设备的安全性时，也可用本方法
	难点	根据所用的分析技术而定

分析方法	项目	简 要 描 述
交接面分析	方法	在一个系统中，找出各个单元、元件之间的交接面、交叉部位的各种配合不适当或不相容的情况，分析它们在各种操作下会产生哪些危险性，并会造成哪些事故。该方法的主要缺点是难于找全所有的交接面，特别是难于找出交接面之间的元件不相容性
	应用	用途十分广泛，从最简单的元件到组件和子系统都能使用，如交接面可以指机械内部、机械之间或人机之间，分析范围不受什么限制
	难点	根据系统的复杂性和所用的辅助技术而定
致命度分析	方法	系统元件发生故障后会造成多大程度的严重伤害，按其严重程度可定出等级
	难点	如果故障类型已经辨识清楚就很容易使用，所以预先辨识系统元件的故障类型是关键。辨别故障要使用辅助分析技术，本方法常和故障类型及影响分析合用
危险性预先分析（特殊性—时间）	方法	一般用在系统设计的开始阶段，最好是在形成设计观点的时候。该方法首先要把明显的或潜在的危险性查找清楚，再研究控制这些危险性的可行性以及控制措施，常用安全检查表帮助分析。该方法对于决策技术路线非常有用
	应用	用于各类系统、工艺过程、操作程序和系统中的元件
	难点	根据分析的深度而定，必须在各项活动之前选用

（二）共同点比较多的分析方法

共同点比较多的分析方法主要从系统可能发生事故（故障）的角度进行分析，常用的分析方法有程序分析、作业安全分析、流程分析、能量分析等。共同点比较多的分析方法见表 3-2。

表 3-2 共同点比较多的分析方法

分析方法	项目	简 要 描 述
程序分析	方法	检查每一步操作程序，包括完成任务的项目、所用的设备和人所处的环境等因素，找出由于操作造成的故障概率，例如系统对操作人员伤害的概率及操作人员对系统造成损害的概率
	应用	只限用于有人员操作的系统，其操作程序必须有充分的资料或者已经正规化，并能保证用逐项的检查表不致漏检项目。此外，最好还用交叉检查的方法防止检查结果漏项
	难点	如果操作程序很少发生失误，用该方法十分容易，但若程序中可能发生多重失误或发生多处单点故障，或分离操作时还要考虑其综合的情况，采用本方法困难较大
作业安全分析	方法	对各种工作，包括工作过程、系统、操作等逐个单元地进行分析，辨识每个单元带来的危险性。经常有工人、工长和安全工程师组成小组来完成此项任务
	应用	只限用于有人操作的情况，操作已经正规化并不会有突出的变化，若预料到有改变应事先考虑
	难点	如果是个人操作且很少变化的工作，用起来很容易；如果变化很多而且必须加以考虑时，用起来比较困难；如果有变化但不加考虑，则分析方法的完善程度将会受到影响

续表

分析方法	项目	简　要　描　述
流程分析	方法	研究流体或能量的流动情况，即查出由一个元件、子系统或系统流向另一个元件、子系统或系统的造成受伤或财产损失的流动
	应用	用在传送和控制流体及能量的系统中，有时还需要辅助的技术方法
	难点	将流动列表比较容易，找出防护措施也不困难。一般可以按照法令、规范和标准的要求与系统特性相比较。如果要求能控制不希望的流动，则要困难得多。无论是手动的或自动的控制，都不能用本方法直接分析，必须使用辅助技术
能量分析	方法	找出系统中使用的全部资源，考察会造成伤害的不希望的流动，研究防护措施
	应用	适用于使用、储存任何形式能量的系统或者系统本身具备一定能量。配合其他方法，也可用于控制能量的使用、储存或传送
	难点	列出能量项目比较容易，一般按照有关法令、规范、规程和标准的要求，对系统的特性进行简单比较就可以找出适当的防护措施。这项工作在系统开始设计时就应进行，并应整理出资料

（三）逻辑推理的分析方法

常见的逻辑推理分析方法有事件树分析、管理失误分析、故障类型及影响分析、网络逻辑分析、故障树分析、潜在回路分析等。逻辑推理的分析方法见表 3-3。

表 3-3　逻辑推理的分析方法

分析方法	项目	简　要　描　述
事件树分析	方法	选出希望或不希望的事件作为开始事件，按照逻辑推理推论其发展结果。发展趋势无论成功或失败都作为新的起始事件，不断交互推论下去，直到找出事件所有发展的可能结果
	应用	广泛应用于各种系统，能够分析出各种实践发展的可能结果
	难点	受过训练用起来并不太难，但很费时间。使用了事件树分析后，研究了所有希望和不希望的事件，将来再应用故障树分析或故障类型和影响分析等方法，更能取得实际效果
管理失误和风险树分析	方法	画一个预先设计好并系统化了的逻辑树，概况系统中全部风险，而这类风险存在于设备、工艺、操作和管理之中
	应用	设计好的树上可以列出安全问题的各个方面，所以是一个比较有用的工具，在各个系统和工艺过程中，用树与实际情况对照检查，可以发现薄弱环节或由环境造成的事故原因，这种方法得到广泛的应用
	难点	该方法耗费时间且枯燥乏味，但经过训练，使用并不困难，利用图形说明更易于了解
故障类型及影响分析	方法	对系统中的元件逐个进行研究，查明每个元件的故障类型，然后再进一步查明每个故障类型对子系统以至整个系统的影响
	应用	广泛用于系统、子系统、组件、程序、交接面等分析中，分析时要用一定的表格排列各种故障类型，必须准备足够的资料
	难点	经过训练掌握此项技术并不困难，但很费力耗时。这种方法只需对故障类型进行推论，其影响不需要像故障树那样，无论是否会造成伤害都要分析到底

分析方法	项目	简 要 描 述
网络逻辑分析	方法	将系统操作和元件绘成逻辑网络图,并用布尔代数式表示系统功能,对网络加以分析,找出哪个系统元件易于导致事故。该方法分析非常彻底,但要消耗大量时间和资料,因而只有在风险高和隐患大的情况下使用
	应用	广泛用于所有人工或非人工控制系统,当所有元件和操作都能以二值(0,1)表示就能使用
	难点	由于要涉及系统中所有可能发生的偶然事件,所以比故障类型影响分析和故障树用起来要难
故障树分析	方法	找出不希望事件(顶上事件)所有的基本原因事件,把它们通过逻辑推理方式用逻辑门连接起来,便能清楚地表示出哪些原因事件及其组合发展成为顶上事件的动态过程
	应用	广泛用于安全系统分析,但要求两个先决条件:(1)顶上事件要设定得正确,同时能分析到真正的原因事件;(2)各个顶上事件要独立进行分析
	难点	虽耗费时间,但经过训练并不太难。该方法和事件涉及故障类型影响分析不同,它只需要分析导致事故的故障条件和原因条件,不需要到全部故障做分析
潜在回路分析	方法	找出电流回路或指令控制回路中不存在的元件故障,但其回路或指令程序会造成不希望事件运行,也许是正确的运行,但时间不适当,或者根本就不能正确运行。该法可以找出所有的潜在回路,审查系统设计时非常有用
	应用	应用于各种控制和能量传输回路,包括电子、电气、气动或液压系统。使用该技术还要看软件逻辑算法的分析应用情况
	难点	虽费时间,但经过训练后使用并不困难,并可以用计算机协助工作

(四) 分析方法的选用原则

选用分析方法应根据以下原则:

(1) 进行初步的综合分析(如危险性预先分析、安全检查表等)得出大致的概念,然后根据危险性的大小进行详细分析。

(2) 根据分析对象的不同,选用相应的分析方法。如果分析对象是连续的工艺操作,要选用单元间有联系的分析方法(如流程分析、交接面分析等);如果分析对象是关键的危险性设备,则可选用从零部件开始的故障分析(如故障类型及影响分析等)。

(3) 若需要对系统进行反复调整,使之达到较高的安全性,可使用替换分析和逻辑分析等。

(4) 各种分析方法可以相互补充,使用一种方法也许不能完全分析出系统的危险性,但再用其他方法可以弥补其不足部分。在进行分析时,并不需要使用所有的方法,应该根据实际情况,结合特定的环境和资金条件,分析得出正确的评价。

二、常用分析方法介绍

(一) 事件树分析法

事件树分析(Event Tree Analysis,简称 ETA)是一种按事故发展的时间顺序由初始事件开始推论可能的后果,从而进行危险源辨识的方法。一起事故的发生是许多原因事件相继发生的结果，其中一些事件的发生是以另一些事件首先发生为条件的，而一事件的出现又会引起另一些事件的出现。在事件发生的顺序上存在着因果的逻辑关系。事件树分析法是一种时序逻辑的事故分析方法，它以一初始事件为起点，按照事故的发展顺序分成阶段，一步一步地进行分析，每一事件可能的后续事件只能取完全对立的两种状态（成功或失败，正常或故障，安全或危险等）之一的原则，逐步向结果方面发展，直到达到系统故障或事故为止。所分析的情况用树枝状图表示，故叫事件树。它既可以定性地了解整个事件的动态变化过程，又可以定量计算出各阶段的概率，最终了解事故发展过程中各种状态的发生概率。

事件树分析法具有以下功能：

（1）可以事前预测事故及不安全因素，估计事故的可能后果，寻求最经济的预防手段和方法。

（2）事后分析事故原因，十分方便明确。

（3）分析资料既可作为直观的安全教育资料，也有助于推测类似事故的预防对策。

（4）当积累了大量事故资料时，可采用计算机模拟，对事故的预测更为有效。

（5）在安全管理上对重大问题进行决策，具有其他方法所不具备的优势。

1. 事件树的编制程序

1）确定初始事件

事件树分析是一种系统地研究作为危险源的初始事件如何与后续事件形成时序逻辑关系而最终导致事故的方法。

正确选择初始事件十分重要。初始事件是事故在未发生时，其发展过程中的危害事件或危险事件，如机器故障、设备损坏、能量外逸或失控、人的误动作等。可以用两种方法确定初始事件：根据系统设计、系统危险性评价、系统运行经验或事故经验等确定；根据系统重大故障或事故树分析，从中间事件或初始事件中选择。

2）判定安全功能

系统中包含许多安全功能，在初始事件发生时消除或减轻其影响以维持系统的安全运行。常见的安全功能列举如下：对初始事件自动采取控制措施的系统，如自动停车系统等；提醒操作者初始事件发生了的报警系统；根据报警或工作程序要求操作者采取的措施；缓冲装置，如减振、压力泄放系统或排放系统等；局限或屏蔽措施等。

3）绘制事件树

从初始事件开始，按事件发展过程自左向右绘制事件树，用树枝代表事件发展途径。首先考察初始事件一旦发生时最先起作用的安全功能，把可以发挥功能的状态画在上面的分枝，不能发挥功能的状态画在下面的分枝。然后依次考察各种安全功能的两种可能状态，把发挥功能的状态（又称成功状态）画在上面的分枝，把不能发挥功能的状态（又称失败状态）画在下面的分枝，直到到达系统故障或事故为止。

4）简化事件树

在绘制事件树的过程中，可能会遇到一些与初始事件或与事故无关的安全功能，或者其功能关系相互矛盾、不协调的情况，需用工程知识和系统设计的知识予以辨别，然后从树枝中去掉，即构成简化的事件树。

在绘制事件树时，要在每个树枝上写出事件状态，树枝横线上面写明事件过程内容特征，横线下面注明成功或失败的状况说明。

2. 事件树的定性分析

事件树定性分析在绘制事件树的过程中就已进行，绘制事件树必须根据事件的客观条件和事件的特征作出符合科学性的逻辑推理，用于事件有关的技术知识确认事件的可能状态，所以在绘制事件树的过程中就已对每一发展过程和事件发展的途径作了可能性的分析。事件树画好之后的工作就是找出发生事故的途径和类型以及预防事故的对策。

1）找出事故连锁

事件树的各分枝代表初始事件一旦发生其可能的发展途径。其中，最终导致事故的途径即为事故连锁。一般地，导致系统事故的途径有很多，即有许多事故连锁。事故连锁中包含的初始事件和安全功能故障的后续事件之间具有"逻辑与"的关系，显然，事故连锁越多，系统越危险；事故连锁中事件树越少，系统越危险。

2）找出预防事故的途径

事件树中最终达到安全的途径指导我们如何采取措施预防事故。在达到安全的途径中，发挥安全功能的事件构成事件树的成功连锁。如果能保证这些安全功能发挥作用，则可以防止事故。一般地，事件树中包含的成功连锁可能有多个，即可以通过若干途径来防止事故发生。显然，成功连锁越多，系统越安全，成功连锁中事件树越少，系统越安全。

由于事件树反映了事件之间的时间顺序，所以应该尽可能地从最先发挥功能的安全功能着手。

3. 事件树的定量分析

事件树定量分析是指根据每一事件的发生概率，计算各种途径的事故发生概率，比较各个途径概率值的大小，做出事故发生可能性序列，确定最易发生事故的途径。一般地，当各事件之间相互统计独立时，其定量分析比较简单。当事件之间相互统计不独立时（如共同原因故障、顺序运行等），则定量分析变得非常复杂。这里仅讨论前一种情况。

1）各发展途径的概率

各发展途径的概率等于自初始事件开始的各事件发生概率的乘积。

2）事故发生概率

事件树定量分析中，事故发生概率等于导致事故的各发展途径的概率和。

定量分析要有事件概率数据作为计算的依据，而且事件过程的状态又是多种多样的，一般都因缺少概率数据而不能实现定量分析。

3）事故预防

事件树分析把事故的发生发展过程表述得清楚而有条理，对设计事故预防方案、制定事故预防措施提供了有力的依据。

从事件树上可以看出，最后的事故是一系列危害和危险的发展结果，如果中断这种发展过程就可以避免事故发生。因此，在事故发展过程的各阶段，应采取各种可能措施，控制事件的可能性状态，减少危害状态出现概率，增大安全状态出现概率，把事件发展过程引向安全的发展途径。

采取在事件不同发展阶段阻截事件向危险状态转化的措施，最好在事件发展前期过程实现，从而产生阻截多种事故发生的效果。但有时因为技术经济等原因无法控制，这时就要在事件发展后期过程采取控制措施。显然，要在各条事件发展途径上都采取措施才行。

4. **事件树应用实例**

行人过马路事件树分析实例见图 3-1。

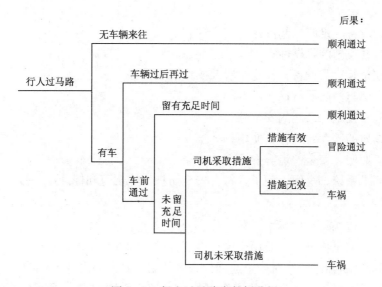

图 3-1　行人过马路事件树分析

（二）安全检查表法

1. **安全检查表简介**

安全检查的最有效工具是安全检查表，它是为检查某些系统的安全状况而事先制定的问题清单。为了使检查表能全面查出不安全因素，又便于操作，根据安全检查的需要、目的、被检查的对象，可编制多种类型的相对通用的安全检查表，如项目工程设计审查用的安全检查表，项目工程竣工验收用的安全检查表，企业综合安全管理状况的检查表，企业主要危险设备、设施的安全检查表，不同专业类型的检查表，面向车间、工段、岗位不同层次的安全检查表等。制定安全检查表的人员应当是熟悉该系统或该专业的安全技术法规。

管理人员和岗位操作人员按照安全检查表进行安全检查，可提高检查质量，防止漏掉主要的不安全因素（危险因素）。安全检查表制定、使用、修改、完善的过程，实际是对安全工作的不断总结提高的过程。

2. **安全检查表的内容**

安全检查表的内容决定其应用的针对性和效果。安全检查表必须包括系统的全部主要检查部位，不能忽略主要的、潜在的不安全因素，应从检查部位中引伸和发掘与之有关的其他潜在危险因素。每项检查要点，要定义明确，便于操作。安全检查表的格式内容应包括分类、项目、检查要点、检查情况及处理、检查日期及检查者。通常情况下检查项目内容及检查要点要用提问方式列出。检查情况用"是"、"否"或者用"√"、"×"表示。安全检查表项目大致可以分为以下几类。

1) 设计审查用安全检查表

主要用于设计人员和安全监察人员及安全评价人员在设计审核时，对企业生产性建设和技改工程项目进行设计审核时使用。也可作为"三同时"的安全预评价审核的依据。其主要内容应包括：

(1) 平面布置；

(2) 装置、设备、设施工艺流程的安全性；

(3) 机械设备设施的可靠性；

(4) 主要安全装置与设备、设施布置及操作的安全性；

(5) 消防设施与消防器材；

(6) 防尘防毒设施、措施的安全性；

(7) 危险物质的储存、运输、使用；

(8) 通风、照明、安全通道等方面。

这些内容要求系统、全面、明了，符合安全防护措施规范和标准，并按一定格式的要求列成表格。

2) 企业（厂级）安全检查表

企业（厂级）安全检查表主要用于全厂性安全检查和安全生产动态的检查，为安全监察部门进行日常安全检查和 24 小时安全巡回检查时使用，其主要内容包括：

(1) 各生产设备设施装置装备的安全可靠性，各个系统的重点不安全部位和不安全点（源）；

(2) 主要安全设备、装置与设施的灵敏性、可靠性；

(3) 危险物质的储存与使用；

(4) 消防和防护设施的完整可靠性；

(5) 作业职工操作管理及遵章守纪等。

检查要突出重点部位的危险因素源点及影响大的不安全状态和不安全行为，按一定格式要求列成表格。

3) 专业性安全检查表

专业性安全检查表主要用于专业性的安全检查或特种设备的安全检验，如防火防爆、防尘防毒、防冻防凝、防暑降温、压力容器、锅炉、工业气瓶、配电装置、起重设备、机动车辆、电气焊等。检查表的内容应符合专业安全技术防护措施要求，如设备结构的安全性，设备安装的安全性、设备运行的安全性及运行参数指标的安全性、安全附件和报警信号装置的安全可靠性、安全操作的主要要求及特种作业人员的安全技术考核等。表 3-4 是手持灭火器安全检查表应用实例。

表 3-4　手持灭火器安全检查

序号	检查内容	检查人：　　　　　检查结果	时间：　　　　　备注
1	灭火器的数量是否足够		

续表

序号	检查内容	检查结果	备注
2	灭火器放置地点是否容易看到和拿到		
3	通往灭火器的通道是否有障碍		
4	每个灭火器都有有效检查标志		
5	是否标明灭火器扑灭火灾的类型		
6	是否每个人都熟悉灭火器的使用方法		
7	规定地点是否都配备了灭火器		
8	用过或损坏的灭火器能否及时更换		
9	每个人是否知道自己工作区域内灭火器的位置		
10	其他		

第三节　系统安全评价

安全评价国外也称为风险评价或危险评价，它是以实现工程、系统安全为目的、应用安全系统工程原理和方法，对工程、系统中存在的危险、有害因素进行辨识与分析，判断工程、系统发生事故和职业危害的可能性及其严重程度，从而为制定防范措施和管理决策提供科学依据。安全评价既需要安全评价理论的支撑，又需要理论与实际经验的结合，二者缺一不可。

一、安全评价的目的和作用

安全评价的目的是查找、分析和预测工程、系统、生产经营活动中存在的危险、有害因素及可能导致的危险、危害后果和程度，提出合理可行的安全对策措施，指导危险源监控和事故预防，以达到最低事故率、最少损失和最优的安全投资效益。

（1）系统地从计划、设计、制造、运行、储运和维修等全过程进行控制。

（2）建立使系统安全的最优方案，为决策提供依据。

（3）为实现安全技术、安全管理的标准化和科学化创造条件，促进企业实现本质安全化。

安全评价的作用有：

（1）使系统有效地减少事故和职业危害。

（2）系统地进行安全管理。

（3）用最少投资达到最佳安全效果。

（4）促进各项安全标准制定和可靠性数据积累。

（5）迅速提高安全技术人员业务水平。

二、安全评价的分类

（一）根据《安全评价通则》（AQ 8001—2007）分类

1. 安全预评价

在建设项目可行性研究阶段、工业园区规划阶段或生产经营活动组织实施之前，根据相关的基础资料，辨识与分析建设项目、工业园区、生产经营活动潜在的危险、有害因素，确定其与安全生产法律法规、规章、标准、规范的符合性，预测发生事故的可能性及其严重程度，提出科学、合理、可行的安全对策措施建议，做出安全评价结论的活动。

2. 安全验收评价

在建设项目竣工后正式生产运行前或工业园区建设完成后，通过检查建设项目安全设施与主体工程同时设计、同时施工、同时投入生产和使用的情况或工业园区内的安全设施、设备、装置投入生产和使用的情况，检查安全生产管理措施到位情况，检查安全生产规章制度健全情况，检查事故应急救援预案建立情况，审查确定建设项目、工业园区建设满足安全生产法律法规、规章、标准、规范要求的符合性，从整体上确定建设项目、工业园区的运行状况和安全管理情况，做出安全验收评价结论的活动。

3. 安全现状评价

针对生产经营活动中、工业园区内的事故风险、安全管理等情况，辨识与分析其存在的危险、有害因素，审查确定其与安全生产法律法规、规章、标准、规范要求的符合性，预测发生事故或造成职业危害的可能性及其严重程度，提出科学、合理、可行的安全对策措施建议，做出安全现状评价结论的活动。

安全现状评价既适用于对一个生产经营单位或一个工业园区的评价，也适用于某一特定的生产方式、生产工艺、生产装置或作业场所的评价。

4. 专项安全评价

专项安全评价是针对某一项活动或场所以及一个特定的行业、产品、生产方式、生产工艺或生产装置等存在的危险、有害因素进行的安全评价，查找其存在的危险、有害因素，确定其程度并提出合理可行的安全对策措施及建议。

（二）其他分类

（1）按评价对象系统的阶段可分为事先评价、中间评价、事后评价和跟踪评价。

（2）按评价性质可分为系统固有危险性评价、系统安全状况评价和系统现实危险性评价。

（3）按评价内容可分为设计评价、安全管理评价、生产设备安全可靠性评价、行为安全性评价、作业环境评价和重大危险、有害因素危险性评价。

（4）按评价对象可分为劳动安全评价和劳动卫生评价。

（5）按评价方法可分为定性评价、定量评价和综合评价。

三、安全评价方法

安全评价方法是进行定性、定量安全评价的工具，安全评价内容十分丰富，安全评价目的和对象不同，安全评价的内容和指标也不同。目前，安全评价方法有很多种，每种评价方法都有其适用范围和应用条件。在进行安全评价时，应该根据安全评价对象和要实现的安全评价目标，选择适用的安全评价方法。常见的安全评价方法有以下几种：

（1）安全检查表评价法（SCL）；

（2）预先危险分析法（PHA）；

（3）事故树分析法（FTA）；

（4）事件树分析法（ETA）；

（5）作业条件危险性评价法（LEC）；

（6）故障类型和影响分析法（FMEA）；

（7）火灾/爆炸危险指数评价法；

（8）矩阵法等。

第四节 安 全 预 测

安全预测是在设计、施工、生产等活动之前，对系统可能存在的危险类别进行预测。对事故出现的条件以及导致的后果进行概略的分析，从而避免采用不安全的技术路线，使用危险性物质、工艺和设备，防止由于考虑不周而造成的损失。

一、安全预测的步骤

进行安全预测，首先要对生产目的、工艺过程、操作条件和周围环境进行充分的调查和了解。实际工作时可采用设计、生产和操作人员三者结合的方式进行，效果会更好。

然后，按照以前的经验和同类系统中发生过的事故，分析系统中是否也会出现类似情况，查找能够造成人员伤害、财产损失和完不成任务的可能危险性。

在查找危险性时，应该按照从系统到子系统的步骤一步一步进行，防止疏漏，必要时可设计检查表指明范围。危险性查出后，按照其严重程度进行分级，见表3-5。根据分级，分清主次，找出消除或控制危险的措施，否则对系统重新设计。

表3-5 危险性分级表

分 级	说 明
1级	安全的
2级	临界的，处于事故的边缘状态，暂时还不会造成人员伤亡或系统损坏，应排除或采取控制措施。
3级	危险状态，会造成人员伤亡或系统破坏，要立即采取措施。
4级	破坏性的，会造成灾难事故，必须排除

二、危险性辨识

潜在的危险是很难辨识的。危险的辨识不能只凭经验，还要掌握事故发生的规律，系统地去辨识才不致造成遗漏。

（一）事故形成的机理

事故形成必须具备的三个条件：

（1）有遭受破坏的对象——承受因素；

（2）有引起破坏的能力；

（3）二者相距很近，能相互影响。

（二）危险性辨识的方法

由于危险具有潜在的特点，只有在一定的条件下才能发展为事故，因此危险性辨识既需要有扎实的理论知识，又需要有丰富的实践经验。为了迅速查出危险，可以根据情况从以下几方面入手：

1. 能量的转换

（1）化学模式：①直接火灾；②间接火灾；③自动反应。

（2）物理模式：①物理爆炸；②锅炉爆炸；③机械失控；④电气失控；⑤其他物理能量失控。

2. 有害因素

很多化学物质都会对人造成急性或慢性的毒害，因此操作环境中某些有害物质超过了允许最高浓度，便被认为存在着危险性。

3. 外力因素

外力包括人为力和自然力两方面。人为力指受外界发生事故的波及，如爆炸冲击波、爆炸碎片的袭击等；自然另指地震、洪水、雷击、飓风等自然力造成的破坏。

4. 人的因素

人是机器的操作者，但人的可靠性极低，往往由于生理和心理状态造成误操作而发生事故。

三、危险性控制

危险性辨识清楚后，需要采取预防措施，避免其发展成为事故。采取预防措施的原则应着手于危险性的起因。以下为几种预防措施：

（1）限制及分散能量：规定合理的储量和周转量；特别危险装置设计得尽可能小；火药和爆炸物品限量生产，并远离居民区；使用防止能量蓄积的设备或元件；大型设备分成系统上独立的多个设备。

（2）防止能量散逸：采用防护材料；对能量源采取防护措施；在能量与人和物之间设立防护措施；在能量的释放路线和时间上采取措施。

（3）加装缓冲能量的装置：安全阀、填充材料、缓冲装置等；个人防护用品也是一种缓冲装置。

（4）减低损害程度：紧急冲浴设施、急救治疗等。

（5）防止外力造成的危险：按照规范设计、建设，对关键设备、零部件的设计应能承受预计的外部负荷。做好自然灾害预测预报工作，提早采取预防措施。

（6）防止人的失误：提供安全性较强的工作条件；简单重复操作用机械代替；加强岗位培训和安全教育，严格规章制度。

四、危险性分析实例

表 3-6 是家用热水器的危险性分析实例。

表 3-6 家用热水器的危险性分析

危险因素	触发事件	现象	原因事件	事故情况	结果	危险等级	修 正 措 施
			系统名称：燃气热水器				
水压高	煤气连续燃烧	有气泡产生	安全阀不动作	爆炸	死亡损失	3	装爆破板，定期检查安全阀
水温高	煤气连续燃烧	有气泡产生	安全阀不动作	水过热	烫伤	2	装爆破板，定期检查安全阀
煤气	火嘴熄灭，煤气阀开，煤气泄漏	煤气充满	火花	煤气爆炸	伤亡损失	3	火源和煤气阀装联锁，定期检查通风，安装气体检测器
燃烧不完全	排气口关闭	CO 充满	人在室内	CO 中毒	伤亡	2	安装 CO 检测器、警报器，通风
火嘴着火	火嘴附近有可燃物	火嘴附近着火	火嘴引燃	火灾	伤亡损失	2	火嘴附近应为耐火构筑物，定期检查
毒气	火嘴熄灭，煤气阀开，煤气泄漏	煤气充满	人在室内	煤气中毒	伤亡	3	火源和煤气阀装联锁，定期检查通风，安装气体检测器
排气口高温	排气口关闭	排气口附近着火	火嘴连续燃烧	火灾	伤亡损失	2	排气口装联锁，温度过高时煤气阀关闭，排气口附近应为耐火构筑物

第五节 安 全 决 策

一、决策和决策方法

决策是指人们在求生存与发展的过程中，以对事物发展规律及主客观条件的认识为依据，寻求并实现某种最佳（满意）准则和行动方案而进行的活动。

决策通常有广义、一般和狭义的三种解释：广义决策包括抉择准备、方案优选和方案实施等全过程；一般决策是人们按照某个（些）准则在若干备选方案中的选择，只包括准备和选择两个阶段的活动；狭义决策就是做决定，就指抉择。

在决策中经常用到准则，准则与标准同义，是衡量、判断事物价值的标准，是事物对主体的有效性标度，是比较评价的基准。能数量化的准则常称为指标，在实际决策问题中，准则经常以属性或目标的形式出现。

决策的分类方法很多。根据决策系统的约束性与随机性原理，可分为确定型决策和非确定型决策。

确定型决策也称标准决策或结构化决策，是指决策过程的结果完全由决策者所采取的行动决定的一类问题，它可采用最优化、动态规划等方法解决。为能在确切了解的情况下作出决策，要具备以下四个条件：

（1）存在着决策人希望达到的一个明确目标。

（2）只存在一个确定的自然状态。

（3）存在着可供选择的两个或两个以上的行动方案。

（4）不同的行动方案在确定状态下的损失或利益值可以计算出来。

不确定型决策是指决策人无法确定未来各种自然状态发生概率的决策，是在不稳定条件下进行的决策。只要可供选择的方案不止一个，决策结果就存在不确定性。

不确定型决策方法又称非确定型决策、非标准决策或非结构化决策，是指决策人无法确定未来各种自然状态发生的概率的决策。不确定型决策的主要方法有等可能性法、保守法、冒险法、乐观系数法和最小最大后悔值法。

（1）等可能性法（也称拉普拉斯决策准则）。采用这种方法，是假定自然状态中任何一种发生的可能性是相同的，通过比较每个方案的损益平均值来进行方案的选择，在利润最大化目标下，选择平均利润最大的方案，在成本最小化目标下选择平均成本最小的方案。

（2）保守法（也称瓦尔德决策准则、小中取大的准则）。决策者不知道各种自然状态中任一种发生的概率，决策目标是避免最坏的结果，力求风险最小。运用保守法进行决策时，首先在确定的结果，力求风险最小。运用保守法进行决策时，首先要确定每一可选方案的最小收益值，然后从这些方案最小收益值中选出一个最大值，与该最大值相对应的方案就是决策所选择的方案。

（3）冒险法（也称乐观决策法、大中取大的准则）。决策者不知道各种自然状态中任一种可能发生的概率，决策的目标是选最好的自然状态下确保获得最大可能的利润。冒险法在决策中的具体运用是：首先，确定每一可选方案的最大利润值；然后，在这些方案的最大利润中选出一个最大值，与该最大值相对应的那个可选方案便是决策选择的方案。由于根据这种准则决策也能有最大亏损的结果，因而称为冒险投机的准则。

（4）乐观系数法（也称折衷决策法、赫威斯决策准则）。决策者确定一个乐观系数 ε（0.5，1），运用乐观系数计算出各方案的乐观期望值，并选择期望值最大的方案。

（5）最小最大后悔值法（也称萨凡奇决策准则）。决策者不知道各种自然状态中任一种发生的概率，决策目标是确保避免较大的机会损失。运用最小最大后悔值法时，首先要将决策矩阵从利润矩阵转变为机会损失矩阵；然后确定每一可选方案的最大机会损失；再次，在这些方案的最大机会损失中，选出一个最小值，与该最小值对应的可选方案便是决策选择的方案。

二、安全决策过程和决策要素

（一）决策过程

决策是人们为实现某个（些）准则而制定、分析、评价、选择行动方案，并且组织实施的全部活动，也是提出、分析和解决问题的全部过程，主要包括 5 个阶段，如图 3-2 所示。

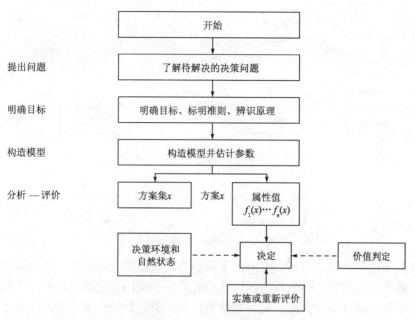

图 3-2　典型的决策过程

在这种典型的决策过程中，系统分析、综合、评价是系统工程的基本方法，也是决策（评价）的主要阶段。

分析是指把一件事物、一种现象或一个概念分成较简单的组成部分，找出这些部分的本质属性和相互关系。

综合是指把分析过的对象各个部分、各种关系联合成一个整体。

评价是对分析、综合结果的鉴定。目的是判断设计的系统是否达到了预定的各项准则要求。

根据分析、综合、评价的结果，再引入决策者的倾向性信息和酌情选定的规划，排列各备选方案的顺序，由决策者选择满意的方案实施。

（二）决策要素

决策的要素有决策单元、准则体系、决策结构和环境、决策规则等。

（1）决策单元和决策者。决策者是指对所研究问题有权利、有能力做出最终判断与选择的个人或集体。

（2）准则（指标）体系。对一个有待决策的问题，必须首先定义它的准则。现实中，准则常有层次结构，包含有目标和属性两类，形成多层次的准则体系，如图 3-3 所示。

准则体系最上层的总准则只有一个，一般比较宏观、笼统、抽象，不便于量化、测算、比较、判断。为此要将总准则分解为各级子准则，直到相当具体直观，并可直接或间接地用备选方案本身的属性（性能、参数）来表征的层次为止。

设定准则体系是为了评价、选择备用方案，所以准则体系最低层是直接或间接表征方案性能、参数的属性层。当将一个或一组属性与一个准则联系时，应该具备综合性和可度量性。常用来度量属性的标度有比例标度、区间标度和序标度。

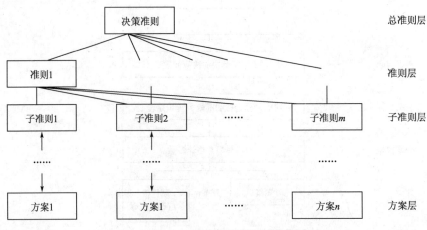

图 3-3 多层次的准则体系

（3）决策结构和环境。它属于决策的客观态势，为阐明决策态势，必须尽量清楚地识别决策问题（系统）的组成、结构和边界以及所处的环境条件。它需要标明决策问题的输入类型和数量，决策变量（备选方案）集和属性集以及测量它们的标度类型，决策变量和属性之间以及属性与准则之间的关系。

决策变量也称可控（受控）变量，它是决策（评价）的客观对象。决策的环境条件可区分为确定性和非确定性两大类。

（4）决策规则。决策就是从众多的备选方案中选择一个用以付诸实施的方案，作为最终选择。决策规则一般分为两大类：最优规则和满意规则。一般情况下，各个准则均最优的方案是不存在的，因此只能在满意规则下寻求决策者满意的方案。

（5）安全决策。与其他决策过程相同，按照一定的程序和步骤根据安全问题的特点，确定各个步骤的具体内容。

（6）确定目标。确定目标就是要明确需要解决的问题。对安全而言，就是保证人们的生产、生活、生存安全。不难看出其范围和内容太大了，应进一步界定、分解、量化。

（7）确定决策方案。在目标确定后，应依据科学的决策理论，对要求达到的目标进行调查研究，进行详细的技术设计、预测分析，拟定几个方案进行筛选，再经过技术评价、潜在问题分析等，做进一步的研究。

（8）潜在问题或后果分析。对备选方案，决策者要清楚"假如采用这个方案，会产生什么后果和错误"等问题，以确定方案的取舍。对安全问题，考虑决策方案后果应注意以下潜在问题：①人身安全方面；②人的精神思想方面；③人的行为方面。

（9）实施与反馈。决策方案在实施过程中应制定实施规划，落实实施机构、人员职责，并及时检查与反馈实施情况，使决策方案在实施过程中趋于完善并达到预期效果。

三、安全决策方法

安全决策学是一门交叉学科，既有从运筹学、概率论、控制论、模糊数学等引入的数学方法，也有从安全心理学、行为科学、计算机科学、信息科学引入的各种社会、技术科学。

(一) 确定性多属性决策方法

多属性决策方法是一个对属性及方案信息进行处理选择的过程。该过程所用的基础数据主要是决策矩阵、属性和方案的偏好信息（倾向性）。根据决策者对决策问题提供倾向性信息的环节及充分程度的不同，可将求解 MADM 问题的方法归纳为无倾向性信息的方法、关于属性的倾向性信息方法和关于方案的倾向性信息方法三类。

(二) 评分法

评分法就是根据预先规定的评分标准对各种方案所能达到的指标进行定量计算比较，从而达到对各个方案排序的目的。

评分标准：一般按 5 分制评分，也可按 7 分或决策者的要求而定。

评分方法：多采用专家打分。

评价指标体系：一般包括三个方面，即技术指标、经济指标和社会指标。

加权系数：按各指标的重要程度给每个评价指标加一个加权系数，各指标加权系数之和为 1。

计算总分：有多种方法，如分值相加法、分值相乘法、均值法、相对值法、有效值法等，总分或有效值高的为首选方案。

(三) 决策树法

决策树法是常用的风险分析决策方法。该方法是一种用树形图来描述各方案在未来收益的计算。比较以及选择的方法，其决策是以期望值为标准的。人们对未来可能会遇到好几种不同的情况。每种情况均有出现的可能，人们目前无法确知，但是可以根据以前的资料来推断各种自然状态出现的概率。在这样的条件下，人们计算的各种方案在未来的经济效果只能是考虑到各种自然状态出现的概率的期望值，它与未来的实际收益不会完全相等。

若一个决策树只在树的根部有一决策点，则称为单级决策；若一个决策不仅在树的根部有决策点，在树的中间也有决策点，则称为多级决策。

整个决策树由决策点、方案分枝、状态结点、概率分枝和结果点五个要素构成，见图3-4。

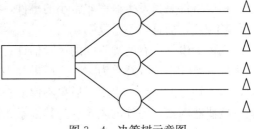

图 3-4　决策树示意图

注：□—决策点；○—方案点；△—结果点

(四) 技术经济评价法

技术经济评价法是将技术评价和经济评价分开进行，最后再将二者的结果总括起来进行综合评价，以选取优化方案。

1. 技术评价

技术评价是围绕"功能"所进行的评价。评价的主要内容是以用户要求的必要功能为依据，一般可以实现功能的条件为评价目标，如功能的实现程度（性能、质量、寿命等）、可靠性、维修性、安全性、操作性、整个系统的协调、与环境条件的协调等。因为这些评价目标，有的不能用数值量表示其属性；有的即使可用数值量表示其属性，其计量单位也不一致，不同计量单位是不能比较的，应优先采用给分评价。给分评价是以一个能实现全部评价特征的理想方案作为基准、与其他几个方案进行对比来确定各方案达到要求的理想程度。

技术价值是新产品的功能评价相对于理想产品能达到的程度。一般以理想产品的评价为1，而相对评价获得的比例数值就是新产品的技术价值，一般小于1。

2. 经济评价

在进行经济评价时，"经济"观念只局限在产品生产成本上，因为生产成本对经济评价来说是最为重要的一个项目。实际情况表明，经济评价与技术评价类似，可以采用一个相似的比例数值来表达，称为经济价值。经济价值就是理想生产成本与实际生产成本之比，一般在0~1范围内。

3. 技术经济综合评价

对于每一个被评价的方案，如果按照技术价值和经济价值分别来判断是不充分的。若要取得最佳方案，按照价值工程的原理，一般要以这两种价值为准来优化，既要技术上先进，又要经济上合理。所谓优化，就是经过有限次数的探索，找出按当前技术水平所能达到的最佳设计成果，使它具有最佳的功能和最低的生产成本。

综合评价优度采用技术价值和经济价值的均值或双曲线值求得优度准数 S 来分析评价。

技术经济评价法的步骤是首先分别进行技术评价和经济评价，然后将二者的结果根据均值法或双曲线法合成一个准数 S，根据合成结果再进行综合评价。

(五) 稀少事件的风险估计

稀少事件是指发生概率非常小的事件，很难用直接观测的方法进行研究，因为它们不但"百年不遇"，而且"不重复"。

在稀少事件中有两种不同的风险估计：一种是外围"零—无穷大"的风险，指的是那些发生的可能性很小（几乎为零）而后果却十分严重（几乎无穷大）的事故，如核电站泄漏事故；另一种是发生概率很小，后果不像前一种那么严重，但涉及的面或人数却很多，并且易被一些偶然因素、另外的风险、与其因素相同或相反的其他因素所掩盖的事故，如水质污染不是很严重时，很难确定其与癌症发病率的关系。前一种主要涉及明显事故的估计与价格，后一种是对潜在危险进行测量和估计。

第四章　人机工程学

第一节　概　述

安全人机工程学是一门新兴的交叉学科，它是运用人机工程学的理论、观点和方法去解决人机系统中安全问题的一门学科，是人机工程学的一个分支。安全人机工程学立足于对人们在劳动过程中的保护，着重从人的生理、心理、生物力学、劳动科学诸方面研究生产过程中实现人、机、工作环境三方面因素相互协调的合理关系。

一、人机工程学的起源与发展

从广义上说，自有人类以来，就开始存在着一种人机关系。英国是世界上开展人机工程学研究最早的国家之一，但本学科的奠基性工作实际上是在美国完成的。虽然本学科的起源可以追溯到 20 世纪初，但是作为一门独立的学科还只有 50 多年的历史。在本学科的形成与发展过程中，人机工程学大致可分为三个阶段。

经验期。在古代虽然没有系统的人机学研究方法，但从形状的发展变化来看，人类所创造的各种器具是符合人机工程学三原理的。

创建期。第二次世界大战期间是本学科发展的第二阶段，军事领域中对"人的因素"的研究和应用使人机工程学应运而生。

成熟期。到了 20 世纪 60 年代，欧美各国进入了大规模的经济发展时期，在这一时期，由于科学技术的进步，人机工程学获得了更多的发展机会。

二、人机工程学的命名及定义

人机工程学是研究人、机及其工作环境之间相互作用的学科。该学科在美国称为"人类工程学"（Human Engineering）或"人的因素工程学"（Human Factors Engineering），而西欧国家多称为"Ergonomics"（人机工程学），其他国家大多引用西欧的名称。

人机工程学在中国起步较晚、名称繁多，除普遍采用"人机工程学"、"工效学"外，常见的名称还有"人体工程学"、"人类工程"、"工程心理学"、"机械设备利用学"、"宜人学"、"人的因素"等。

三、安全人机工程学

安全人机工程学是人机工程学的一个分支，它是从安全工程学的观点出发，为进行系统安全分析、预防伤亡事故和职业病提供人机工程学方面知识的科学体系。

（一）任务与研究范围

1. 任务

安全人机工程学的主要任务是建立合理而可行的人机系统，更好地实施人机功能分配，更有效地发挥人的主体作用，并为劳动者创造安全舒适的环境，实现人机系统"安全、经济、高效"的综合效能。

具体地说，安全人机工程学的任务是为工程技术设计者提供人体合理的理论参数和要求，如：

（1）人体作业的舒适范围（最佳状态）；

（2）人体的允许范围（保证工作效率）；

（3）人体的安全范围（不致伤害的最低限度和环境要求）；

（4）一切安全防护设施如何适应人的各种使用要求等。

2. 研究范围

安全人机工程学的研究范围主要有下列几个方面。

1）人机系统中各种特性的研究

人机系统中人的特性是指人的生理特性和心理特性。

生理特性有人体的形态机能，静态及动态人体尺度，人体生物力学参数，人的信息输入、处理、输出的机制和能力以及人的操作可靠性的生理因素等。

心理特性有人的心理过程与个性心理特征、人在劳动时的心理状态、安全生产的心理因素和事故的心理因素分析等。

2）人机功能合理分配的研究

人机功能合理分配包括人和机各自的功能特性参数、适应能力和发挥其功能的条件、各种人机系统人机功能分配的方法等。

3）各种人机界面的研究

对控制类人机界面，主要研究机器显示装置与人信息通道特性的匹配、机器操纵器与人体运动特性的匹配以及显示器与操纵器性能的匹配等，从而针对不同的系统研究最优的显示（控制方式）。

对生活和生产领域中数量最多的工具类人机界面，主要研究其适用性和舒适性，即如何使其与人体的形态功能、尺寸范围、手感和体感等相匹配。

对环境，主要研究作业的物理环境、化学环境、生物环境和美学环境等对人的影响程度、阈值范围和控制手段。对特殊的环境，还必须研究人的生命保障系统等。

4）作业方法与作业负荷的研究

作业方法研究包括作业的姿势、体位、用力、作业顺序、合理的工作器具和工卡量具等的研究，目的是消除不必要的劳动消耗。

作业负荷研究主要侧重于体力负荷的测定、建模（用模拟技术建立各种作业时的生物力学模型）、分析，以确定合适的作业量、作业速率、作息安排以及研究作业疲劳及其与安全生产的关系等。

5）作业空间的分析研究

作业空间的分析研究主要是保证安全高效作业所需的空间范围，包括人的最佳视区、最佳作业域、最小的装配作业空间以及最低限度的安全防护范围等。

6）事故及其预防的研究

国内外大量的统计表明，有近 80％的事故是由于人为失误而发生的。因此，事故及其预防的研究，既是安全人机工程学的立足点，也是其根本目的，即应研究产生事故的各种人的因素、人的操作失误分析与预防措施等。

（二）研究方法

1. 测量法

测量法是借助器具、设备而进行实际测量的方法，如对人生理特征方面（人体尺度与体型、人体活动范围、作业空间等）的测量，也可进行人体知觉反应、疲劳程度、出力大小等的测量。

2. 测试法

个体或小组测试法：依据特定的研究内容，设计好调查表，对典型生产环境的作业者个体或小组进行书面或问询调查以及必要的客观测试（生理、心理指标等），收集作业者的反应和表现。

抽样测试法：被测试者是通过对人群的随机抽样或分层抽样而选取的样本。因此，分层原则以及各层样本的数目将直接影响测试和分析结果。

3. 实验法

实验法是在人为设计的环境中，测试实验对象的行为或反应。根据试验时可控变量的多少，实验可分为单变量和多变量实验，各种实验数据要经数学手段或计算机进行处理。

4. 观察分析法

观察分析法是通过观察、记录被观察者的行为表现、活动规律等进行分析的方法。观察可以采用多种形式，它取决于调查的内容和目的，如可用公开或秘密的方式（但不应干扰被调查人的行为），也可借助摄影或录像等手段。

5. 系统分析评价法

对人机系统的分析评价应包括作业者的能力、生理素质及心理状态，机械设备的结构、性能及作业环境等诸多方面的因素。

人机系统的安全性分析评价，必须贯彻"安全第一、预防为主"的方针，而事故的预测预防是实现安全管理现代化的必要手段。安全评价则是事故预测预防的高级阶段，是现代安全管理的重要工作。安全人机工程学将提供安全评价定性和定量分析的某些理论和方法。

第二节　人体参数测量

人机系统中人的特性是安全人机工程学研究的一项重要内容。本节主要结合人体测量学的部分知识，通过测量人体各部位尺寸来确定个体和群体之间在人体尺寸上的差别，用以研究人的形态特征，从而为各种工业设计和工程设计提供人体测量数据。

一、人体参数测量的依据

在 GB/T 5703—2010《用于技术设计的人体测量基础项目》中规定了人机工程学使用的有关人体测量参数的测点及测量项目，包括头部测点 16 个和测量项目 12 项；躯干和四肢部位的测点共 22 个，其测量项目共 69 项，分为立姿 40 项、坐姿 22 项、手和足部 6 项及体重 1 项。至于测点和测量项目的定义在此不做介绍，需要进行测量时，可参阅该标准的有关内容。

此外，GB/T 5703—2010 还规定了人机工程学使用的人体参数的测量方法，这些方法适用于成年人和青少年的人体参数测量，该标准对上述 81 个测量项目的具体测量方法和各个测量项目所使用的测量仪器做了详细说明。凡需要测量时，必须按照该标准规定的测量方法进行测量，其测量结果方为有效。

二、数据的选用原则

一般来说，设计和确定作业空间尺寸的根据，必须保证至少 90％的用户的适应性、兼容性、操作性和维护性，即人体主要尺寸的设计极限应根据第 5 至第 95 百分位数的值确定，并参照以下原则选用数据：

（1）必须适应或允许身体某些部分通过的空间尺寸（如通道、出入口、防触及危险部位的安全距离等）应以第 95 百分位数的值作为适用的人体尺寸。

（2）有限度或受身体延伸所限制的空间尺寸（如抓握物体的可及距离、控制器的位移、显示器与测试点位置、安全防护罩上的空隙等）应以第 5 百分位数的值作为适用的人体尺寸。

（3）可调整的尺寸（如高度可调的座椅、工作台、控制器、安全带等）应以第 5 百分位数至第 95 百分位数的人体尺寸范围作为高度范围适用的人体尺寸；只能用一种中等尺寸供群体使用时（如墙壁上的开关高度、门上把手尺寸等），应以第 50 百分位数作为适用的人体尺寸。

（4）在选用人体尺寸和体形时，首先应搞清该尺寸的适用范围，如适用的国家、地区、民族、年龄、性别、职业及社会阶层等，若盲目选用，设计出的产品适用性将较差。

（5）人体测量数据应用应注意人体尺寸的变化。一方面从事某种工作的劳动人群的身材有变化时，其最佳适应尺寸也应随之改变；另一方面，世界各国人体身高有增加的趋势，近 20 年来，世界各国人体的身高平均每 10 年增加 1cm，中国的人体身高增加得更快，所以在收集或选用人体尺寸资料时应注意这种现象。

第三节 人的心理特征

本节介绍人的个性心理和社会心理现象在生产活动中的典型表现，为人机工程设计提供心理学基础。

一、个性心理与安全生产

表现人们个性差异的心理特征包括气质、性格、能力等，这是人们心理过程中比较稳定的成分。对某事物产生的需要、动机、兴趣以及一个人形成的信念和世界观，同样表现出极大的个性差异，这些属于个性倾向性范畴。

（一）气质

现代心理学认为气质是人典型的、稳定的心理特点。这些特点以同样方式表现在对各种事物的心理活动的动力上，且不以活动的内容、目的和动机为转移。

1. 气质的特性

（1）感受性。感受性是人对外界影响产生感觉的能力，是神经强度特性的表现。

（2）耐受性。耐受性是人对外界事物的刺激作用在时间、强度上的耐受能力，表现为注意力的集中能力、保持高效率活动的坚持能力、对不良刺激（冷、热、疼痛、噪声、挑逗等）的忍耐能力。

（3）反应的敏捷性。反应的敏捷性一方面表现为说话的速度、记忆的快慢、思维的敏捷程度、动作的灵活性等，另一方面表现为各种刺激可以引起心理各方面的指向性。

（4）可塑性。可塑性是人根据外界事物的变化而改变自己适应性行为的可塑程度，表现在对外界适应的难易、产生情绪的强烈程度、态度上的果断或犹豫等方面。

（5）情绪兴奋性。情绪兴奋性是指神经系统强度和平衡性，有的人情绪极易兴奋但抑制力弱，这就是兴奋性强而平衡性差。

（6）外倾性和内倾性。外倾性人的心理活动、言语、情绪、动作反应倾向表现于外，内倾性则相反。

2. 气质的类型

上面各种特性的不同结合便形成了不同的气质类型。传统的气质类型分为以下几种：

（1）多血质。具有这种气质的人活泼好动、反应敏感而迅速，是反应敏捷性和外倾性的表现。这种人喜欢与人交往、注意力容易转移、兴趣容易变换，是可塑性强、情绪兴奋性高的表现。

（2）胆汁质。具有这种气质人的特征是直率热情、精力旺盛、情绪易于冲动、心境变化剧烈，表现为外倾性明显、情绪兴奋性高、反应速度快但不灵活。

（3）黏液质。具有这种气质的人表现安静、稳重、沉默寡言、反应缓慢、情绪不外露、注意力稳定难以转移、善于忍耐等。这种人感受性低、耐受性高、不随意反应性和情绪兴奋性都较低、内倾性明显、稳定性高。

（4）抑郁质。具有这种气质人的特征是感受性高而耐受性低、不随意反应性低，所以体验观察细微、多愁善感、孤僻呆滞、适应性（可塑性）很差。其内倾性明显，往往含而不露，具有稳定性，不易转变情绪和观点。

这种按体液的不同比例来分析人的气质类型的学说是缺乏科学根据的，但比较符合实际，有一定的参考价值。

（二）性格

性格是人们对待客观事物的态度和社会行为的方式，是区别于他人所表现出的比较稳定的心理特征的总和。

（1）对现实的态度特征。人对现实的态度体系，是构成一个人性格的重要组成部分。

（2）性格的意志特征。当人为了达到既定的目的，自觉地调整自己的行为，千方百计克服困难，就表现出人的意志特征。

（3）性格的情绪特征。性格的情绪特征是指人们在情绪活动时，在强度、稳定性、持续性以及稳定心境等方面表现出来的个体差异。

（4）性格的理智特征。性格的理智特征是指人们在感知、记忆、想象和思维等认识过程中表现出来的个体差异。

（三）能力

能力作为一种心理特征不是先天具有的，而是在一定的素质基础上经过教育和实践锻炼逐步形成的。素质为能力的形成奠定了物质基础，要使素质所提供的发展能力的可能性变为现实，必须经过教育和锻炼。

由于存在能力的个体差异，劳动组织中如何合理安排作业，人尽其才，发挥人的潜力，是管理者应该重视的。

（1）人的能力与岗位职责要求相匹配。领导者在职工工作安排上应该因人而异，使人尽其才，发挥和调动每个人的优势能力，避开非优势能力，使职工的能力和体力与岗位要求匹配。这样可以调动职工的劳动积极性，提高生产率，保证生产中的安全。相反，人具有的能力高于或低于实际工作需要是不合理的。如能力高于实际工作需要，造成人才浪费，引起职工不安心本职工作，产生不满情绪，影响生产，易出事故。如能力低于实际工作需要，无法胜任工作，心理上造成压力，工作上不顺利必然影响作业安全，这也是事故发生的隐患。因此，任用、选拔人才时，不仅要考虑其知识和技能，还应考虑其能力及其所长。

（2）发现和挖掘职工潜能。管理者不但要善于使用人才，还要善于发现人才和挖掘职工的潜能，这样可以充分调动人的积极性和创造性，使职工工作热情高，心情舒畅，心理得到满足，不但可避免人才浪费，而且有利于安全生产。

（3）通过培训提高人的能力。培训和实践可以增强人的能力，因此，应对职工开展与岗位要求一致的培训和实践，通过培训和实践提高职工能力。

（4）团队合作时，应注意人员能力的相互弥补，团队的能力系统应是全面的，对作业效率和作业安全具有重要作用。

二、情绪与安全生产

人在生活和作业中的失误是不可避免的。究竟是什么原因使人产生失误呢？在事故分析资料中，常把人的"违章操作"归结为事故的原因。从科学管理的观点来看，这是远远不够的。心理学研究指出，人的任何活动都是通过人的心理机能来实现的，所以从人的心理因素去研究不安全行为的规律是消除事故的基础工作之一。

下面就人的心理因素分析失误的原因。产生事故的心理因素之一是心理机制失调，包括人的动机、情绪、个体心理特征等因素失调，人的感知能力水平、判断力、注意力、操作能力都将产生下降趋势或某一方面能力亢进、另一方面能力明显下降。其中，情绪是变化最大、影响最深的因素。

人是社会动物，周围发生的一切都会使人情绪波动。情绪既然影响行为，那么一定的行为也要求一定的情绪水平与之相适应。

情绪激动水平的高低是外界（环境的、社会的）刺激情景引起的，因此改变外界刺激可以改变情绪的倾向和水平。从组织管理（包括思想工作、安全检查、劳动组织等）及个体主观上，若能注意创造健康稳定的心理环境并用理智控制不良情绪，由情绪水平失调导致的不安全行为就可以大幅度下降。

三、社会心理与安全生产

美国心理学家梅约（Elton Mayo）曾在霍桑工厂进行了一系列试验，在 1932 年得出一个至今对各国都有现实意义的重要结论：职工的士气、生产积极性主要取决于社会因素，综合起来即"人群关系"起决定性作用。

安全工作属于管理的范畴。霍桑试验的结果同样适用于安全管理，有意识地运用社会心理学原理进行管理，企业的生产效益和安全状况一定会有所提高。安全状况和下列社会心理因素有着密切的关系。

（1）侥幸心理。人对某种事物的需要和期望总是受到群体效果的影响，在安全事故方面尤其如此。

（2）省能心理。省能心理是人类在长期生活中养成的一种心理习惯。人总是希望以最小能量获得最大效果。这虽有其不断革新的积极一面，但在安全生产上常是造成事故的心理因素。有了这种心理，就要产生简化作业的行为。

（3）逆反心理。某些条件下，某些个别人在好胜心、好奇心、求知欲、偏见、对抗情绪等心理状态下，产生与常态心理对抗的心理状态，偏偏去做不该做的事情。

（4）凑兴心理。凑兴心理是人在社会群体中产生的一种人际关系的心理反映，多见于精力旺盛、能量有余而又缺乏经验的青年人，从凑兴中得到心理上的满足和发泄剩余精力，常易导致不理智行为。

（5）从众心理。从众心理也是人们在适应群体生活中产生的一种反映，人从众则感到是一种社会精力压力。由于人们具有从众心理，因此不安全的行为和动作很容易被仿效。如果有几个工人不遵守安全操作规程而未发生事故，那么同班的其他工人也就跟着不按操作规程做，因为他们怕别人说技术不行、太怕死等。

第四节　作业特征及作业疲劳

人的作业能量取决于劳动者本身的素质、劳动组织、劳动的类别以及外界环境条件。本节应用劳动生理学和人机工程学的成果，讨论劳动能力与疲劳的诸多问题，例如作业疲劳的测定以及疲劳与安全的关系等问题。

劳动强度可以理解为作业中人在单位时间内做功和机体代谢能力之比。我们日常所说的轻、重劳动是另有含义的。如作业密度高、作业虽少但劳动量较大；或者作业强度虽不大、不费力气，但是站着作业（如教师、营业员、理发师、厨师等）；或者作业姿势是强制的，精神非常紧张等都会被评为重劳动和劳累的工作。所以，首先应对作业有所分类，这里将作业分为静力作业和动力作业两种。

一、作业分类

（一）静力作业

对于脑力劳动、计算机操作、仪器监控者等所从事的作业都可归纳为静力作业或静态作业（Static Work）。这种作业主要是依靠肌肉的等长收缩维持一定的体位，即身体和四肢关节保持不动时所进行的作业。体力劳动中也包含静力作业，如坐位或立位观察仪表、支持重物、把握工具、压紧加工物件等。当肌肉等张力收缩的肌张力在最大随意收缩的 15%～20% 以下时，不管此时参与的肌肉有多少，只要收缩的张力是相对稳定的，这种静力作业就可以维持较长时间。坐位的腰部肌肉和立位的腰、腿部肌肉的收缩即属于上述作业状态。这时，虽然心血管反应加强，但不能维持收缩肌肉中被压迫血管的稳定血流，而使局部肌肉缺氧、乳酸堆积并引起疼痛。静力作业的特征是能耗水平不高，但却容易疲劳。

（二）动力作业

动力作业是靠肌肉的等张力收缩完成作业动作的，即经常说的体力劳动。

二、劳动强度分级

劳动强度的大小可以用耗氧量、能消耗量、能量代谢率及劳动强度指数等加以衡量。为了区分强度的大小，划分成等级是必要的。

（一）国际劳工局分级标准

一种划分劳动强度的方法是基本按氧耗量划分为 3 级，即中等强度作业、大强度作业及极大强度作业，各级指标见表 4-1。

表 4-1　劳动强度作业分级[1]

劳动强度等级	很轻	轻	中等	重	很重	极重
氧需上限的比重	<25	25～37.5	37.5～50	50～75	>75	<100
耗氧量，L/min	<0.5	0.5～1.0	1.0～1.5	1.5～2.0	2.0～2.5	>2.5
能消耗量，kJ/min	<10.5	10.5～21.0	21.0～31.5	31.5～42.0	42.0～52.5	>52.5
心率，beats/min	<75	75～100	100～125	125～150	150～175	>175
直肠温度，℃	—	<37.5	37.5～38	38～38.5	38.5～39	39.0
排汗率，mL/h[2]	—	—	200～400	400～600	600～800	>800

[1]资料取自国际劳工局，1983。
[2]排汗率是工作日每小时的平均数。

（二）中国分级标准

中国已经颁布《体力劳动强度分级标准》（GB 3896—1983）。中国预防医学科学研究劳动卫生研究所调查测定了 262 个工种的劳动工时、能量代谢和疲劳感等指标，经过综合分析研究后提出这一标准，见表 4-2。

表 4-2　中国体力劳动强度分级

劳动强度级别	劳动强度指数	劳动强度级别	劳动强度指数
Ⅰ	≤15	Ⅲ	～25
Ⅱ	～20	Ⅳ	>25

劳动强度指数 I 的计算公式为：

$$I = 3T + 7M$$

式中　I——劳动强度指数；

T——净劳动时间率，$T=$工作日内净劳动时间（min）/工作日总工时×100%；

M——8h 工作的能量代谢率，kJ/（m² · min）。

三、作业疲劳及其测定

作业疲劳是作业研究的一个重要内容，因而也是人机学及工效学的主要研究内容。运用劳动生理和心理学的原理研究作业疲劳及疲劳的恢复，保障工人健康和作业安全，从而充分发挥作业人员的主动性和积极性、提高劳动生产率是极为重要的。

（一）作业疲劳

当作业能力出现明显下降时称为疲劳。作业疲劳是劳动生理的一种正常表现，它起着预防机体过劳的警告作用。从正常作业状态到主观上出现疲劳感再到完全筋疲力尽有一个时间过程。疲劳程度的轻重取决于劳动强度的大小和持续劳动时间的长短。

心理因素对疲劳感的出现也起作用。对工作厌倦、缺乏认识和兴趣而不安心工作时，极易出现疲劳感；相反，对工作具有高度兴趣和责任感或有所追求时，则疲劳感常出现在生理疲劳发生很长时间以后。

1. 疲劳的类型

疲劳虽然可以分成几类，但都不完全，就像不易给疲劳下定义一样。一种划分方法是分为急性、亚急性和慢性疲劳。慢性疲劳常伴有心理因素，长期劳累以致心力交瘁，实际上已超出疲劳的概念范畴。

详细区分可将疲劳分为以下 5 种类型：

（1）个别器官疲劳：如计算机操作人员的肩肘痛、眼疲劳，打字、刻字、刻蜡纸工人的手指和腕疲劳等。

（2）全身性疲劳：全身运作，进行较繁重的劳动，表现为关节酸痛、困乏思睡、作业能力下降、错误增多、操作迟钝等。

（3）智力疲劳：长时间从事紧张脑力劳动引起的头昏、全身乏力、肌肉松弛、嗜睡或失眠等，常与心理因素相联系。

（4）技术性疲劳：常见于体力、脑力并用的劳动，如驾驶汽车、收发电报、半自动化生产线工作等，表现为头昏脑胀、嗜睡、失眠或腰腿疼痛。

（5）心理性疲劳：多是由于单调的作业内容引起的。例如，监视仪表的工人，表面上坐在那里悠闲自在，实际上并不轻松。信号率越低越容易疲劳，使警觉性下降。这时的疲劳并不是体力上的，而是大脑皮层的一个部位经常兴奋引起的抑制。

除此以外，还有周期性疲劳。根据疲劳出现的周期长短，又可分为年周期性疲劳和月、周、日的周期性疲劳。这种疲劳出现的周期越长，越具有社会因素和心理因素的影响。

2. 疲劳的某些规律

（1）最显而易见的是青年作业人员作业中产生的疲劳较老年人小得多，而且易于恢复。这很容易从生理学上得到解释，因为青年人的心血管和呼吸系统比老年人旺盛得多，供血、供氧能力强。某些强度大的作业是不适合于老年人的。

（2）疲劳可以恢复。年轻人比老年人恢复得快，体力上的疲劳比精神上的疲劳恢复得快。心理上造成的疲劳常与心理状态同步存在、同步消失，所以对于厌烦工作的人采取必要的规劝、批评教育和处分的措施是必要的。

（3）疲劳有一定的积累效应，未完全恢复的疲劳可在一定程度上继续存在到次日。我们在重度劳累之后，第二天还感到周身无力、不愿动作，这就是积累效应的表现。如果次日又达到六分疲倦程度，就感到疲乏到了十分。

（4）人对疲劳也有一定的适应能力，例如连续工作十几天，反而不觉得累了，这是体力上的适应性。

（5）在生理周期中（如生物节律低潮期、月经期）发生疲劳的自我感受较重，相反在高潮期较轻。

（6）环境因素直接影响疲劳的产生、加重和减轻。例如，噪声可加重甚至引起疲劳，而优美的音乐可以舒张血管、松弛紧张的情绪而减轻疲劳。因此在某些作业过程中、休息时间和班后听抒情音乐是很值得提倡的。

（7）需要单独提出的一个致疲劳的因素就是工作的单调，尤其在现代形形色色的作业线不断开发之后，依附于流水作业的人员周而复始地做着单一的、毫无创造的、重复的工作。

（二）作业疲劳的测定

对于疲劳的研究虽然有着非常重要的意义，但目前还研究得不够，对疲劳缺乏直接客观的测定评价方法。所以常以主观的疲劳感判断疲劳的有无和深浅，测定方法只是间接测定其他生理或心理反应指标，以推论疲劳的程度。

周身和局部疲劳可由个人自觉症状的主诉得以确认。日本产业卫生学会疲劳研究会提供了自觉症状调查表（表 4-3）。按日本的分类方法，疲劳是由精神因子（Ⅱ）、身体因子（Ⅰ）和感觉因子（Ⅲ）构成的。在三个因子中，每个列出 10 项调查内容，把症状主诉率按时间、作业条件等加以分类比较，就可以评价作业内容、作业条件对工人的影响。

表4-3 疲劳自觉症状调查表

编号：　　　　　　　　　工作内容：

姓名：　　　　　　　　　工作地点：　　　　　　　　　时间：　年　月　日　时　分

Ⅰ. 身体因子			Ⅱ. 精神因子			Ⅲ. 感觉因子		
序号	症状	判断	序号	症状	判断	序号	症状	判断
1	头重		1	思想不集中		1	头痛	
2	周身酸痛		2	说话发烦		2	肩头酸	
3	腿脚发懒		3	心情焦躁		3	腰痛	
4	打哈欠		4	精神涣散		4	呼吸困难	
5	头脑不清晰		5	对事务反应平淡		5	口干舌燥	
6	困倦		6	小事想不起来		6	声音模糊	
7	双眼难睁		7	做事差错增多		7	目眩	
8	动作笨拙		8	对事物放不下		8	眼皮跳，筋肉跳	
9	脚下无主		9	动作不准确		9	手或脚抖	
10	想躺下休息		10	没有耐性		10	精神不好	

注：无自觉症状在判断栏内画"×"，有自觉症状在判断栏内画"〇"，应当指出，上述多数疲劳自觉症状都是在较
繁重劳动中才会出现。

四、作业疲劳与安全生产

(一) 疲劳引起的事故

如前所述，作业疲劳可使作业者产生一系列精神症状、身体症状和意识症状，这样就必
然影响到作业人员的作业行为。常见的疲劳引起的事故如下：

(1) 睡眠休息不足、困倦引起的事故。这类事故多见于夜班或长时间作业未得到休息的
情况，多为技术性作业事故。如某个体汽车司机昼夜连续行车，最后困倦不支，车辆失去控
制，坠入公路桥下，车毁人亡。

(2) 反应和动作迟钝引起的事故。疲劳感越强，人的反应速度越慢，手脚动作越迟缓。

(3) 重体力劳动的省能心理。重体力劳动常给作业人员造成一种特殊的心理状态——省
能心理，反映在作业动作上，常因简化而违反操作规程。

(4) 疲劳心理作用。疲劳常造成心绪不宁、思想不集中、心不在焉，对事物反应淡漠、
不热心，视力听力减退等。

(5) 环境因素加倍疲劳程度。例如，各工业部门在高温季节（七八月份）事故发生率较
高；室外作业则在寒冷季节事故率增大。

(6) 疲劳与机械化程度。历史地分析事故发生率可以发现：手工劳动时期事故率低，高
度机械化、自动化作业事故率也较低，半机械化作业事故率最高，其中包含许多人机学问
题。半机械化作业时，人必须围绕机械进行辅助作业，由于人比机械力气小、动作慢，所以
往往用力较大造成疲劳，如果人机界面上存在问题就会导致事故发生。

综上可见，疲劳与安全是密切相关的，防止过劳也是安全生产的关键之一。

(二) 防止过劳的措施

从改善工作条件、保证工人健康、更重要的是从保证安全生产的角度出发，如何减轻疲劳、防止过劳是安全人机工程学研究讨论的重要内容。

1. 提高作业机械化、自动化程度

提高作业机械化、自动化程度是减轻疲劳和提高作业安全可靠性的根本措施。

2. 加强科学管理、改进工作制度

（1）工件日制度。工作日的时间长短取决于很多因素。许多发达国家实行每周工作 32～36h、5 个工作日的制度。某些有毒、有害物的加工生产，环境条件恶劣、必须佩戴特殊防护用品工作的车间、班组也可以适当缩短工作时间。

（2）劳动强度与作业率。劳动强度越大、劳动时间越长，人的疲劳就越重。一定的劳动强度，相应地只能坚持一定的时间，所以劳动强度越大，工作时间应越短、休息时间应越长。

3. 工作时间及休息时间

如上所述，作业人员从生理和心理上是不可能连续工作的，过了一定的时间，效率就会下降，差错就会增多，若这时仍不及时休息，就会引起产品质量下降，甚至出现安全事故。附带说明，事故是生理、心理和生产条件等不良因素结合作用的结果，而不是过程。一个事物的发展总是从量变到质变。在事故发生之前，已经准备着事故发生的各种条件，疲劳就是重要条件之一。

4. 休息方式

工间休息方式可以多种多样。对于连续、紧张生产的钢铁冶炼工人，工间休息多为自我调节式的，由于噪声较大、信号频繁，不宜播放音乐。体力劳动强度大的以静止休息为主，但也应做些有上下肢活动、背部活动的体操，以利于消除疲劳，即积极休息和消极休息相结合。工间送茶、送水或送其他饮料也是调节情绪、缓解疲劳的好方法。

5. 轮班工作制度

1）疲劳与轮班制密切相关

轮班工作制的突出问题是疲劳，改变睡眠时间本身就足以引起疲劳。一个原因是白天睡眠极易受周围环境的干扰，若不能熟睡或睡眠时间不足，则醒后仍然感到疲乏无力；另一个原因是改变睡眠习惯，一时很难适应；再者，与家人共同生活时间少，容易产生心理上的抑郁感。调查资料证明，大多数人都愿意白班工作。

时间节律的紊乱也明显地影响人的情绪和精神状态，因而夜班的事故率也较高。

2）轮班制

中国目前实行的轮班制度是三班三轮制，即白、中、夜班，每周轮流工作和休息。这种轮班制是最古老的，也是最不合理的方式。

每周轮班制使得工人体内生理机能刚刚开始适应或没来得适应新的节律时，又进入新的人为节律控制周期，所以工人始终处于和外界节律不相协调的状态。长期的结果是将影响工人健康和工作效率，从而影响到安全生产。

中国一些企业推行四班三轮制，这种轮班制较为合理。它又分为几种，现举出两种轮班方式作为参考，见表4-4、表4-5。四班三轮制可以减少疲劳，提高效率和作业的安全性。

表4-4　四班三轮制 (a)［6（2）6（2）6（2）型］

时间/日期 班次	1～2	3～4	5～6	7～8	9～10	11～12	13～14	15～16	17～18	19～20	21～22
白班	A	B	C	D	A	B	C	D	A	B	C
中班	D	A	B	C	D	A	B	C	D	A	B
夜班	C	D	A	B	C	D	A	B	C	D	A
空班	B	C	D	A	B	C	D	A	B	C	D

注：每上6个白班休息2天，6个中班休息2天，6个夜班休息2天。

表4-5　四班三轮制 (b)［5（2）5（1）5（2）型］

时间/日期 班次	1	2	3	4	5	6	7	8	9	10	11	12	13	14	15	16	17	18	19	20
白班	A	A	A	A	A	B	B	B	B	B	C	C	C	C	C	D	D	D	D	D
中班	C	C	D	D	D	D	D	A	A	A	A	A	B	B	B	B	B	C	C	C
夜班	B	B	B	C	C	C	C	C	D	D	D	D	D	A	A	A	A	A	B	B
空班	D	D	C	B	B	B	A	A	D	C	C	C	B	B	A	D	D	C	C	A

注：每上5个白班休息2天，5个中班休息1天，5个夜班休息2天。

6. 业余活动和休息的安排

业余活动和休息往往被领导者所忽视。实际上，这与生产安全和效率是密切相关的。

（1）首先应为轮班的工人提供一个良好的休息条件，睡眠是消除疲劳的最好方法。

（2）其次，要组织业余活动。一些人所进行的活动不仅自己不能休息，还波及别人，如有的彻夜打扑克、打麻将。

（3）再次，应开展技术教育和培训，选拔合格工人。

疲劳与体质和技术熟练程度密切相关。技术熟练的作业人员作业中无用动作少、技巧能力强，完成同样工作所消耗的能量比不熟练工人少许多。

为使工人掌握标准化作业规程，必须选拔身体素质、心理特征符合指定岗位要求的人员参加培训，培训出一批合格的技术工人。那种只强调师傅带徒弟，在干中学的培训方式已经是陈旧而不完善的了。

第五节　作 业 空 间

人们在从事某项作业时，为完成该项工作，人体所必须的活动范围或空间称为作业空间。它包括人的操作活动范围、机器设备中的显示器和控制器所涉及范围。本节结合作业空间设计的基本原则，介绍了诸多作业场所空间布置的方法以及作业姿势与作业空间的布置，并详细探讨了作业空间中的安全防护距离等问题。

一、作业空间设计的基本原则

在工作系统中，人、机、环境三个基本要素是相互关联而存在的。每一个要素都根据需要占用一定的空间，并按优化系统功能的原则使这些空间有机地结合在一起，这些空间的总和就称为作业空间。

作业空间包含了三种不同的空间范围：

第一种是人体在规定的位置上进行作业时（如操纵机器、维修设备等）必须触及的空间（即作业范围），或称为作业接触空间。人们为完成劳动任务的大部分工时主要在这个范围内度过。

第二种是人体在作业或进行其他活动时（如进出工作岗位、在工作岗位进行短暂的放松与休息等）人体自由活动所需要的范围，即作业活动空间。

第三种是为了保障人体安全，避免人体与危险源（如机械转动部位等）直接接触所需要的安全防护空间。在进行工作场地和机器设备的设计与布局时，必须充分考虑作业空间的安全人机工程学设计问题。

二、作业场所空间布置

总体布局时，必须充分了解在该工作空间内所要进行工作的性质。一方面从机器、设备的功能和结构因素上考虑完成工序所必须的方便性和经济性，另一方面从人这个劳动主体上考虑完成工作任务必须具有的高效率、舒适性和安全性。

(一) 主要工作岗位的空间尺寸

作业活动空间尺寸不仅取决于人体测量参数，还取决于在不同作业性质下人的心理因素和行为特征。

1. 工作间操作岗位

为了使操作人员在工作时行动自如，避免产生不良的心理障碍和身体损伤，最小工作间的地面面积不得小于 $8m^2$。每个操作人员在工作岗位上的自由活动面积不得小于 $1.5m^2$，并且自由活动场地的宽度不得小于 1m。每个操作者最佳的工作活动面积为 $4m^2$。如果出于操作原因，在某些岗位上不能保证 $1.5m^2$ 的自由活动面积，应该在该操作岗位附近为其提供一个同样大的活动面积。

2. 办公室管理岗位

对办公室管理工作的性质、管理工作人员的主要心理特性、行为方式和作业环境的影响的综合研究结果表明，在集体办公情况下，每个工作人员占用的最小面积为 $5m^2$，空间为 $15m^3$，最低高度为 3m。

3. 工作岗位的设计

科研部门为了把研究成果转化为产品，企业为了产品更新换代求得生存和发展，都十分重视设计工作。设计工作需要设计人员细心、精力集中，因此应该提供更好的作业环境，极力避免他人的干扰或碰撞。从人机工程学角度出发，对设计工作岗位，推荐每个工程师的最小活动面积为 $6m^2$，空间为 $20m^3$，最低高度为 3m。从心理学角度考虑，还应该避免桌子顺序排列或面对面地排列等布置方式。

（二）辅助性工作场地的空间尺寸

在作业空间中，有一些场地并不是工作岗位上作业活动本身所需要的，但它的存在对作业活动的连续性和有效性却是十分重要和不可缺少的。例如，工作场所的出入口、通行道、楼梯、扶梯和斜坡道等。

1. 出入口

出入口的宽度和高度应视具体情况（如是否进出车辆及车辆、负荷的大小等）确定。仅供人员进出的出入口，最小高度不得低于 2100mm，最小宽度不得窄于 810～860mm。出入口一般应避免采用门槛，除非为防风雨或通风而非用不可。封闭的工作场所必须提供辅助入口以及各种需要的应急出口。应急出口应有便于人员迅速撤出足够空间，包括必须携带必要装备或必须穿臃肿防护服的人员，而且不应该存在损伤人员或损坏他们所带设备的危险。应急出口的尺寸如表 4-6 所示。应急出口应设计得使人员用手或脚一触即开。如果需要人员用把手或按钮打开，则操纵力应小于 220N。

表 4-6　应急出口的尺寸

应急出口状态	尺　寸	
	最　小	最　佳
矩形门窗开口面积，mm×mm	405×610	510×710
方形门窗开口边长，mm	460	560
圆形门窗开口直径，mm	560	710

2. 通道与走廊

对仅供人通行的人行道和走廊来说，其尺寸相对可小些。但为了使人们通过不受限制，应在人体测量数据的基础上，为穿臃肿防护和携带装备的人员留出足够的余隙。

但车间里的许多通道，人员流动往往是双向进行的。有的通道既走人又运货，还通汽车；有的通道两侧紧挨着工作岗位等。因此，通道的实际宽度要视货物的尺寸、运输工具的大小和安全需要来具体确定，一般应比人行道和走廊留出更大余隙。

3. 扶梯、楼梯和斜坡道

选择扶梯、楼梯和斜坡道的主要依据是结构的倾角，而这个倾角又依赖于可利用的空间和结构的限制。图 4-1 给出了这些结构的许用和最佳倾角。

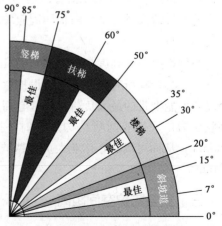

图 4-1　不同结构的许用倾角和最佳倾角

109

扶梯、楼梯和斜坡道设计不仅要结实，能同时承受得住人员及其所能携带工具的总重量，并加上适当的安全系数，还要不导电、防裂、防滑、防化学腐蚀等，并没有可能损伤人员的边棱、凹坑、毛刺等。

1) 扶梯

为了确保平衡和快速运动，人员必须腾出双手抓住扶手，因此使用扶梯时，应提供一人可以通过的余隙。如需同时往来，则应提供并排独立的上下扶梯，两扶梯相邻至少应间隔150mm（最佳间隔200mm），并各有各的扶手。

竖梯不应作为通道。应避免使用携带式直爬梯，要采用更稳固的、可使用护栏、安全带、索具或其他保护措施的固定梯。

当几层作业平面由梯子连接时，各层梯子应错开位置，以便人员不会摔落到下一层地面上。为安全起见，各层均应设置保护性楼梯平台及护栏。在使用梯子可能引起危险的场合（如不可避免地低头，以防可能的撞击等）应做适当的标记。

2) 楼梯

为了避免楼梯梯段过长，每层楼在 2.44～3.66m 高度范围至少应有一个平台，并建议每 10～20 个台阶有一个平台。楼梯台阶间距应当均等。当人们需要携带大于 9kg 的物品登楼梯时，或需登的楼梯不止两层高时，应该使用最大台阶宽度和最小台阶间距。

3) 斜坡道

斜坡道的尺寸必须考虑人的力量和安全性。斜坡道一般应用于 20° 以下的斜坡上。对于 7°～20° 间的斜坡，考虑结合利用斜坡道和楼梯。如果斜坡道用作人行道，则应装设扶手，在斜坡道全长上还应有至少宽 50mm、间隔 150mm 的防滑条。

4. 平台和护栏

1) 平台

平台的设计负荷不仅应大于实际使用负荷，还应与其相邻的设备表面协调一致，使平均整合度在 50mm 之内，避免产生大于 150mm 的间隙，平台尺寸至少应宽 610mm、长 910mm、净空高度应大于 1800mm。考虑到人员不仅要能作业，还要有一定的自由活动度，建议台宽最好在 700mm 以上。为了防止平台上的工具、拆卸的零部件等从边缘掉下去砸伤下方的人员或设备，平台面板四周应装踢脚板，其高度不得小于 150mm。

2) 护栏

当护栏或走廊高度高出地面 200mm 时，为防止作业人员从高处工作位置或地板开口处掉下去，必须在所有敞开侧都装设护栏。护栏的扶手高度应根据第 95 百分位数的人体垂心高度和可能携带的最大负荷量对重心高度的影响确定，其数值应大于 1050mm。护栏可采用网状结构，采用非网状结构形式时，护栏的立柱间距应小于 1000mm，横杆间距应小于 380mm，从而可以防止作业人员穿越护栏中间空隙掉下去。扶手直径最小为 30mm，最大为 75mm，一般可取 35mm。

三、安全防护空间距离

为了保证安全作业，GB 5083—1999《生产设备安全卫生设计总则》规定，应该采用直接安全技术措施，把生产设备设计成不存在任何危险。其中既经济又有效的预防保障措施就是设计安全防护空间距离（以下简称安全距离）。

1. 机械防护安全距离的确定方法

机械防护安全距离分为三类：防止可及危险部位的安全距离、防止受挤压的安全距离和防止踩空致伤的盖板开口安全距离。其大小等于身体尺寸或最大可及范围及附加量的代数和，用公式表示为：

$$S_\mathrm{d} = (1 \pm K)L$$
$$S_\mathrm{d} = (11 \pm K)R_\mathrm{m}$$

式中　S_d——安全距离，mm；

　　　L——人体尺寸，mm；

　　　R_m——最大可及范围，mm；

　　　K——附加量系数。

2. 防止可及危险部位的安全距离

如果人体接触机械设备（含附属装置）的静止或运动部分可能使人致伤，则在机械设备设计或作业空间布局设计时，必须考虑防止可及危险部位的安全距离。

防止可及危险部位的安全距离包括上伸可及安全距离、控越可及安全距离、上肢自由摆动可及安全距离和穿越孔隙可及安全距离。

（1）上伸可及安全距离。当双足跟着地站立，手臂上伸可及的安全距离数值 S_d 为 2410mm。

（2）探越可及安全距离。在身体越过固定屏障或防护设施的边缘时，最大可及距离是防护屏的高度和危险部位高度的函数。

（3）上肢自由摆动可及安全距离。有些作业，人体上肢的掌、腕、肘、肩等关节根部紧靠在固定台面或防护设施的边缘，仅由支靠点前面一部分肢体向四周自由摆动从事作业活动。

（4）穿越孔隙可及安全距离。当空间尺寸有限、危险部位在人体可及范围之内时，一般就给危险部位安上防护罩或防护屏。但如果网状或栅栏状的孔隙过大、屏障与危险部位过于靠近，一旦肢体不小心穿越孔隙，依然有可能触及危险部位而产生伤害事故。穿越栅栏状缝隙（方形）的可及安全距离也可参照图 4-2 选取。

3. 防止受挤压的安全距离

在机械设备的设计和工作场地的布置中，常常存在一些固定或可变动的夹缝部位。因此，当存在夹缝部位时，夹缝间距必须大于安全距离，否则夹缝部位将被视为人体有关部位的危险源。

防止人体受挤压主要指防止人的躯体、头、腿、足、臂、手掌和食指等人体部位受挤压，如图 4-3 所示。

4. 防止踩空致伤的盖板开口安全距离

为了节约空间或合理布局，常把一些设备布置在地面以下，如地下电缆沟、排水沟等。为防止作业人员从中坠落，更需要盖上盖板作为临时安全措施。因此，盖板开口的安全距离

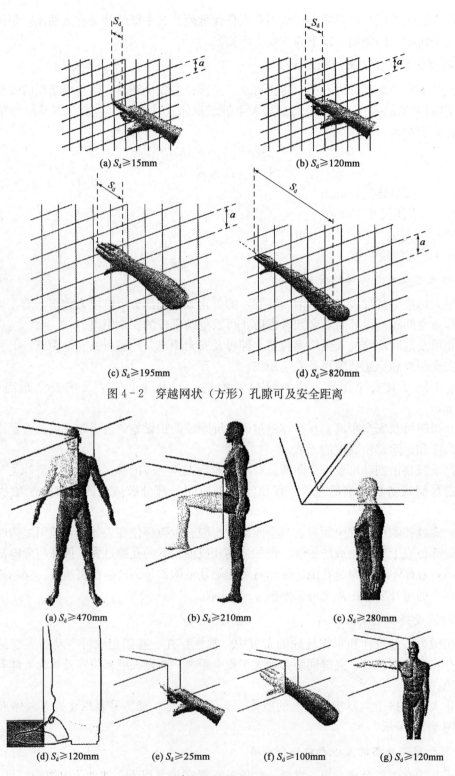

(a) $S_d \geqslant 15\text{mm}$ (b) $S_d \geqslant 120\text{mm}$

(c) $S_d \geqslant 195\text{mm}$ (d) $S_d \geqslant 820\text{mm}$

图 4-2 穿越网状（方形）孔隙可及安全距离

(a) $S_d \geqslant 470\text{mm}$ (b) $S_d \geqslant 210\text{mm}$ (c) $S_d \geqslant 280\text{mm}$

(d) $S_d \geqslant 120\text{mm}$ (e) $S_d \geqslant 25\text{mm}$ (f) $S_d \geqslant 100\text{mm}$ (g) $S_d \geqslant 120\text{mm}$

图 4-3 防止受挤压伤害的夹缝安全距离

设计是十分重要的。

条形开口的安全距离 S_d 不大于 35mm；矩形开口的安全距离，长 S_{d1} 不大于 150mm，宽 S_{d2} 不大于 45mm。

5. 人体与带电导体的安全距离

人体与带电导体间的安全距离视电压的高低和操作条件而定。在低压操作中，人体与带电体至少应保持 100mm 的距离。在高压无遮栏操作中，人体及所携带工具与带电体之间的最小距离为：10kV 以下者应不小于 700mm，20～35kV 者应不小于 1000mm。用绝缘杆操作时，上述距离可分别减为 400mm 和 600mm。

不能满足上述距离时，应装临时遮栏。在线路上工作时，人体与邻近带电体的最小距离为：10kV 以下者应不小于 1000mm，35kV 者应不小于 2500mm。

防止其他非触及机械性有害因素对人体的影响，将在下一节作业环境中讨论。

第六节　作 业 环 境

随着科学技术的发展，人类的活动范围越广，作用于人、机的环境因素也越来越多、越来越复杂。所谓环境因素，是指影响整个系统中人体安全与健康、工作效率、机器设备性能等各种条件因素的组合。如果能将环境因素进行合理的组合，使有害环境因素变为有利因素，或寻找防护措施使有害程度降低，则可保证系统高效、安全、经济。本节重点介绍光环境、温度环境、色彩环境以及其他环境方面的安全内容。

一、光环境

在作业过程中，视觉的应用是最为重要和普遍的，大约 80％ 以上的信息是由视觉得到的，由此我们才能知道各种物体的形状、大小、位置和颜色。通过视觉获得信息的效率、质量与视觉特性、照明条件有直接的关系，而执行基本的视觉功能则依靠于照明。

（一）照明对工效的影响

1. 照明与疲劳

合适的照明能提高视力。眼睛疲劳会引起视力下降、眼球发胀、头痛以及其他疾病而影响健康，有时也导致工作失误甚至造成工伤。

2. 照明与工作效率

提高照度、改善照明对减少视觉疲劳、提高工作效率有很大影响。适当的照明可以提高工作的速度和精确度，从而增加产量、提高质量、减少差错。舒适的光线条件不仅对手工劳动，而且对要求紧张的记忆、逻辑思维的脑力劳动都有助于提高工作效率。某些依赖于视觉的工作，对照明提出的要求则更为严格。照度提高到一定程度，可能引起目眩，从而对工作效率产生消极影响。若从事视觉特别紧张的工作，则高龄人的工作效率比青年人更加依赖于照明。

3. 事故与照明

事故的数量与工作环境的照明条件有密切的关系，照度不足是重要的影响因素。

眩光在眼球介质内散射，也会减弱物体与背景间的对比，造成不舒适的视觉条件，进而导致视觉疲劳。夜间运行的汽车，当驾驶员为交会来车而将本车前照灯变换到近光时，由于 50m 距离以外的路面照明急剧降低而导致形成"黑洞"效应，因而在 5～10s 的时间内将丧失识别障碍物的能力，在随后的一段时间里实际上是盲目行车，极易造成事故。

4. 照明与情绪

据生理和心理方面的研究表明，照明会影响人的情绪，影响人的一般兴奋性和积极性，从而也影响工作效率。总之，改善工作环境的照明可以改善视觉条件、节省工作时间、提高工作质量、减少废品、保护视力、减轻疲劳、提高工作效率、减少差错、避免或减少事故，有助于提高工作兴趣、改进工作环境。

(二) 工作场所照明设计

1. 照明形式的选择

作业环境中的照明一般有三种形式，即天然采光、人工照明、混合采光。

2. 人工照明方式的选择

(1) 一般照明。一般照明也叫全面照明，按照 GB 50034—1992《工业企业照明设计标准》的解释，是指不考虑特殊局部的需要，为照亮整个假定工作面而设置的照明。

(2) 局部照明。局部照明是指增加某一指定地点的照度而设置的照明。一般来讲，对工作面照度要求不超过 30～40lx 时，可不必采用局部照明。

(3) 结合照明。结合照明是指由一般照明和局部照明共同构成的照明，其比例以 1∶5 为好。

(4) 特殊照明。特殊照明是指用于特殊用途、特殊效果的各种照明方式。

3. 光源选择

室内天然采光是通过天窗和侧窗接受户外的光线。作为光源，自然光（阳光及天空光）是最理想的。但是天然采光会受到时间、季节和条件的影响，因此在作业环境内常常要用人工照明作为补充光源。

人工照明可使工作场所保持稳定光量。常用的人工光源可分为白炽灯和荧光灯两大类。

(1) 白炽灯。白炽灯发出的光以红、黄两色光为主，因其可改变物体自然色，故不适合颜色分辨要求很高的场合。

(2) 荧光灯。荧光灯是较为接近自然光的一种人工光源，其光谱近似阳光、发热量小、发光面大，可使视野的照度均匀，采光效果较白炽灯高 3～4 倍，因而经济性好。但是荧光灯发光时会产生与交流电频率相同的闪烁。由于闪光频率高于眼睛的闪光融合频率，故人并不都能感觉到闪光。另外，旧的或者质量不好的荧光灯还会产生可见的闪光，在灯管两端尤为严重。当安装辅助元件或者同时使用两个以上的荧光灯，则可减弱闪光现象，使光强变化减小。任何作业只要时间较长，就不宜使用单根荧光灯进行照明。

4. 眩光

1) 眩光的影响

物体表面产生刺眼和耀眼的强烈光线称为眩光，眩光的影响有以下几点：

（1）使眼睛的瞳孔直径减小，在视野内亮度不变的条件下降低了视网膜上的照度。

（2）眩光在眼球媒质内散射，减弱了被看对象与背景间的对比。

（3）视觉细胞受高亮光源的刺激，使大脑皮层细胞产生相互作用，因而使对象的观察模糊。

2）防止和减轻眩光的主要措施

有研究表明，做精细工作时，眩光在 20min 之内就会使差错明显增加，工效显著降低。为了防止和减轻眩光对作业的不利影响，应采取的主要措施有：

（1）限制光源亮度。当光源亮度大于 $1.6 \times 10^5 cd/m$ 时，无论亮度对比如何，都会产生严重的眩光。如普通白炽灯丝亮度达到 $3.0 \times 10^5 cd/m$ 以上，应考虑用氟酸进行化学处理，使玻壳内表面变成磨砂，或在玻壳内表面涂以白色无机粉末，以提高光的漫射性能，使灯光柔和。

（2）合理分布光源。尽可能将光源布置在视线外的微弱激区。例如，采用适当的悬挂高度使光源在视线 45°以上时，眩光就不明显了。还可采用不透明材料将光源挡住，使灯罩边沿至灯丝连线和水平线构成一定保护角，此角度以 45°为宜，至少应不小于 30°。

（3）改变光源或工作面的位置。对于反射眩光，通过改变光源与工作面的相对位置，使反射眩光不处于视线内，或在可能的条件下，改变反射物表面的材质或涂料，降低反射系数，以求避免反射眩光。

（4）合理的照度。要取得合理的照度，需进行照度计算。根据所需要的照度值及其他已知条件（如照明装置形式及布置、房间各个面的反射条件及照明灯具污染等情况）来确定光源的容量或数量。在可能的条件下，适当提高照明亮度，减少亮度对比。

5．作业场所的光照要求

照明要符合人的要求，达到眼睛感觉舒服和视觉效果优良，必须保证照度适宜、光源布局合理、无闪光、不产生目眩等要求。

（1）光的数量。光的数量就是指在作业面及其周围光的照度。不同的视看对象要求不同的照度，而在同一条件下，照度值越高越好。

（2）照明的均匀性。视觉是否舒服愉快在很大程度上取决于照明的均匀性，即在视野内大面积的亮度对比和其分布于视野的情况。照明的均匀性主要从灯具的布置上来解决。对于一般作业，当有效工作面大体为 30cm×40cm 的范围时，其照度的差异应不大于 30%。

（3）照明的稳定性。照明的稳定性指照度保持标准的一定值，不产生波动，光源不产生闪烁频闪效应。

（4）光色效果。光源的光色包括色表和显色性。

（5）亮度分布。照明环境不但要使人能看清对象，而且要给人以舒适的感觉。在视野内存在不同亮度，即亮度有差异时就有反差存在。

（三）照明标准

中国的照度标准是采用间接法制定的，即从保证一定的视觉功能来选择最低照度值，同时进行了大量的调查、实测，并且考虑了当前的电力生产和消费水平；而直接法则主要是根据劳动生产率及单位产品成本来选择照度标准。表 4-7 列出了中国工厂的照度标准。

表 4-7 工厂的照度标准   单位：lx

作业各类	作业举例	综合照明		只用一般照明
		局部照明	一般照明	
超精密	超精密机械操作、超精密检查、半导体微型件装配、精密雕刻	5000~1000	100~50	—
精密	精密机械操作、金属检验、排字、电视机等小型产品装配、暗色布检查、裁缝	100~300	80~40	—
	汽车装配修理、暗色物纺织、精密油漆作业	—	—	200~100
普通	机械加工，铸工造型、明色布检查、裁缝、控制盘	300~100	60~30	—
	金属热处理、造纸、化工、喷绘、明色物纺织	—	—	100~50
粗	粗木工、钣金、印刷	100~50	40~20	—
	金属冶炼、铸造、化工炉	—	—	50~20

二、温度环境

作业区的温度环境是决定人的作业效能和健康的重要影响因素。人所处的温度环境主要包括空气的温度、湿度、气流速度（风速）和热辐射四种物理因素，一般又称微小气候。在作业过程中，不适当的气候条件会直接影响人的工作情绪、疲劳程度与健康，从而使工作效率降低，造成工作失误和发生事故。

（一）温度环境对人体的影响

当气温低于 20℃时，人一般不出汗。随着气温的增高，出汗量逐渐增加，这时温度的影响也越来越大。

1. 空气温度对人体的影响

1）高温对人体的影响

（1）循环系统在体温调节方面起重要作用。

（2）人体在高温下，体内血液重新分配，引起消化道相对贫血。

（3）温热环境对中枢神经系统具有抑制作用。

2）低温对人体的影响

人体在低温下，皮肤、血管收缩，体表温度降低，使辐射和对流散热达到最小的程度。

根据有关测定，气温在 15~21℃时是温度环境的舒适区段。一般认为 20℃左右是最佳的工作温度；25℃以上时，人体状况开始恶化（如皮肤温度开始升高，接着出汗、体力下降，心血管和消化系统发生变化）；30℃左右时心理状态开始恶化（如开始烦闷、心慌意乱）；50℃的环境，人体只能承受 1h 左右。

2. 相对湿度对人体的影响

相对湿度对人体的热平衡和温热感有重大的作用，特别是在高温或低温的条件下，高湿对人体的作用就更为明显。在一般情况下，当房间内的温度为恒温时，相对湿度为 40％～50％时才比较舒服。若相对湿度低于 30％，就会损害鼻腔和咽喉的黏液膜，对健康极为不利。

3. 气流速度（风速）对人体的影响

空气的流动可促使人体散热，这在炎热的夏天则可使人感到舒适。但当气温高于人体皮肤温度时，空气流动的结果是促使人体从外界环境吸收更多的热，这对人体热平衡往往产生不良影响。在寒冷的冬季，则气流使人感到更加寒冷，特别是在低温高湿环境中，如果气流速度大，则会因为人体散热过多而引起冻伤。在热环境中还有一个重要的特征，就是空气的新鲜感。

4. 热辐射对人体的影响

当物体温度高于人体皮肤温度时，热量从物体向人体辐射而使人体受热，这种辐射一般称为正辐射。反之，当热量从人体向物体辐射，使人体散热，这种辐射称为负辐射。人体对负辐射的反射性调节不很灵敏，往往一时感觉不到，因此在寒冷季节容易因负辐射丧失大量热而受凉，产生感冒等症状。

（二）改善高、低温作业环境的方法

1. 高温作业环境

作业者在高温环境中的反应及耐受时间受气温、湿度、气流速度、热辐射、作业负荷、衣服的热阻值等几个因素的影响。高温作业应该对产生工艺和技术、保健措施、生产组织措施等几个方面的环境进行改善。

1）生产工艺和技术措施

（1）合理设计生产工艺过程。

（2）屏蔽热源。

（3）降低湿度。

（4）增加气流速度。

2）保健措施

（1）合理供给饮料和补充营养。

（2）合理使用劳保用品。

（3）进行职业适应性检查。

3）生产组织措施

（1）合理安排工作负荷。

（2）合理安排休息场所。

（3）促使其职业适应。

2. 低温作业环境

低温作业环境应从以下几个方面加以改善：

（1）做好采暖和保暖工作。应按照《工业企业设计卫生标准》和《工业企业采暖、通风和空气调节设计规范》的规定，设置必要的采暖设备。

（2）提高工作负荷。

（3）做好个体保护。

（4）采用热辐射取暖。

三、色彩环境

颜色是物体的一个属性，人们通过颜色视觉能从外界获得各种不同的信息。因此，颜色在人类生产和生活中具有重要意义。大量实践证明，颜色不是可有可无的装饰，而是一种可以利用的管理手段。若工作场所具有良好的色彩环境，则可以得到以下效果：

（1）增加明亮程度、提高照明效果。

（2）标志明确、识别迅速、便于管理。

（3）使注意力集中、减少差错和事故、提高工作质量。

（4）舒适愉快、减少疲劳。

（5）环境整洁、层次分明、明朗美观。

（一）颜色对人的影响

颜色可以引起人的情绪反应，也影响人的行为。产生这种反应的原因一是人的先天因素，二是个体过去经验的潜意识作用。

1. 颜色对生理的影响

每种颜色都具有特殊的心理作用，虽然个体之间的感觉存在着差异，但某些感觉特征却是一致的。

颜色的生理作用主要表现在对视觉工作能力和视觉疲劳的影响。颜色的生理作用还表明，眼睛对不同颜色光具有不同的敏感性。

颜色对人体其他机能和生理过程也有影响。

2. 颜色对心理的影响

颜色有以下心理作用：

（1）冷暖感。

（2）兴奋和抑制感。暖色系的色都给人以兴奋感，冷色系的色都给人以沉静感，而且这种感觉与色调、明度、彩度三要素都有关系，尤其以彩度影响最大。

（3）前进后退感。几种颜色在同一位置时，有的感到近些，有前进感；有的感到远些，有后退感。

（4）轻重感。色彩给人们心理感情上带来的轻重感也是常见的。色的这种重量感主要由明度来决定。一般明度高的感觉轻，明度低的感觉重。

（5）轻松和压抑感。颜色的明度会影响人的情绪。

（6）软硬感。有的颜色给人以柔软感，有的则给人以坚固感。

（二）色彩与工效

色彩的心理、生理作用和习惯好恶造成色彩对工效和情绪的特殊作用。色彩可用来预防生产事故。规定某种颜色指示某种危险情境，使人对危险的反应成为"自动"的行为，这就是颜色在作业区的重要编码功能。所采用的这些颜色,又可称为安全色。GB 2893—2008《安全色》规定了传递安全信息的颜色(不包括灯光、荧光颜色和航海、内河航运所用颜色),常用表达安全信息含义的颜色如下:

(1)红色表示危险、暂停、停止、禁止。红色也是指示火警和火警系统的规定用色。

(2)黄色表示小心、注意,为了醒目也常与黑色一起作用。黄色与黑色是起警告作用的颜色。

(3)绿色表示提示、安全、正常、通行。

(4)蓝色主要用来表示必须遵守的规定。

安全标志应按 GB 2894—2008《安全标志及其使用导则》规定采用。

颜色也可用于编制地址码,可根据各工作场所的内在特点涂上不同颜色,以便服务人员能尽快找到。表4-8是某些管道的色彩标志。

表4-8 某些管道的色彩标志

种 类	色 彩	标 准 色	种 类	色 彩	标 准 色
水	青	2.5PB5/6	酸或碱	灰紫	2.5P5/5
气	深红	2.5R3/6	油	深橙	7.5YR5/6
空气	白	N9.5	电气	浅橙	2.5TR9/6
氧	蓝	—	真空	灰	—
煤气	黄	2.5Y8/12			

注:表中字母表示不同颜色。

必须注意的是,如果在作业区内使用的颜色太多、太乱,尤其是醒目的颜色也如此的话,将使作业区显得不安宁,而且容易分散人的注意力。对于教室、饭店、住房等场所,一般要求只有3~5处醒目的颜色即可。对于出入厅、走廊、仓库、洗手间等短时间使用的地点,颜色可以刺激一些。

(三)颜色调节

根据颜色的效果,合理地选用颜色,适当组合颜色的三种属性,在工作场所构成一个良好的颜色环境,称为颜色调节。正确的颜色调节可以得到如下效果:

(1)增加明度,提高照明设备的利用效果。

(2)提高对象物的生理、心理上的效果,使其含义明确,容易识别、容易管理。

(3)使注意力集中,减少差错、事故和消耗,提高工作质量和工作效率。

(4)发挥颜色对人心理和生理的作用,使人精神愉快、减少疲劳。

(5)改善劳动条件,使环境整洁,有美感。

四、其他环境

(一)有毒环境

1. 有毒环境的卫生标准

中国于2002年颁布了《工业企业设计卫生标准》(GBZ 1—2010),该标准规定了车间空气中有毒气体、蒸汽及粉尘等共 120 种有毒物质的最高允许浓度。

2. 有毒环境的防治

(1) 选择无硫或低硫燃料，或采用预处理法去硫。改善燃料方法，使燃料充分燃烧，减少一氧化碳和氮氧化合物。

(2) 排烟净化。从排烟中除去 SiO_2 和 NO_x。

(3) 控制交通废气。改进发动机的燃烧设计，采取废气过滤等措施。

(4) 减少毒源。尽量采用低毒或无毒的原材料。

(5) 降低作业场所毒物浓度，如矿井采矿场应加强通风、实行湿式凿岩等。

(6) 改革工艺，使生产过程机械化、自动化。实现设备、管道或加工环节的密闭化，防止跑、冒、滴、漏，使毒源与操作者隔开。

(7) 对废气、废水、废渣在排放前要先行处理或回收，最好能综合利用，变废为宝。

(8) 加强个体防护。如用防毒面具、胶靴、手套、防护眼镜、耳塞、工作帽，或在皮肤暴露部位涂以防护油膏。

(9) 包装及容器要有一定的强度，经得起运输过程中正常的冲撞、振动、挤压和摩擦，以防毒物外泄，封口要严，且不易松脱。

(10) 厂房要合理布局、加强绿化。据测定，$10m^2$ 的林木，一天约吸收 1kg 二氧化碳，放出 0.7kg 氧气；$1km^2$ 柳杉树，每年可吸收 720kg 二氧化硫。刺槐每平方米叶面可滞尘 6g 多，榆树滞尘高达 $20g/km^2$ 等。

3. 防尘途径

上面介绍了一些防尘的有效方法，不另赘述。此外，还可设置高效除尘、除毒装置以及实行遥控操作。

(二) 振动与噪声环境

1. 振动环境

1) 振动环境设计的标准

作为全身振动的暴露标准，国际标准化组织制定了 ISO 2631 标准，以此评价全身振动允许界限。中国家照《人体全身振动暴露的评价——第一部分：通用要求》（ISO 2631/1—1985），制定了《人体全身振动暴露的舒适性降低界限和评价准则》（GB/T 13442—92）。

2) 振动的控制

在很多情况下，振动是不能全部消除或避免的，对振动的主要防护主要是如何减少和避免振动对作业者的损害，采取的主要措施有：

(1) 改进作业工具，对工具的重量、振动频率、振动幅度进行改进和限制。

(2) 人员轮流作业。

(3) 采用合理的防护用品，采用防振垫等。

(4) 定期体检，做好振动病的早期防治工作。

2. 噪声环境

噪声是普遍存在的，要想把噪声完全消除或隔开是做不到的，也是没有必要的。但是对噪声一定要进行控制，不能任其泛滥。对噪声的控制，可采取以下措施：

1）控制声源

（1）降低机械噪声。

①改进机械产品的设计，方法有两种：一是选用产生噪声小的材料；二是合理设计传动装置。

②改善生产工艺。

（2）降低空气动力性噪声。

2）控制噪声的传播

（1）全面考虑工厂的总体布局。

（2）调整声源指向，将声源出口指向天空或野外。

（3）利用天然地形。

（4）采用吸声材料和吸声结构。

（5）采用隔声和声屏装置。

3）适当调整

调整班次、增加休息次数、轮换作业等也是很好的防护方法。

4）加强个体防护

当其他措施不成熟或达不到听力保护标准时，使用耳塞、耳套等方式进行个体保护是一种经济、有效的方法。

在噪声环境中使用耳塞对语言通信能力有特殊作用，并不是想象的那样，耳塞对声音仅起一种阻碍作用。在低于85dB（A）的低噪声区，耳塞或耳套使人耳对噪声及语言的听觉能力同时下降，所以戴耳塞或耳套更不易听到对方的谈话内容；在高于85dB（A）的高噪声区，使用耳塞或耳套可以降低人耳受到的高噪声负荷，而有利于听清对方的谈话内容。

5）进行安全卫生教育

广泛进行职业安全卫生教育，使职工了解噪声的危害和防治的意义，并了解和掌握如何防止噪声的方法。

6）音乐调节

利用听觉掩蔽效应，在工作场所创造良好的音乐环境，以掩蔽噪声，缓解噪声对人心理的影响，使作业者减少不必要的精神紧张，推迟疲劳的出现，相对提高工作效率。

（三）电离辐射作业环境

减少对人体的外照射剂量，尽量缩短照射时间，尽可能距放射源远一些，射线较强时要用屏蔽材料，使人员与放射源隔离。

要严格遵守操作规程，养成良好的卫生习惯，防止放射性物质进入人体形成内照射。

对操作放射性物质的场所要经常测量外照射剂量和空气中、工作面上的放射性强度，超过国家标准的应立即停止工作，采取有效措施进行清理，直至达到国家标准。

严格按照标准规定使用防护用品，做好就业前和定期的身体检查。

（四）非电离辐射作业环境

（1）射频辐射。用铁、铝、铜等金属屏蔽场源；使操作者的作业与休息地、场源尽量远；敷设吸收材料层，吸收辐射能量；穿戴微波防护服等个体防护用品。

（2）红外线辐射。防护措施主要有：接触红外线辐射的操纵者戴护目镜；采用隔热保湿层、反射性屏蔽、吸收性屏蔽及穿戴隔热服。

（3）紫外线辐射。使用防护屏蔽和保护眼睛、皮肤的个体防护用品，使电焊作业地点隔离或单设房间，以防其他人受紫外线照射。

（4）激光。可采用工业电视、安全观察孔监视的隔离操作，整体光束通路应完全隔离，必要时设置密闭防护罩；严禁用眼直观激光束；作业场所地面、墙壁、天花板、门窗、工作台采用暗色不反光材料和毛玻璃；穿戴防护服和防护镜等措施。

第七节 人机系统的检查与评价

所谓系统，即相互关联的各个部分的集合。一个完整的系统中，有的是只有两三个部分构成的简单系统；也有复杂的巨大系统，它由许多部分或子系统构成。安全人机系统主要包括人、机、环境三部分。因为任何机器都必须有人操作，并都处于各种特定的环境下工作，人、机、环境是相互关联而存在的。本节重点介绍人机系统检查与评价。

一、人机系统的检查

人机系统是否符合人机学设计要求，可以用核查表进行检查。虽然这种方法并不完美，但比较简单。

（一）国际人机学会方案

国际人机学会（IEA）为了对构成作业的各种因素、作业者的能力、作业对人的心理和生理反应等进行核查，提出了人机学分析核查表，它的内容包括以下六大部分：

（1）作业空间。

（2）作业方法。

（3）环境。

（4）作业组织。

（5）机能负担和综合负担。

（6）系统效率。

其中一般项目共计135项，特殊、细节项目共计188项，各项目具体内容此处省略。

（二）日本人机学会方案

日本人机学会研究了国际人机学会的方案，认为其中有许多不够妥当的地方，于是又另行制定了人机学核查表。全文共分九大部分，内容繁多，现摘录如下。

1. 前文

（1）作业过程名称、目的，作业者的主要任务。

（2）全部作业人员数、同时作业人员数、作业人员的性别年龄。

2. 作业空间

（1）尽量使作业人员避免不必要的步行或升降移动。

（2）避免长时间站立。

（3）不频繁出现前屈姿势。

（4）作业有足够空间采取满意的姿势。

（5）有足够的空间变换姿势。

（6）地面尽量平整，没有凹凸的地方。

（7）地面的硬度、弹性适当。

（8）不必要始终站立的作业应放置椅子或其他支持物。

（9）必要时设置脚垫。

（10）出入口有适当高度和宽度。

（11）升降设备充分宽敞。

（12）作业面高度与姿势相适应。

（13）作业人员衣着适合作业地点的温度。

3. 操作具

（1）需要快速、准确地操作，利用手操作。

（2）操作具放置在手能摸到的范围内。

（3）操作具按系统分类。

（4）紧急用的操作具，除了必须配备以外，还要在形状、大小、颜色上能够容易识别。

（5）手操作的前后、左右、上下方向与机械动作的方向一致。

（6）需要敏捷及频度大的操作，可利用按钮。

（7）原则上双手都被占用的时候才能用脚操作。

（8）避免站着进行脚踏作业。

4. 信息源

（1）对作业操作上的必要信息，应不过多也不过少。

（2）为判别视觉对象及进行作业，作业面的照度应达到照明标准要求。

（3）警告指示灯置于引人注目的地方。

（4）操作的手不妨碍观察仪器表盘。

（5）标志简单明了。

（6）动作联络信号标准化。

（7）噪声不妨碍作业必要的对话。

（8）必要时，触摸一下操作具的形状和大小就可以将它们区别开来。

（9）除了紧急危险信号外，避免有令人不快的气味。

5. 作业方法

（1）对必要的动作有足够的空间。

（2）只有必要时才用人力移动物件。

（3）不同的信息尽量避免在同一地方显示。

（4）每个作业人员对控制盘的担当范围要适宜。

（5）作业人员错误接受信号的结果，应能立即觉察到。

（6）作业中有自己的自然休息时间。

（7）共同的作业分工明确，互相联络良好。

（8）按规定设置非常出口，并标志清楚。

6. 环境因素

（1）气温适宜、作业舒适。

（2）整体照明与局部照明对比适当。

（3）对噪声有隔声、消声等有效措施。

（4）振动工具的振动不妨害作业。

（5）尽量抑制粉尘飞扬。

（6）作业者不受放射线照射。

（7）采取适当手段使有害物质不伤害皮肤。

（8）有防范风、水害、雷击、地震等自然灾害的设施。

（9）妥善地维护和管理保护用具。

7. 作业组织

（1）作业者担当的工序及一天的作业量要适当。

（2）在同一工程中，不使一部分人的作业负担偏重。

（3）进行医学检查，不安排医学上不适于作业的人工作。

（4）没有反复频繁做同一作业而负担过重的人。

（5）充分保证包括用餐在内的休息时间。

（6）不连续数天深夜工作。

（7）遵守妇女、少年就业限制的有关规定。

（8）明确发生灾害时的救急体制和必要措施。

（9）定期进行环境检测。

8. 作业者的综合负担

（1）作业未促使呼吸困难和呼吸不适。

（2）一个工作日的能量代谢率不过大。

（3）不过分要求持续紧张，以免成为痛苦和失误的原因。

（4）工作的单调性不会造成痛苦。

（5）作业内容、作业方法不会影响人的身体健康。

（6）对作业的不适应不会成为人的安全、健康方面的问题。

（7）疾病和缺勤的统计应运用于卫生管理上。

（8）在作业负担规定中，应特别照顾身体有缺陷的人。

9. 综合检查

（1）有计划地维修机械设备，使机械设备故障很少出现。

（2）作业者之间的联络应良好，不至成为重大祸因。

（3）尽量考虑即使突然发生事故，作业者也不会继续酿成重大事故。

（4）为了能够充分应付紧急事态，应进行必要的训练。

（5）随着作业时间的变化，应能改变作业的流程和人员配备。

（6）作业操作的频度及持续时间，应不超过作业的流程和人员的操作能力。

以上是日本人机学会的人机学核查表梗概。对照核查表核查人—机械—环境系统时，只要求回答"是"、"否"或"不适用"三种情况。这个核查表要求先核查第 2～8 部分，再核查第 9 部分，然后返回来从头讨论并进行综合评定。人机学核查表能发现人—机械—环境系统中存在的问题，从而掌握要改进的内容及其要素，因此值得借鉴。

二、人机系统评价

人机系统评价可从六个方面进行。

（1）作业效能的改善。合理的分配作业、正确的机器设计、良好的环境都会直接改善操作者的作业效能。

（2）降低培训费。良好的人机匹配设计和作业程序设计会降低操作者达到作业标准所需要的培训费用和时间。

（3）改善人力资源的利用率。良好的作业程序和工具设计可以降低对操作者特殊能力和专项技能的要求，因此使更好地利用人力资源成为可能。通常可利用人力资源的百分数作为评价人机系统设计的因素之一。

（4）减少事故和人为错误。人机系统分析和设计包括人为错误的分析，是从设计上减少事故和人为错误的可能性的方法之一。

（5）提高生产效率。人机系统效率的提高会提高生产效率。

（6）提高使用者的满意度。使用者的心理压力与系统设计直接相关。对抗性的人机关系、低效率的作业会造成心理上的挫折情绪，从而降低人机系统的效能。良好的人机关系可以提高作业效率，产生满意心理。

第八节　安全人机工程学的应用

人机工程学作为一个工作应用学科，基本研究对象是人的工作，常常是针对具体的现实问题。其中许多原理认识之后常常显得非常浅显，而认识之前又常常难以发现或被忽视，最常见的如青少年的学习姿势不当会导致近视眼。为了防止写字时驼背和近视眼，人们曾设计出各种姿势纠正器具来限制弓腰，使学生写字时保持直坐姿势。这些器具未必使学生满意，问题的关键是人的眼睛是向前长在脸上的，适合于正面观察，而看书和写字要求面部向下倾斜，这时要挺直脊柱，必然导致颈部弯曲角度加大。如果又要挺胸又要直颈，就只好颈部使劲向下。实际上，在作业中自然形成的适度的驼背姿势，把这个角度的扭曲角由脊柱、颈部和眼睛来共同分担，可能是更适合人的生理特性的姿势。这个问题合理的解决办法是让桌面具有适当的斜度，另外座椅应该设计为具有瀑布形的前缘，所以相应的桌椅设计是最重要的。

类似的问题如大客车座椅或者老板椅的靠背上部都有一道鼓起来的凸包。从设计上来说，这道凸包本来是用来垫靠颈部的凹处，使人的头颈更舒服的。而对于大多数中国人来说，这个凸包常常是顶在后脑勺，使得当身体后靠在椅背上时，不得不稍稍低头。这是因为这些座椅的设计是从国外引进，而生产者在尺寸上完全照搬。由于中国人的身材较西方人小，就成为现在这样的结果。

本节将以实践为基础，重点介绍人机工程学的应用方向和运用前景。

一、办公室的安全人机工程学

办公室安全人机工程研究的主要问题是在办公室的活动流向、环境条件、工作区域布局、空间分隔与联系、人员设备用具、人与人的活动交流等方面，分析研究其中的人机关系，除达到提高办公效率、准确性和加强办公管理外，还必须保障办公室人员的健康、舒适等，并通过这一研究为办公室的设计提供新的理论和方法。

智能建筑是社会信息化与经济国际化的必然产物，是适应经济发展和改善生活条件的必然产物。智能建筑通过对建筑环境结构，智能化系统，住、用户需求服务和物业运营管理四个基本要素进行合理组合，提供一个投资合理的，具有高效、舒适、安全、方便环境的建筑物，是人们理想的办公场所。

（一）智能建筑的组成和功能

智能建筑通常具有四大主要特征，即建筑自动化（Building Automation，缩写 BA）、通信自动化（Communication Automation，缩写 CA）、办公自动化（Office Automation，缩写 OA）、布线综合化，合称为"3A"。其系统组成和功能如下：

（1）系统集成中心（System Integrated Center，缩写 SIC）。SIC 通过建筑物综合布线与各种终端设备、传感器连接，"感知"建筑内各个空间的"信息"，并通过计算机处理给出相应的对策，再通过通信终端或控制终端给出相应的反应，使大楼具有某种"智能"。

（2）综合布线（Generic Cabling，缩写 GC）。GC 是由线缆及相关连接硬件组成的信息传递通道，是连接"3A"系统各类信息必备的基础设施。

（3）办公自动化系统（OAS）。OAS 是把计算机技术、通信技术、系统科学及行为科学应用于传统的数据处理技术所难以处理的、数量庞大且结构不明确的业务中。以微机为中心，采用传真机、复印机、打印机、电子邮件等一系列现代办公及通信设施，全面而又广泛地收集、整理、加工、使用信息，为科学管理和科学决策提供服务。

（4）通信自动化系统（CAS）。CAS 能调整进行智能建筑内各种图像、文字、语音及数据之间的通信。它同时与外部通信网络相连，交流信息。

（5）建筑物自动化系统（BAS）。BAS 是以中央计算机为核心，对建筑物内的设备运行状况进行实时控制和管理，提供给人们一个安全、健康、舒适、温馨的生活环境与高效的工作环境，并能保证系统运行的经济性和管理智能化。

（二）智能建筑的优点

进入信息时代以后，人们的脑力劳动急剧增加，相当多的人长期生活、学习和工作在大厦中，办公室变成第二个"家"。因而，对办公环境与物质文明的追求达到了空前的程度。智能建筑有以下几个优点：

（1）创造了安全、健康、舒适宜人和能提高工效的办公环境。

（2）节能。以现代化的商厦为例，其空调与照明系统的能耗很大，约占大厦总能耗的

70%。在满足使用者对环境要求用电的前提下，智能大厦主要通过其"智慧"，尽可能利用自然光和大气的冷或热来调节室内温度，最大限度减少能源消耗。

（3）能满足多种用户对不同环境功能的要求。

（4）拥有现代化的通信手段与办公条件。

二、产品人性设计中的安全人机工程学

（一）人性设计的概念与目的

所谓人性设计，主要是指新产品的设计处处为消费者着想，注重安全、耐用、方便、舒适、美观和经济等功能。

（二）人性设计的具体要求

（1）产品的安全性能。产品的安全性能关系到千家万户和每个使用者，贯穿于人们的生存、生活、生产的所有时间和空间。安全是人们生存和发展最基本的需要之一。随着生产技术的发展，同时也发展了对人类进行自我保护的安全措施。

（2）产品的可靠性。可靠性是指产品在规定的条件下和规定的时间内完成规定功能的能力，是产品抵抗外部条件影响而保持完好的能力，是产品质量时间性的指标。

（3）产品的"舒适"效应。所谓舒适效应，是指人在使用产品时有得心应手、称心如意的感觉。

（4）产品的内实。所谓产品的内实，是指产品的实用质量，这是产品质量的基础，任何产品都应结实可靠、经欠耐用，结构简单轻巧、线条明确醒目，控制装置优良、显示装置清晰。

（5）产品的"外美"。所谓"外美"，是指产品的外观，包括形体、色彩、表面质感及装饰等综合整体给人的表象。

第五章 安全心理学

第一节 概　　述

一、安全心理学简介

心理学（psychology）是研究人和动物心理现象发生、发展和活动规律的一门科学。心理学既研究动物的心理（研究动物心理主要是为了深层次地了解、预测人的心理的发生、发展的规律），也研究人的心理，而以人的心理现象为主要的研究对象。总而言之，心理学是研究心理现象和心理规律的科学。

安全心理学就是以生产劳动中的人为对象，研究劳动中意外事故发生的心理规律并为防止事故发生提供科学依据的工业心理学领域，安全相关因素见图 5-1。

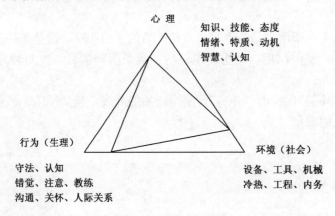

图 5-1 安全相关因素

人是生产力中最活跃的因素，在导致事故发生的种种原因中，人的不安全因素是一种很重要的原因。要想搞好安全生产，防止事故发生，必须及时矫正各种影响安全的不良心理、纠正各种违章行为。这就要求我们研究并运用安全心理学、探索人的安全心理，从而减少人的不安全因素。

安全心理学是研究人在劳动过程中伴随生产工具、机器设备、工作环境、作业人员之间关系而产生的安全需要、安全意识及其反应行动等心理活动的一门科学，研究劳动中意外事故发生的心理规律并为防止事故发生提供科学依据的工业心理学领域。

二、安全心理学研究与应用的领域

安全心理学主要的研究内容有：

（1）外事故的人的因素的分析，如疲劳、情绪波动、注意力分散、判断错误、人事关系等对事故发生的影响。

（2）工伤事故肇事者的特性研究，如智力、年龄、性别、工作经验、情绪状态、个性、身体条件等与事故发生率关系的研究。

（3）防止意外事故的心理学对策，如从业人员的选拔（即职业适宜性检查），机器的设计要符合工程心理学要求，开展安全教育和安全宣传以及培养安全观念和安全意识等。

安全心理学无疑能帮助人们更科学地了解人的生理和心理因素在人类活动过程中的作用，通过研究、分析人的行为，揭示人的心理活动规律，科学解释、预测和调控人的行为，最终减少或消除生产安全事故，从而降低人为因素所造成的安全事故率。

安全心理学在工业安全领域有以下研究与应用：

（1）意外事故的人的因素的分析。

（2）工伤事故肇事者的特性研究。

（3）防止意外事故的心理学对策。

第二节 作业行为的神经与心理机制

一、生产作业中的生理心理活动

工人在操作活动中不断接受关于机器工作状况、周围环境和加工物件等各种变化信息，根据这些信息，劳动者调节自己的活动以保持有效的劳动。

操作过程中，外界的许多不利条件和劳动者的个体不良状态都可以影响工作能力的稳定性和工作效率，如果不良状态超过一定限度，就会造成感觉系统机能障碍，甚至导致事故发生。

（一）各种感觉在劳动中的不同用途

视觉：在操作活动中感受操作环境中各种客体的形态。视觉通道最为重要，它接受90％以上的外界信息。

听觉、运动觉和皮肤感觉：在操作活动中感受操作环境中各种客体的声音、温度及振动和肌肉运动，接受10％左右的信息。

嗅觉、味觉：一般在操作活动中作用较少。

（二）各种认识过程在操作活动中的作用

记忆过程和思维过程对操作活动的顺利进行有着极其重要的作用。因为劳动者在操作活动中通过感官接受各种信息，并根据记忆中有关的知识和经验，在感觉和知觉表象材料的基础上进行分析综合、抽象概括，从而做出正确的判断，产生有效的操作行为。同时积极的思维不仅能使操作者尽快掌握技术，正确处理生产中出现的各种复杂情况，还能使劳动者深入了解或发现与劳动有关的各种事物的内在规律，或创造性地实行革新。

（三）注意力在操作活动中的作用

操作活动中，工人必须把注意力集中在某种机器上，使周围整个环境的某一部分在头脑中比其余部分反映得更加明显与清楚；而对那些与人的意识指向无关的部分，则反映得模糊而不清楚。

因此，劳动者在操作活动中有目的、有方向的有意注意是提高产量、保证作业质量的重要因素，也是防止发生事故的有效途径。

（四）坚强的意志品质在操作活动中的作用

劳动者在工作中要有目的、有计划地主动作用于外部环境，要自觉地调节自己的行为。不仅要克服来自外部条件的障碍，还要克服来自内部条件的困难。因此，劳动者必须具备坚强的意志品质，才能达到预期的目标。

（五）对操作活动的兴趣和工作动机

我们经常可以看到，那些热爱自己工作岗位、对自己的本职工作有直接兴趣，能保持高度工作热情的工人往往具有一种追求达到预定目标的强大内部动力。他们能精力集中地坚持长时间的工作，创造出惊人的成绩，但并没有感到过度疲劳。而那些对工作缺乏兴趣、动机水平很低的工人，即使没干多少活，也常感到疲乏无力（疲劳与疲乏的区别：前者是生理上的，后者更多的是精神上的）。

二、生产劳动中的生理心理活动

（一）劳动中的主要生理活动——骨骼肌肉运动

（1）人自出生之日起到生命结束为止，其体力、情绪、智力始终呈现着周期性变化。

（2）周期变化呈正弦波形，每个正弦周期的长短分别是：

体力：23 天一周期；

情绪：28 天一周期；

智力：33 天一周期。

（3）每个正弦周期又可分为高潮期、低潮期和临界期（又叫危险期）。高潮期时，人体力充沛、情绪高昂、头脑清醒、思维敏捷。低潮期和临界期时，人疲劳烦燥、情绪低落、注意力不集中、反应迟钝，理解和思考问题的能力降低，极易发生事故。

由于人的生物节律受身体内外条件影响很大，三条曲线衡量标准各不相同，所以当前应用时还无法考虑曲线振幅和形状的变化。

生物节律理论最适合在注意力高度集中、操作精细和危险性较大的行业和工种中应用，如交通运输、建筑、高空作业。特别是这些行业中的司机、电工、架子工等工种。

计算方法：

例如，某被观察者 1952 年 4 月 25 日出生；

观察其 1987 年 10 月 29 日的三条曲线：

1987 年其周岁为 35 岁；

35 年中因闰年增加的天数为：$35 \div 4 = 8$；

满周岁至观察间（4.25—10.29）的天数为：187 天；

生存的总天数为：$(365 \times 35) + 187 + 8 = 12970$（天）；

已变化过的周期数和最近一周期的节律值：

体力：12970÷23＝563（21）；

情绪：12970÷28＝463（6）；

智力：12970÷33＝393（1）；

从三条曲线（图 5-2）可看出，此人在 1987.10.29 这天的状况是：

情绪曲线：高潮期；

体力曲线：低潮期，接近临界期；

智力曲线：临界期。

在安全管理中此五种组合是很重要的，它强调了情绪曲线和各曲线上的临界期及低潮期的重要性。许多实例证明，在发生事故那天，直接当事人多数有一条曲线处于临界期。

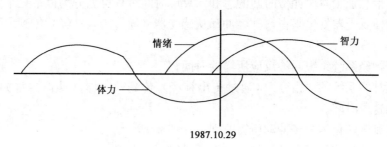

1987.10.29

图 5-2　1987 年 10 月 29 日的三条曲线

（二）中枢神经系统的活动——兴奋与抑制过程

大脑皮质是中枢神经系统中最高的中枢，它是集中身体各部分传递的信息加以认识、记忆、判断并发出指示的地方。

肌肉的活动要靠神经系统的兴奋和抑制过程来控制。兴奋和抑制过程的相互作用使人有可能做出精细协调的活动，定位动作和协调动作是相互作用的结果。同时大脑皮层兴奋过程和抑制过程的交替也是使大脑皮层细胞得以轮流休息、减少疲劳产生与积累的一种保护机制。

皮层下中枢对人的操作活动也起着重要作用，否则小脑受伤的人活动协调就会产生困难。

三、作业活动中的信息加工处理过程

（一）信息加工过程

1. 信息加工模型

（1）信息加工模型是运用信息加工过程解释认知的一种模型。

（2）在人—机系统的特定操作过程中，人的信息加工模型如下图 5-3 所示。该模型中的每个框图代表信息加工的一种机能，简称机能模块，带箭头的线则表示信息的流动方向。

2. 信息加工处理

（1）在外界刺激（信息输入）—行为反应进程中，原始信息经历一定的转换，从感觉刺激变成一个被识别的对象，然后经过信息处理过程，最后转化为被执行的动作。其中的信息处理过程对情况的正确反应具有核心意义。

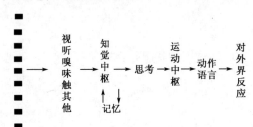

图 5-3　人的信息加工模型

（2）注意的心理资源对情况的正确反应非常重要。从感觉储存开始到反应执行各个阶段的信息加工几乎都离不开注意。

（二）信息输出与反应时间

反应时间是指从机体接受刺激到做出问答反应所需的时间。具体地说，是从刺激呈现到人做出反应之间的时间间隔，即为从感官接受信息到发生反应的各信息加工阶段耗费时间的总和。反应时间过程可划分为以下三个阶段：

（1）刺激使感受器发生兴奋，神经冲动从感受器（通过传入神经）传到大脑皮质所需的时间；

（2）中枢神经系统组织回答反应所需的时间；

（3）中枢神经系统的"指令"（通过传出神经）传到效应器（动作器官如肌肉和腺体）并发生动作的这段时间。

感受器将刺激转化为神经冲动所需时间：1～38ms；

传入神经将冲动传导至大脑等神经中枢所需时间：2～100ms；

神经中枢进行信息加工所需时间：70～300ms；

传出神经将冲动传导至肌肉所需时间：10～20ms；

肌肉潜伏期和激发肌肉收缩所需时间：30～70ms；

上述各段时间的总和为113～528ms，即为反应时间。

反应时间分为简单反应时间和选择反应时间。简单反应时间是指当单一刺激呈现时，人只需做出一个特定反应所需的时间。选择反应时间是指当两种或更多种刺激呈现时，不同的刺激要求做出不同的反应所需要的时间。通常选择反应时间要比简单反应时间长 20～200ms。

不同感觉通道的反应时间不同，见表 5-1。不同的效应器官启动反应的速度也不同；刺激的性质不同，反应时间也不同，如味觉对咸的刺激反应时间最短，对苦的刺激反应时间最长；刺激出现的时间不确定程度越大，反应时间越长；反应的复杂程度影响反应时间的长短，简单反应的反应时间较短，而选择反应的反应时间则较长；选择反应中，反应时间又随信息量的增加而延长，同时选择反应时间也随选择任务复杂程度的增加而延长。

表 5-1　不同感觉通道的反应时间

感 觉 通 道	反应时间，ms	感 觉 通 道	反应时间，ms
触觉	117～182	温觉	180～240
听觉	120～182	嗅觉	210～390
视觉	150～225	痛觉	400～1000
冷觉	150～230	味觉	308～1082

四、条件反射和行为的强化

（一）经典条件反射和操作性条件反射

1．经典条件反射

俄国的生理学家巴甫洛夫：反射有两种，即无条件反射和条件反射；前者是与生俱来的反射（刺激物与反应之间有固定的联系），有时候无条件反射又叫本能；后者是有机体在生活中学会的，只在一定条件下出现的反射。

2．操作性条件反射

斯金纳箱：这是一种适用于研究白鼠的操作条件作用的斯金纳箱，箱内有小杠杆和食盘，小杠杆与传递食物的机械装置相勾连，杠杆一被压动，就有一颗食物丸滚进食盘，饥饿的白鼠在箱内来回跑动，偶然踩压了杠杆，一粒食物就出现在盘内，于是它便吃掉；再次偶然踩压了杠杆时食物又出现了，再踩再有，多次重复后，操作条件反射就建立了起来。由于食物强化，可以看到动物此后踩压杠杆的次数会显著增加。

（二）条件反射和行为的强化

强化是指增加一种反应出现的概率的事件。

正强化：奖赏——增加所希望事件的概率；

负强化：惩罚——制止所不希望的行为。

负强化方法要慎用，它在控制行为方面是有效的，但是也会带来不利的影响，如使人的情绪紧张。因此，避免惩罚作用的方法是奖品正确反应，即加强和巩固正确的行为。

（三）行为的强化与安全生产

（1）奖惩对安全生产有相当大的作用，它能促进劳动者提高安全操作的动机，阻止其违反安全规程的行为，而且奖励与惩罚相比，奖励的积极性更大。奖励安全行为与惩罚不安全行为相结合，能产生较好的促进安全生产的效果。

（2）防止不安全行为的"自然"强化现象。不安全行为自我强化现象对安全生产是一个不利因素，这种现象往往是使克服违章行为的工作产生困难的重要原因之一。

第三节　心理过程与安全

在第一节已经简单讲述了人的心理过程是由认识过程、情感过程和意志过程组成的。在安全生产中研究人的心理过程是因为生产活动的实践为人的心理过程提供了动力源泉，为人心理活动的发展创造了必要的条件。首先，人在生产活动中，从认识各种表面现象发展到认识其内在规律性，伴随着一定的情感体验，表现出某种克服困难的意志行动。人这些心理过程的形成和发展是离不开生产实践的。其次，人在生产的实践中又通过心理活动反作用于所进行的生产活动，体现人的主观能动性，力求企业高效、安全地进行生产。再次，人们在安全生产活动中的心理过程往往受到社会历史条件的制约，在不同的社会历史发展阶段以及不同的企业自身条件，人们对安全生产认识的广度和深度也有所不同，从而制约着人们对安全生产的心理过程的发展。这些均说明人的心理过程与企业安全生产活动密切相关，这就是研究人在企业安全生产活动中的心理过程的现实意义。

一、感知觉与安全

认识过程指人在反映客观事物过程中所表现的一系列心理活动，包括感觉、知觉、思维、记忆等。最简单的认识活动是感觉（如视觉、听觉、嗅觉、触觉等），它是通过人的感觉器官对客观事物的个别属性反应，如光亮、颜色、气味、硬度等；在感觉的基础上，人对客观事物的各种属性、各个部分及其相互关系的整体反应称为知觉，如机器的外观大小等。但是，感觉和知觉（统称为感知觉）仅能使人们认识客观事物的表面现象和外部联系，人们还需要利用感知觉所获得的信息进行分析、综合等加工过程，以求认识客观事物的本质和内在规律，这就是思维。例如，人们为了安全生产、预防事故的发生，首先要对劳动生产过程中的危险予以感知，也就是要察觉危险的存在，在此基础上，通过人的大脑进行信息处理、识别危险，并判断其可能的后果，才能对危险的预兆作出反应。因此，企业预防事故的水平首先取决于人们对危险的认识水平，人对危险的认识越深刻，发生事故的可能性就越小。

但是在作业环境中，往往由于某些职业性危害的影响，可使人的感知觉机能下降。例如，不良的照明条件可使人产生视觉疲劳从而影响视觉功能。高强噪声环境可使人的听觉功能减退，从而出现误识别并导致判断错误，引起事故。

有效地利用人的感知觉特性与安全人机工程设计密切相关。例如，利用红色光波在空气中传播距离较远、易被人识别的特点，将红色作为安全色中的禁止、危险等信号。利用人能在背景条件下易于分辨知觉对象的特点，有意加大对象与背景的差别，以引起人对安全作业的注意。如在铁路与公路交叉处或城市马路的护栏上涂上一环白、一环黑的颜色，就是加大对比以利于察觉。在现代化生产中的人机系统中，显示控制系统越来越复杂，如何适应人的感知觉的基本特点和要求已受到普遍的重视，已注意到应用编码手段利于作业人员及时迅速正确地感知。例如，控制台上的旋钮，按其形状、大小、功能进行编码，以利于作业人员应用触觉进行感知。显示仪表也按其逻辑关系、功能以及人的视觉特点进行合理布置，这些对于安全生产均是重要的。

二、情感与安全

情感过程是人心理过程的重要组成部分，也是人对客观事物的一种反映形式，它是通过态度体验来反映客观事物与人的需要之间的关系。人们在安全生产活动中总会产生不同的情绪反应，如喜、怒、哀、乐等。

人的认识活动总是与人的愿望、态度相结合，人对外界事物的情感或情绪正是在对这些外界刺激（人、事、物）评估或认知的过程中产生的。现代实验心理学的研究结果表明，制约情绪或情感的因素与生理状态、环境条件、认识过程有关，而其中认识过程起决定性的作用。例如，企业职工对发放安全奖金的认识差异，由其"折射"所伴随的情绪会明显不同，有的人很高兴，有的人则认为没多大的价值，甚至认为是对自己工作奖酬的不公平，引起气愤。

人对客观事物的态度取决于人当时的需要，人的需要及其满足的程度，决定了情感或情绪能否产生及其性质。例如，安全是人的一种基本需要，当一位载重汽车司机执行一天的生产任务后平安归来，会给他带来一种喜悦和兴奋的感觉；如果在运行途中出现一些紧急情况，发生未遂事故，就会令人不安并带来紧张情绪，如果发生人身伤亡事故，自然就会充满忧伤和恐惧。可以认为，这位驾驶员的情绪体验是以其能否满足安全需要为基础的。因此，情绪和情感的动力是人的需要。

人的情绪和情感在概念上虽有所区别，但总是紧密地联系在一起。情感是在情绪的基础上形成和发展的，而情绪则是情感的外在表现形式。情绪常由当时的情境所引起，且具有较多的冲动性，一旦时过境迁也就很快消失；而情感虽具有一定的情境性，但很少有冲动性，且较稳定、持久。一般来说，情绪和情感的差别只是相对的，在现实生活中很难对两者有严格的区别。

如上所述，人在安全生产活动中，一帆风顺时可产生一种愉快的情绪反应，遇到挫折时可能产生一种沮丧的情绪反应。这说明企业职工在安全生产中的情绪反应不是自发的，而是由对个人需要满足的认知水平所决定的。这种反应表现有两面性，如喜怒哀乐、积极的和消极的情绪、紧张的和轻松的情绪。

人的情绪反应既依赖于认知，又能反过来作用于认知，这种反应的影响既可以是积极的，也可以是消极的。在企业安全生产活动中，积极的或消极的情绪对人们的安全态度和安全行为有着明显的影响，这是由于情绪具有动机作用所致。积极的情绪可以加深人们对安全生产重要性的认识，具有"增力作用"，能促发人的安全动机，采取积极的态度，投入到企业的安全生产活动中去；而消极的情绪会使人带着厌恶的情感体验去看待企业的安全生产活动，具有"减力作用"，采取消极的态度，从而易于导致不安全行为。

根据人的情感及其外在的情绪反应的特性和作用，企业安全管理人员应因人而异，采取措施，尽力满足职工的合理需要，以调动职工的积极情绪，避免和防止消极情绪。在职工已出现消极情绪时，应加强正面教育、"晓之以理，动之以情"，这不仅要求企业安全管理人员针对性地讲明安全生产的重要性、启发诱导，以提高职工对安全活动的认知水平，而且还应以丰富的感情关心职工，以触动职工的情感体验，使消极情绪转化为积极情绪，从而调动职工在安全生产活动中的积极性。

三、意志与安全

意志过程，指人自觉地根据既定的目的来支配和调节自己的行为、克服困难，进而实现目的的心理过程。例如，对企业安全生产活动中的困难问题，有的人迎着困难、百折不挠，表现了其意志坚强；反之，有的人缺乏信心、优柔寡断，表现了其意志薄弱。

意志过程有以下三个特点：

（1）有着明确的预定目的，并根据目的支配和调节行动，以达到预定的目的。因此，人的意志总是在有目的行动中表现出来的，离开自觉目的，就没有意志可言。

（2）以随意动作为基础。所谓随意动作，是指由人的意识控制的活动。人只有掌握了随意动作，才能根据一定的目的去调节和控制一系列动作，构成复杂的行动，从而实现预定的目的。

（3）与克服困难紧密相连。人的许多意志行动是与克服困难相关的，意志行动可表现为克服主观上的障碍（如情绪的冲动、信心不足、信仰动摇），又可表现为克服外界的阻力（如工作条件、人际冲突）。

在企业安全生产活动中，意志对职工的行为起着重要的调节作用。其一，推进人们为达到既定的安全生产目标而行动；其二，阻止和改变人们与企业目标相矛盾的行动。

企业在确定了安全生产目标之后，就应凭借人的意志力量克服一切困难，努力争取完成目标任务。企业是否能充分发挥人的意志的调节作用，至少应考虑下列两方面：

（1）人的意志的调节作用与既定目标的认识水平相联系。企业领导和职工对安全生产目标的认识水平及其评估的正确程度决定了其意志行动。如果对安全生产目标持怀疑态度，意志行动就会削弱甚至消失。企业职工只有真正理解企业安全生产目标的社会价值，才会激发克服困难的自觉性，以坚强的意志行动为实现全生产目标而努力。由此，正确的认识是意志行动的前提。

（2）人的意志的调节作用与人的情绪体验相联系。企业职工在安全生产中的意志行动体现其自制力，而人的自制力是与其情绪的稳定性密切相关的。有的人情绪较稳定，有的人则较多变，情绪的不稳定性对人的意志行动有着不利的影响。在安全生产中，有的人遇到某些困难或挫折时，由于情绪的波动，表现为不能自我约束，甚至发生冲动性行为，从本质上讲，这是意志薄弱的表现。人的意志的调节作用在于善于控制自己的情绪，并使之趋向稳定。应克服不利于安全生产的心理障碍，并调动一切有利于安全生产的心理因素，坚持不懈地去努力完成既定的安全生产目标。

人的意志行动是后天获得的、复杂的自觉行动。人的意志的调节作用总是在复杂困难的情况下才充分表现出来。因此，企业各级领导和职工在安全生产活动中应注重培养和锻炼自身良好的意志品质。

良好的意志品质包括以下四个方面：

（1）自觉性。自觉性指人在行动中具有明确的目的性，并能充分认识行动的社会意义，主动地支配自己的行动，以达到预定的目的。自觉性既体现了认识水平，又表现了行动支配。例如，在安全生产中，人的自觉性表现在能认识到安全生产的重要性，主动地服从企业安全生产的需要和安排，认真遵守安全技术操作规程，出色地完成安全生产任务，力求达到企业的安全生产目标。与自觉性相反的是盲目性、动摇性等。

（2）果断性。果断性指人能善于明辨是非、当机立断地采取决策。果断性常与人的不怕困难的精神、思维的周密性和敏捷性相联系。例如，安全生产活动中，在从事危险作业时，应按安全技术规程操作、一丝不苟、决不鲁莽行动，一旦出现意外危急情况，应能果断地排除故障和危险。

（3）坚持性。坚持性指人在执行决定过程中，为了实现既定的目标，不屈不挠、坚持不懈的克服困难的意志力。坚持性包含着充沛的精力和坚韧的毅力。坚持性是人们去实现既定目标心理上的维持力量。例如企业在治理生产性粉尘污染的工作中问题很多，难度也很大，安全技管人员如何排除主观和客观因素的干扰，善于长期坚持应用各种有效的安全技术，控制和消除粉尘的污染，做到锲而不舍、有始有终，就需要意志上的坚持性作为心理上的保证。与坚持性相反的是见异思迁、虎头蛇尾。

（4）自制力。自制力指人在意志行动中善于控制自己的情绪、约束自己的言行。它一方面能促进自己去执行已有的决定，并努力克服一切干扰因素，如犹豫恐惧；另一方面善于在行动中抑制消极情绪和冲动行为。例如，在企业安全生产活动中，具有自制力的职工能调动自己的积极心理因素，做到情绪饱满、注意集中、严格遵守安全生产制度和规定，遇到挫折或困难时，能调控自己的情绪使之稳定，在成绩面前不骄不躁。与自制力相反的是情绪易波动、注意分散、组织纪律性差等。

意志品质的各个方面并非孤立存在，而是有一定的内在联系。为了加强安全生产活动中意志品质的培养，应从各个方面提高职工的思想素质、文化素质、技术素质。这些都是做好安全工作的基础性工作。

人对安全生产的认识过程经历着感性认识到理性认识过程，并且循环不已、不断深化，而人的认识过程、情感过程和意志过程又相互关联、相互制约。首先因为人的情感、意志总是在认识的基础上发展起来的。例如，生产作业环境的整洁优美使人的心情舒畅。人的情绪首先是与感知觉相联系的，而且人在安全生产活动中情绪体验的程度和意志又与其对安全生产认识水平的高低密切相关。因此，人的情感和意志可作为人们认识水平的标志，并在认识过程中起到某种"过滤作用"。再者，人的意志又是与情感紧密相连的，在意志行动中，无论是克服障碍或是目标实现与否，都会引起人的情绪反应，而且在人的意志支配下，人的情感又可以其动力作用，促使人们去克服困难以实现既定的目标。从某种意义来讲，情感能加强意志，意志又可控制情感。

在企业安全生产活动中，心理过程往往给人们打下深刻的烙印，由于企业职工个体因素、生活条件、文化程度的差异以及既往经历、肩负的责任不同，使人们在安全生产活动中的心理过程也有着明显的差异。

第四节　个性心理与安全

个性心理是指一个人比较稳定的个性心理倾向性和个性心理特征的总和，它反映了一个人独特的心理面貌，反映了人与人之间稳定的、差异的特征。个性心理具有独特性、稳定性、整体性和社会性的特征。

个性心理的结构包括个性心理倾向性和个性心理特征。个性心理倾向性是人进行活动的基本动力，是个性结构中最活跃的因素，主要包括需要、动机、兴趣和价值观。个性心理特征是指个体比较稳定的心理成分，主要包括气质、性格和能力。

一、个性心理倾向性

（一）人的需要

1. 需要的概念

人的需要是指个体缺乏某种东西而产生对其需求的一种主观的内在状态，它是产生行为的原动力。有机体感到某种缺乏而力求获得满足的心理倾向是有机体自身和外部生活条件的要求在头脑中的反映。个体从出生到成熟其需要按照由低级到高级、由心理需要向社会需要发展。

需要的产生有两种刺激因素：内部刺激和外部刺激。

2. 需要的特点

（1）物质需要与精神需要相结合。物质需要的满足并不能使一个真正的人感到幸福，只有加上精神需要的满足才能引起强烈的幸福感。

（2）劳动创造性与满足需要相结合。人的需要不仅通过劳动创造来满足，劳动也可以创造出人的新的需要。

（3）人的需要的发展性特点。没有需要就没有生产，也就没有生产的发展，需要推动生产的发展；没有生产的发展也不可能满足人们日益增大的需要，生产创造需要。

（4）人的需要与社会生活条件。社会生活条件是指社会制度、社会地位、职业、生活水平、生活及工作环境。

3. 需要的分类

（1）按性质分：生理需要、心理需要（如饮食、运动、排泄、睡眠及性）。

（2）按需要的迫切程度分：间接需要、直接需要。

（3）按范围分：个人需要、组织需要（如劳动、交往、求知、成就）。

（4）物质需要和精神需要。

4. 需要的满足

1）需要满足的途径

（1）间接满足：职务以外需要的满足。它不是通过工作本身来获得，而是在工作以后由其他方式获得。

（2）直接满足：职务之内需要的满足。它是在进行工作时，由工作及工作环境本身所带来的满足。

2）需要满足的方法

（1）从调查研究入手。调查研究既是了解职工需要的一种方法，更是满足职工需要、激励员工积极性的很好的措施。

（2）综合分析。人的总需要综合分析见图 5-4。

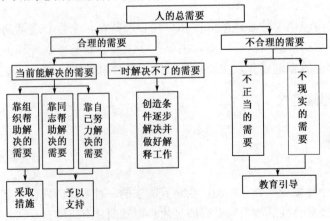

图 5-4 人的总需要综合分析框图

知识链接：马斯洛的需要层次理论

1. 需要的七个层次

（1）基本需要：生理、安全、归属与爱、尊重。

（2）成长需要：求知、审美、自我实现。

自我实现的人是指个体在成长中其身心各方面的潜力获得充分发展的历程与结果。

2. 需要各层次之间的关系

（1）出现顺序由低级到高级，呈波浪式演进。

（2）各层次需要在全人口中所占比例由大到小。

（3）七个层次可概括为两种水平：基本需要与成长需要。

（二）人的欲望

1. 欲望的概念

人的欲望是指人的需要尚未得到满足时而产生的对能够满足该需要的目标进行追求的心理倾向。形成欲望必须具备两个条件：

（1）缺乏，有不足之感。

（2）期待，有求足之望。

2. 欲望的种类

（1）按属性分：有形欲望、无形欲望。

（2）按时效分：将来欲望、现实欲望。

（3）按弹性分：弹性小的欲望、弹性大的欲望。

（4）按个体需要分：生存、发展、荣誉、舒适等欲望。

3. 欲望的特性

（1）无限性。

（2）关联性。

（3）反复性。

（4）竞争性。

（三）人的动机

1. 动机的概念

动机是指引起个体行为、维持该行为，并将此行为导向某一目标（个人需要的满足）的原因或条件。

（1）动机不是一种个性特质。

（2）动机是个人与环境相互作用的结果。

（3）动机应包括三个关键因素：努力、组织目标和个人需要。

（4）人类的行为无一不是动机性行为。

2. 动机的行为模式

（1）动机的来源：

①内在条件。

②外在刺激。

（2）动机模式。

3. 动机的种类

（1）生理性动机。

（2）心理性动机。

（3）优势动机。

决定一个人的行为的全部动机结构中强度最高的动机称为优势动机。

4. 动机行为模式的影响因素

（1）嗜好或兴趣：决定动机行为所要达到的目标方向。

（2）价值观：代表一个人对周围事物的好坏、善恶以及重要性的评价。它决定人们期望、态度和行为的心理基础。

（3）抱负水准：一种想把自己的工作做到某种质量标准的心理需求。一个人的嗜好和价值观决定着人的行为动机的方向，而抱负水准则决定着动机行为要达到的程度。有三个因素影响抱负水准。即成就动机的强弱、过去的经验和第三者的影响。

二、个性心理特征

（一）人的性格

1. 性格的概念

性格是指一个人在生活过程中形成的对现实稳定的态度以及与之相应的、习惯性的行为方式。

性格的特点包括以下几方面：

（1）性格不是与生俱来的，也不是一朝一夕形成的，它是在主客体的相互作用过程中伴随着世界观的确立而形成的。

（2）性格是人对现实的态度和行为方式中稳定的心理特征，与一个人的理想、信念、人生观和世界观等高层次的心理成分相联系，所以它在个性发展中发挥着核心作用。

（3）性格是个体的本质属性，有好坏之分，始终有道德评价的意义。

2. 性格的结构

1）对现实态度的性格特征

对现实态度的性格特征指一个人在处理各种社会关系方面所表现出来的个体差异。如对社会、集体、自己、他人、学习、工作、劳动及劳动成果的态度等。

有的人善于交际，他们主持正义、不畏强暴、诚实、正直、富于同情心，有的则相反。

140

有的人不卑不亢、严于律己、自信、自尊、谦虚，有的则相反。

有的人工作勤奋、认真、细心、节俭、有创造性，有的则相反。

2）性格的意志特征

性格的意志特征指人为了达到既定目的，自觉地调节自己的行为，千方百计地克服前进道路上的困难时所表现出来的意志特征的个体差异，是人的性格在意志方面的个性差异。其具体表现在个人行为的目的性、对自己行为的控制上、紧急和困难情景的表现、对工作的坚持性等方面。

3）性格的情绪特征

性格的情绪特征是指人们在情绪的强度、持续性、稳定性及主导心境等方面所表现出来的个体差异。如有的人热情奔放、乐观开朗、振奋昂扬；有的人情绪波动、多愁善感、郁郁寡欢。可概括为：

（1）强度特征。

（2）稳定性特征。

（3）持久性特征。

（4）主导心境特征。

4）性格的理智特征

性格的理智特征指性格在人的感觉、知觉、抽象和思维的认识过程中所表现出来的个性差异。例如：

（1）从感知活动看，有主动感知与被动感知、分析型与综合型。

（2）从想象活动看，有幻想家与冷静的现实主义者。

（3）从思维活动看，有主动思维与被动思维、肤浅型与深刻型。

3. 性格发展的影响因素

生理性因素影响性格发展，它包括遗传、体格、体形、性别以及肌肉与神经系统、体内各腺体的发育水平。例如：体格健壮者性格外向、较活跃、有进取心；体格弱小者性格内向、沉静、胆小；男性好强、争胜、有表现欲；女的温柔、体贴、心思细密。

过渡补偿是指为克服自卑心理而做出的过渡反应。

互补效应：心理学家克克霍夫通过对已建立恋爱关系的大量研究表明，互补因素增进人际吸引，在感情深厚的同性和异性朋友、夫妻之间尤为明显。对长期伴侣来说，推动吸引力的动力主要是相似的价值观念，而驱使长期伴侣发展更为密切的关系动力主要是互补。两个不相识的男女要结成终身相托的良好婚姻关系，必须经过几道关卡过滤：

（1）时空距离的接近。

（2）人的因素及条件。

（3）态度与观念的相似。

（4）需要的互补因素。

并非所有的婚姻及人际关系的发生都这样，互补效应是建立良好人际关系的一般行为模式。

（二）人的能力

首先，能力是一种个性心理特征。所谓个性心理特征，是指那种每个人与他人不同的，并且是稳定的、不容易发生变化的心理现象。其次，能力与活动关系密切。一方面，能力在活动中形成和发展起来；另一方面，能力又通过人所从事的各种活动表现出来。再次，能力是直接影响活动效率的个性心理特征。

能力与知识技能的关系是：

（1）属于不同的范畴。知识是人类实践经验的总结和概括。技能是指人们通过练习而获得的动作方式和动作系统。能力则是影响活动效率使活动得以顺利完成的个性心理特征。

（2）形成不同。能力受遗传素质的影响，又是在后天的实践活动中发展的；知识不能遗传，通过后天的学习才能获得。

（3）发展不同步。一方面，能力到一定年龄就不再发展，有一个发展、停滞和衰退的过程，如记忆力，而知识一生中都在持续增长，所以活到老学到老。另一方面，知识技能的增加并不必然会发展为能力，知识多的人并不意味着能力一定高。

第五节　易致人为失误的生理心理因素

一、人的生理节律与心理现象

生产劳动过程中，每个作业者都会受到来自自然、社会、企业、家庭、具体的工作环境和劳动群体等外部环境以及个人生理、心理特点中异常因素的影响，使人的生理、心理状态发生变化，以致出现人为失误或差错，导致作业可靠度降低。

研究作业可靠性，常采用概率的方法和因果的方法进行定量和定性的研究，公式为

$$R = 1 - F$$

式中　R——人的作业可靠度；

　　　F——人的失误率。

人的作业可靠度是指作业者在规定的条件下和规定的时间内能成功完成规定任务的概率。

二、疲劳因素

疲劳是指机体生理过程不能持续其机能在一特定水平和（或）不能维持预定的运动强度。按产生的性质可分类为生理疲劳（体力疲劳）和心理疲劳（精神疲劳）。疲劳产生于发展的规律。

（一）疲劳发展的几个阶段

（1）疲劳的积累。

（2）疲劳的持续。

（3）疲劳的发展与人体的生理效率有关。

（二）人在疲劳时的生理心理状态

人在疲劳时的生理心理状态表现为无力感、注意失调、感觉失调、记忆和思维故障、意志减退、睡意。

作业疲劳是国际公认的主要事故致因之一。过度的疲劳最大危险源主要是反应迟钝和动作不准确，遇到危险信息不能及时发现或发现后不能快速做出反应。

疲劳自觉症状测定见表 5-2。

表 5-2　疲劳自觉症状测定表

序号＼分类	A. 全身症状	B. 精神症状	C. 神经感觉的症状
1	头沉	脑子不清醒、头昏眼花	眼睛疲劳、眼冒金星、眼无神
2	头痛	思想不集中、厌于思考问题	眼发涩、眼发干
3	全身懒倦	不爱动、不爱说话	运动不灵活、动作出错误
4	身体某处无力	针扎似的痛	脚跟发软、脚步不稳
5	肩发酸	困倦	味觉改变、嗅觉厌腻
6	呼吸困难、气短	精神涣散	眩晕
7	腿无力	对事情不积极	眼皮和肌肉跳动
8	没有唾液、口干	记忆力退减	听觉迟钝、耳鸣
9	打哈欠	做事没有信心、多出错误	手脚发颤
10	出冷汗	对事情放心不下、事事操心	不能安静下来

（三）防止过劳、提高生产安全性的方法

（1）提高作业机械化和自动化的程度。

（2）加强科学管理改进工作制度。

①工作日制度。

②劳动强度与作业率。

（3）工作时间及休息时间。

（4）选择合适有效的休息方式。

（5）轮班工作制度。

（6）业余活动和休息的安排。

（四）疲劳的消除

（1）休息。

（2）合理膳食。

（3）物理手段。

（4）中医手段。

（五）人的生理节律

生理功能所显示出的周期性变化通常称为生理节律。人体存在像心电波那样以若干秒为周期、像睡眠与觉醒那样以天为周期以及像女性例假那样以月为周期的多种多样的生理节律。人的这种生理节律对作业的效率及质量有明显的影响。

1. 日周节律

一天中人体机能状态的变化情况如图 5-5 所示。由图可看出，上午 7 时到 10 时机能上

升，午后下降；从午后 16 时到 21 时机能再度上升，其后又急剧下降，凌晨 3 时至 4 时下降最明显。

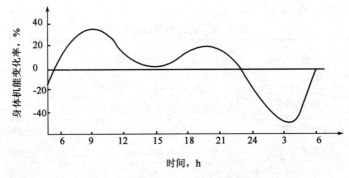

图 5-5　人体机能状态的变化曲线

2. 其他周期节律

有人以 6 天工作制的一个星期为周期对人的活动进行过研究，发现每星期内也有周期节律。例如，星期一与星期二没有多大差别，从星期三起开始降低，到星期五下午又开始回升，星期六可达到星期三的水平。

3. PSI 周期节律

德国医生佛里斯和奥地利心理学家瓦波达经过长期临床观察，提出了体力（Physical）强弱周期为 23 天，情绪（Sensitive）好坏周期为 28 天。奥地利泰尔其尔教授在研究智商的基础上，发现智力（intellectual）高低周期为 33 天。

其后，科学家经过研究进一步提出，每个人自出生之日起直至生命终结，都存在着以 23 天、28 天、33 天为周期的体力、情绪和智力的盛衰循环性变化规律。这一变化规律按照高潮期—临界日—低潮期的顺序周而复始，人们把这三位科学家发现的三个生物节奏总结为"人体生物三节律"，因为这三个节律像钟表一样循环往复，又被人们称作"人体生物钟"，外国人叫做"PSI 周期"〔PSI 是英文 Physical（体力）、Sensitive（情绪）、Intellectual（智力）的缩写〕。

三、时间因素

工作能力的昼夜波动：脑的工作能力受其生物钟的调节，在一昼夜中有一定的波动规律，一般以凌晨 2 至 4 点最低，以后逐渐上升，上午 9 至 10 点达到最高峰。午后约在 14 至 15 点下降到一天中工作能力的平均线（零），19 至 20 点又上升形成第二高峰，22 点下降到平均线下，凌晨 2 至 4 点又下降到最低点。

四、睡眠、意识觉醒水平与酒精因素

（1）失眠失调。

（2）意识觉醒水平与作业可靠度。

（3）酒精造成的心理危害及对安全的影响。

五、社会心理因素

（1）人际关系。

（2）家庭关系。

（3）生活事件。

（4）节假日。

第六节　违章行为的分析

一、违章的一般表现与心理分析

违章的一般表现与心理分析见图5-6。

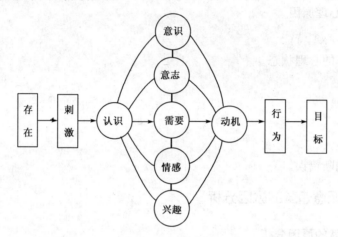

图5-6　违章的一般表现与心理分析示意图

（一）违章的特点和危害性

（1）大部分违章没有直接后果或没有显见后果，违章带有普遍性。

（2）有意违章与无意违章比较难区分。

（3）违章后果有潜在性，违章操作有较大潜在风险。

（4）违章动机和效果存在不一致性，情景违章更为明显。

（5）凡是人都可能违章（任何年龄、任何工龄、任何工种）。

（二）违章发生的规律

（1）违章的多发时间：

①节假日及前后。

②交接班前后。

③凌晨03：00～06：00。

（2）违章的多发作业。

（3）违章多发当事人本身因素。

(三) 违章的表现

(1) 骄傲自大、好大喜功。

(2) 情绪波动、心神恍惚。

(3) 技术不精、遇险惊慌。

(4) 思想麻痹、自以为是。

(5) 不思进取、盲目从众。

(6) 心存侥幸、明知故犯。

(7) 懒惰作怪、敷衍了事。

(8) 心不在焉、满不在乎。

(9) 好奇乱动、无意酿祸。

(10) 工作枯燥、厌倦心烦。

(四) 违章的心理原因

(1) 人的个性心理特征。

(2) 违章操作的心理状态。

①麻痹大意。

②精力不集中。

③技术生疏。

④过分依赖他人。

⑤紧张导致判断错误。

二、有意与无意违章的原因分析

(一) 有意违章的原因分析

1. 有意违章的心理影响因素

(1) 违章者认为自己追求的是以最小代价得到最大效果。

(2) 违章者主观认为省时、省力的做法。

(3) 违章并非一定导致事故。

2. 有意违章的认知和判断的原因

(1) 违章者错误地把违章的风险和违章导致事故发生的概率等同起来。

(2) 违章者把个人需要与组织（或企业）需要等价对待。

(3) 违章者衡量代价与效果的标准不对。

(4) 违章者没有考虑违章操作的潜在风险。

(二) 无意违章的原因分析

1. 无意违章的行为原因

(1) 劳动环境差和超负荷工作造成的身心疲惫。

(2) 不良的社会环境和家庭矛盾造成的力不从心。

（3）具有精神疾病和其他疾病的人的无意违规行为。

2. 无意违章的认知原因

（1）认知不良。

（2）过时。

（3）不良的性格特点。

三、解决违章的心理学方法

（一）操作行为的必要性

（1）采用科学的用人机制。

（2）提高管理人员的思想认识。

（3）加强对员工心理素质的发掘和培养。

（二）违章管理的基本原则

（1）控制违章风险、减少违章行为。

（2）提高管理者的管理水平。

（三）违章的系统管理

（1）从分析违章行为的客观原因着手。

（2）加强教育、培训，提高思想认识。

（3）改进操作方法，改善安全防护措施和设施。

（4）完善检查、监督机制和奖惩制度。

（5）尽可能采用防错、容错措施。

（6）培育良好的安全文化氛围。

第七节　组织管理与安全心理

一、领导行为与安全心理

（一）领导的基本功能及实质

1. 领导的基本功能

（1）组织功能。

（2）激励功能。

2. 领导的实质

（1）影响力的类型。

（2）影响力的应用策略：

①理性劝说；

②鼓舞；

③协商；

④逢迎；

⑤交换；

⑥个人魅力；

⑦联合；

⑧合法化；

⑨压制。

领导的实质就是影响力。一个行动者的需要、愿望、倾向或意图影响另一个或其他更多行动者的行动或行动倾向。

职权性影响力包括合法权、奖励权、强制权。

非职权性影响力包括专长权、参照权。

(二) 安全领导

1. 现代企业中的安全领导

安全领导的地位和作用都与传统企业有着本质的不同，主要有：

(1) 企业高层中要有对所有喜爱那个项目群的安全负有责任的正式领导。

(2) 项目群中的每一个项目都必须有一个确定的安全领导者。

(3) 每一个项目的工作群体中所有的成员都要有安全领导。

2. 安全领导的影响力

(1) 如何提高安全领导者的职权性影响力。

(2) 如何提高安全领导的非职权性影响力。

3. 安全领导的特质

(1) 自信：对自己的判断和能力充满信心。

(2) 远见：有理想的目标并坚信明天会更好，而且理想与现状的差距较大，但使下属认定领导者有远见卓识。

(3) 能力：把握下属需求，让他人明白自己的意图。

(4) 理想：强烈的奉献精神并乐于承担高风险。

(5) 创新：创新能力极强并能够获得成功，赢得下属的尊敬。

(6) 变革：不愿死守传统现状，喜欢不断调整。

(7) 敏锐：能够明智地限制需要变革的环境范围，并对资源进行切实可行的评估，以便使变革顺利进行。

(三) 领导魅力的构成

(1) 人格魅力：志向高远、道德高尚、胸襟宽广、富有强烈的吸引力和感染力、公正、公平、己所不欲，勿施于人。

(2) 观念魅力：拥有适应新环境的新观念与大局观点。

(3) 才华魅力：包括过人的决策能力、富有创造性的思维能力、卓越的人际处理艺术与良好的沟通表达能力以及当机立断的能力等。

（4）个性魅力：个性积极、敢于冒险、能够适应社会变革、意志坚强。

（5）风仪魅力：心胸豁达、潇洒大方、体魄强健、精力旺盛。

（四）领导魅力的培训

（1）建立领导魅力的氛围：保持乐观态度，使用激情引发他人热情；与人沟通时，身体语言和口头语言并重，练习运用静态与动态的身体语言及富有魅力的语调、语速。

（2）激发他人追随自己：与他人建立联系，重视他人的需要，尽力相助，巩固关系；向他人清晰地表述与传达目标，并能对其施加个人的影响。

（3）开发他人潜能：充分信任他人的能力，调动他人的情绪，使他们的潜能得以全部发挥。

（4）提高个人 EQ 值。

二、管理行为与安全心理

（一）管理的基本概念

管理是通过计划、组织、领导和控制，协调以人为中心的组织资源与职能活动，以有效地实现目标的社会活动。

该怎样进一步理解管理？

（1）管理是共同劳动的产物。

（2）管理的目的是有效地实现目标。

（3）管理实现目标的手段是计划、组织、领导和控制。

（4）管理的本质是协调。

（5）管理的对象是以人为中心的组织资源和职能活动。

（二）管理的特征

（1）管理的二重性。

（2）管理的主体是管理者。

（3）管理的客体是组织活动及其参与要素。

（4）管理的核心是处理好人际关系。

（三）安全管理行为

安全管理是管理的一种，即为了安全的目标，体现安全管理职能的行为。

1. 安全管理行为的性质

（1）社会性或群体性。

（2）组织性。

（3）任务性。

（4）科学技术性。

（5）普遍性。

（6）特异性。

2. 安全管理行为的形成

管理与领导的差别见表 5 - 3。

表 5 - 3 管理与领导的差别

管 理	领 导	管 理	领 导
关注现在	关注未来	对下属冷漠、客观公正	建立与下属的情感纽带
保持现状与稳定	引起变化	使用位置权利	运用个人权利
实施政策与程序	创造共同的价值观文化		

三、安全行为的激励

(一) 激励简介

激励是指激发人的动机使其朝向所期望的目标前进的心理活动过程。

1. 激励的基本特征

(1) 激励有具体的对象。

(2) 激励是人的动机激发循环。

(3) 激励的效果判断。

2. 激励的基本原则

(1) 目标结合原则。

(2) 物质激励和精神激励相结合原则。

(3) 引导性原则。

(4) 合理性原则。

(5) 明确性原则。

(6) 时效性原则。

(7) 正激励与负激励相结合的原则。

(8) 按需激励原则。

3. 激励理论的分类

(1) 内容型激励理论。

(2) 行为改造型激励理论。

(3) 过程型激励理论。

(二) 激励理论

(1) 马斯洛的需要层次论。

(2) 双因素理论。

(3) 强化理论。

(4) 挫折理论。

(5) 期望理论。

(6) 公平理论:

①胜任愉快的工作。

②合理的报酬。

③融洽的人际关系。

④公平、公正、有魄力的领导。

⑤有发展空间。

⑥有培训机会。

⑦优秀的企业文化。

⑧企业有发展前途。

第八节　工作分析与人机匹配

一、工作分析

(一) 工作分析的定义

工作分析也称职务分析，它是根据调查和研究，对特定工作的任务、性质、特点等基本特征的信息进行分析，并提出专门报告的工作程序。

1. 工作描述

用来说明工作的物质特点和环境特点，包括职业名称、工作活动和程序、工作条件和物理环境、社会环境、工作待遇等。

职业名称：工作名称或代号。

工作活动和程序：任务、责任、原材料、机器设备、工艺流程、与他人的正式工作关系、监督与被监督的性质和内容。

工作条件和物理环境：工作的自然条件等。

社会环境：人数、完成工作所要求的人际交往的数量和程度、各部门之间的关系、工作点内外的文化设施、社会习俗等。

工作待遇：工作时间、工资结构、福利、进修、晋升等。

2. 工作要求

任职者所具备的一般要求、生理和心理要求。

(二) 工作分析方法

(1) 访谈法与问卷法。

(2) 观察法与参与法。

(3) 关键事件法。

关键事件是指使得工作成功或者失败的行为特征和行为要求。记录关键事件的方法是STAR 法：

S 是 SITUATION（情境）——这件事情发生时的情境是怎么样的。

T 是 TARGET（目标）——他为什么要做这件事。

A 是 ACTION（行动）——他当时采取什么行动。

R 是 RESULT（结果）——他采取这个行动获得了什么结果。

（4）工作日志法。

（5）利用资料法。

（6）技术会议法。

（三）工作分析程序

（1）准备阶段。

（2）工作定向分析阶段。

（3）人员定向分析阶段。

（4）分析汇总阶段。

①工作说明书。

②工作规范表。

③心理图示法。

二、工作设计与人机匹配

（一）工作设计

工作设计一般称为工作规划，它是总体规划设计的一部分，是从安全的角度对总体规划中的安全问题进行全面考虑、单独设计，也可以说是总体规划设计的安全设计。

怎样解决好人—机—环境三者的关系，对这个问题有两种对立的观点：

一种是机器中心论，认为机器在人机系统中处于中心地位，在系统设计中要求人去适应机器的特点。

另一种观点与此相反，认为人是劳动的主体，机器是为人服务、供人使用的工具，机器的设计应首先考虑操作的利益和要求。

注意：在人机系统的设计中，除了强调机器和环境的设计，应尽可能符合人的身心特点和满足人的要求外，同时也要考虑如何通过选拔与训练，使操作者适应机器与环境的问题。

在工作设计中，重点做好人机功能匹配。

根据分类标准的不同，人机系统可以分为以下不同种类。

1. 按照有无反馈分

（1）开环人机系统。

（2）闭环人机系统。

2. 按照系统自动化程度分

（1）人工操作人机系统（图 5 - 7）。

（2）半自动化（机械化）人机系统（图 5 - 8）。

（3）自动化人机系统（图 5 - 9）。

图 5-7 人工操作人机系统

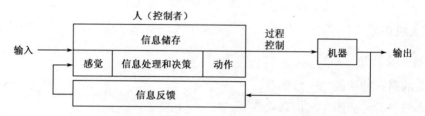

图 5-8 半自动化（机械化）人机系统

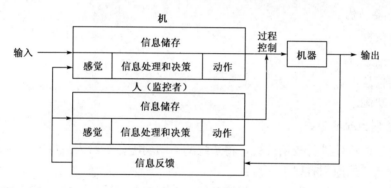

图 5-9 自动化人机系统

3. 按照人机结合方式分

（1）人机串联 [图 5-10 (a)]。

（2）人机并联 [图 5-10 (b)]。

（3）人与机串、并混联 [图 5-10 (c)]。

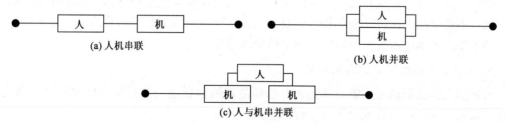

图 5-10 人机结合方式分类

人机系统的功能见图 5-11。

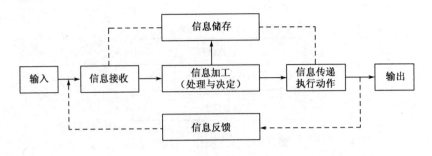

图 5-11　人机系统功能

(二) 人机匹配

1. 人的主要功能

(1) 人的第一种功能——传感器。

(2) 人的第二种功能——信息处理器。

(3) 人的第三种功能——操纵器。

2. 机的主要功能

(1) 接受信息。

(2) 储存信息。

(3) 处理信息。

(4) 执行功能。

3. 人机功能匹配的原则

对人与机器的特性进行权衡分析，将系统的不同功能分配给人或机器，称为人机功能分配。人机功能匹配的原则有以下两点：

(1) 笨重的、快速的、精细的、规律性的、单调的、高阶运算的、支付大功率的、操作复杂的、环境条件恶劣的作业以及需要检测人不能识别的物理信号的作业分配给机器承担。

(2) 当有指令和程序的安排、图形的辨认或多种信息输入时，机器系统的监控、维修、设计、创造、故障处理及应付突然事件等工作由人承担。

4. 人机功能匹配的不合理分配

(1) 可以由人很好执行的功能分配给机器，而把设备能更有效地执行的功能分配给人。

(2) 不能根据人执行功能的特点而找出人机之间最适宜的相互联系的途径与手段。

(3) 让人承担超过其能力所能承担的负荷或速度。

5. 人机功能匹配应该注意的问题

(1) 信息由机器的显示器传递到人，选择适宜的信息通道，避免信息通道过载而失误，并且显示器的设计应符合安全人机工程的原则。

(2) 信息从人的运动器官传递给机器，应考虑人的权限能力和操作范围，控制器设计要安全、高效、可靠、灵敏。

(3) 充分应用人和机的各自优势。

（4）使人机结合面的信息通道数和传递频率不超过人的能力，并保证机适合大多数人的应用。

（5）一定要考虑机器发生故障的可能性以及简单排除故障的方法和使用的工具。

（6）要考虑小概率事件的处理，对系统无明显影响的偶发性事件可以不考虑，但一旦发生就会造成功能破坏的事件就要事先安排监督和控制方法。

三、工作环境及优化设计

（一）工作环境

工作环境指人在生产活动中所处的自然环境和社会环境。工作环境中的气候称作微气候，包括工作的温度、湿度、气流速度和热辐射。

1. 微气候对人体的影响

（1）温度对人体的影响。工作环境中的温度取决于大气温度、太阳辐射和作业场所中的热源。

（2）湿度对人体的影响。湿度取决于工作环境中水分蒸发和蒸汽释放。相对湿度高于80％为高气湿，低于30％为低气湿。

（3）气流速度对人体的影响（风力和温差）。

（4）热辐射对人体的影响。正辐射有利于人体吸热取暖，负辐射有利于人体散热降温。

2. 微气候与安全

不适的微气候使人的责任心、生产积极性和体能受到影响。最佳的工作环境温度是20℃左右，这时效率最高，出错率最低。

3. 微气候环境的优化设计

1）高温环境

技术措施：

（1）隔热：合理设计工艺、屏蔽热源。

（2）散热：降低温度、增加气流。

（3）排热：换气和释放冷气。

保健措施：

（1）合理供给饮料和补充营养。

（2）合理使用劳保用品。

（3）进行职工适应性检查。

生产组织措施：

（1）合理安排工作负荷。

（2）合理安排休息场所。

（3）职业适应。

2）低温环境

（1）作好采暖和保暖工作。

（2）个体防护：御寒服装。

（3）提高工作负荷、及时补充高热食物。

另外，通过视觉调整也可以带来相应的心理感觉。

（二）噪声与振动环境优化设计

1. 噪声对人体的影响

生理方面：掩蔽正常语言影响听觉；引起心律不齐，破坏新陈代谢；长期受影响，将导致胃肠炎等疾病；影响视觉。

心理方面：使人紧张、生气、多疑，发怒；分散人的注意力；使大脑皮层兴奋和抑制失调，脑功能紊乱。

2. 噪声与安全

（1）对于精力高度集中的工作，噪声影响人的思路，引起差错；对于单调的工作，中等强度的噪声会产生有益的效果。

（2）对于学习后才能从事的工作，噪声会降低工作质量；对于不需要集中精力的工作，中等噪声等级的环境将产生适应，但是容易疲劳。

（3）强噪声环境不利于报警信号和交通运行信号。

3. 噪声环境的优化设计

1）噪声源控制

（1）消除降低噪声。

（2）封闭噪声源，调整噪声源的方向。

2）噪声传播控制

（1）工厂布局设计时，将噪声车间远离人群。

（2）切断噪声传播的途径：隔声、吸声、消声、隔振和阻尼。

3）个人防护

个人防护使用的方式有耳塞、防声棉、耳罩和帽盔。

4. 振动对人体的影响

生理方面：

（1）影响视觉认知、信息处理和运动协调能力。

（2）长期接触强烈振动，出现晕眩、呕吐和平衡失调。

（3）强烈振动能造成关节和骨骼的损伤等。

心理方面：

（1）振动强度大到超过疲劳阈值时，人的精力、注意力、作业效率都会受到影响。

（2）振动强度超过危险阈值时，会导致病理性的损伤和病变。

5. 振动环境的优化设计

（1）技术措施：工艺和方法改造，加装减振器。

（2）组织管理措施：适当安排休息时间，轮流作业。

（3）保健措施。

另外，还应合理使用防护垫、作业前进行体检和定期体检、做好振动病的早期防治。

（三）光与色彩的环境及优化设计

1. 照明对人体的影响

生理方面：

（1）对眼睛影响最大。

（2）影响人的中枢系统和肌体活动（这也是由眼睛的不适引起的）。

心理方面：

（3）影响情绪：照度太强或有眩光使人烦躁、紧张。

（4）光照条件差容易引起判断失误，给人挫败感，影响思维能力，并影响记忆力。

2. 照明与安全

应该避免光照不足；过强的光照会破坏暗适应，引起视觉机能的降低。

3. 照明的优化设计

（1）适宜的照度（照度是被照面单位面积上所接受的光通量，单位是勒克司，即 lx）。

（2）照明的均匀性。

（3）照明的稳定性。

（4）光色效果和光源选择（尽量选择或接近自然光）。

（5）亮度的对比分布。

4. 色彩的三要素

色调：一定波长的光在视觉上的表现，即红橙黄绿青蓝紫。

明度：颜色的明暗深浅。

彩度：又叫纯度，指某种颜色含该色量的饱和程度。

5. 色彩对人的影响

生理方面：

（1）视疲劳依次减弱：蓝、紫；红、橙；黄绿、绿蓝、淡青。

（2）眼睛对光有敏感性：对黄色最敏感。

（3）生理机能的影响：蓝色降低血压、减缓脉搏；红色促进血压升高、脉搏加快；黄红色增加食欲；绿黄色及紫色起中性作用。

心理方面：

（1）色调的心理效应：色调的心理效应见表5-4。

表5-4 色调的心理效应

色 系	颜 色	兴奋和抑制感
暖色系	红、橙、黄	感觉兴奋
中间色	绿、蓝、青	—
冷色系	黄绿、紫	感觉沉静

（2）明度的心理效应：明度的心理效应见表 5-5。

表 5-5 明度的心理效应

明　度	轻　重　感	轻松和压抑感	软　硬　感	清　洁　感
高	轻	感觉轻松	柔软	感觉清洁
低	重	感觉压抑	坚硬	感觉肮脏

（3）彩度的心理效应：彩度的心理效应见表 5-6。

表 5-6 彩度的心理效应

彩　度	颜　色	心　理　效　应
鲜艳度	含白成分	鲜艳、饱满、充实、理想
灰度	含黑及其他成分	沉闷、混浊、烦恼、抽象

6. 色彩的优化设计

1）工作用色

色调：

（1）冷暖色的选用结合工作环境的特点和性质。

（2）色调不能单调，否则容易引起视疲劳。

（3）色调组合有对比感，产生渐变效果。

明度：明度不能太高和太悬殊。

彩度：除警戒色外，一般避免彩度高的颜色。

2）安全标志用色与技术标志用色

安全标志用色与技术标志用色见表 5-7。

表 5-7 安全标志用色与技术标志用色

安　全　色	含　义	对　比　色
红色	停止、禁止、高度危险	白色
蓝色	指令、必须遵守的规定	白色
黄色	警示、注意、小心动作	黑色
绿色	提示、安全状态、正常通行	白色

第九节　心理行为测量与行为模拟

测量是按照法则给事物或事件指派数字的过程（斯蒂文森定义）。

测量三要素：

（1）测量对象。

（2）指派的数字。

（3）联结个体特征与指派的数字间的法则和程序。

理解三要素：

（1）事物属性三类型：确定型、随机型、模糊型。

（2）测量的结果是要被表示为数字的，要指派数字。

（3）法则和程序是给事物属性指派数字的方法、要求和步骤。

测量种类分为心理测量和行为测量，心理测量的范围是非常广泛的。心理测量的性质是间接性和近似性。

一、心理测量

（一）心理测量简介

依据一定的心理学理论，以一定的定量规则作为基础，运用标准化的心理测量工具和统计方法，对人们心理特征和行为作出测量、分析和评价的过程。

根据分类标准的不同，心理测验可分为以下不同种类。

1. 按照测验方法分

（1）书面测验。

（2）仪器测验。

（3）口头报告测验。

（4）作业测验。

2. 按照测验方式分

（1）团体测验。

（2）个体测验。

3. 按照测验内容分

（1）最大成效测验。

（2）典型反应测验。

（二）测验理论

1. 经典测验理论

斯皮尔曼的分数模型：

$$X = T + e$$

式中　X——心理测验所得分数；

　　　T——反映对象稳定的心理特征的真分数；

　　　e——由随机因素造成的误差分数。

$$X = T + es + ec$$

式中　es——不稳定误差（由于测量过程中情境和时间等因素造成的疲劳、焦虑和记忆的偶然性波动所引起的误差）；

　　　ec——不一致误差（由于重复测量时测验程序和操作上的差异而引起的误差）。

2. 现代测验理论

能力和能力倾向的测量：

（1）能力的结构：一般能力和特殊能力。

（2）一般智力测验：旺德利克（Wonderlic）人事测验和韦克斯勒成人智力量表（WAIS）。

（3）机械和空间能力测验：要求被测试者识别和确认或运用某种机械原理解决问题，代表是贝内特（Bennett）机械理解测验，特别适用于生产第一线的工人。

（4）知觉准确性测验：要求被测试者迅速地把测验刺激与标准刺激作出比较，找出不同的刺激，广泛应用于科室和文职人员的能力倾向测量。

（5）运动能力测验：四肢协调方面的能力。

（6）创造能力的测量：包括言语和视觉两部分，是一种发散性的智力测验。

3. 兴趣和个性测量

（1）兴趣测量。

职业兴趣的测量中，比较著名的有斯特郎—坎贝尔兴趣测验（SCII）和库德的职业兴趣量表（KOIS）。

（2）个性测量：

①情境测验法。

②量表测定法。

③投射测验法。

二、行为测量

行为测量数据包括规定时间段内行为发生的次数（频率）、行为在刺激给出多久以后作出反应（反应时间）、行为持续多长时间（持续时间）。

（一）行为样本

行为样本是指能够表明人某一心理特质水平高低的一组有代表性的行为。

行为样本的选择要求：

（1）与所要测量的心理特质有关联。

（2）作为测量对象的行为样本能够代表与被试相应特质有关的所有行为。

（二）行为观察法

行为观察法是指通过安排一定的情境，在其中观察特定个体或群体的特定行为，从中分析所要考查的内在素质或特征。它可分为自然观察法、设计观察法、自我观察法。

（三）行为测量中所用的变量

1. 自变量和因变量

（1）在实验控制的情境下，由实验者操纵、控制的变量称为自变量，也称独立变量和实验变量。

（2）由自变量的变化引起的心理与行为变化的事项称为因变量或依存变量。

（3）在心理学实验中，刺激与操作变量是自变量，反应与被测量的变量是因变量。

2. 自变量的种类

（1）刺激特点的自变量：刺激的不同特性引起被试的不同反应，如灯光的强度、声音的大小。

（2）环境特点的自变量：进行实验时环境的各种特点，如温度、噪声、观众多少等。

（3）被试特点的自变量：一个人的各种特点，如年龄、性别、左右手等。对于此种自变量被试只能选择，不能改变。

（4）暂时造成的被试差别：任何能改变被试特征以使其和自然状态下有所不同的差别，就可视为暂时性差别。

3. 自变量的量化

（1）在心理学实验中，物理学中描述事物的量度可以用来描述自变量的变化。

（2）心理学实验中有许多自变量的变化不能用物理学的尺度来加以描述。

（3）对于这些无法用物理学尺度描述的心理变化刺激常用主观的辨别力来加以量化。

4. 无关变量

（1）无关变量指自变量以外的、可能会对因变量发生干扰作用的变量，因而又称干扰变量。

（2）主要因素：

①外部干扰因素。

②被试因素（性别、年龄、文化、身体、动机、态度）。

③测量方法和仪器装置方面的因素。

④实验主试方面的因素。

如果以数学方程式来表示因变量和自变量以及无关变量之间的关系，就是：

$$DV = f(IV, EV_1, EV_2, EV_n)$$
$$因变量 = f(自变量, 无关变量1, 无关变量2, 无关变量n)$$

5. 变量的控制

（1）对自变量与因变量作定性控制，使自变量的变化稳定在实验所要求的范围内。

（2）对自变量与因变量进行定量控制，使二者的变化关系可进行定量分析。

（3）对无关变量加以严格控制，消除对实验的干扰，遵循最大与最小控制原则。

（4）最大控制是对自变量的要求，使自变量的变化尽量大，这样容易看出它与因变量变化的关系。

（5）最小控制是指实验中对自变量以外的一切干扰变量的影响要控制在最小限度内。满足最小原则的方法包括：

①消除法：就是将干扰变量排除在实验之外。此法多适用于一些物理刺激因素的控制，例如噪声、光线等。

②限定法：是指通过使某种干扰因素保持恒定状态，从而控制那些无法消除的干扰因素。

③纳入法：是指把某些可能对实验结果产生影响的因素也当作自变量来处理，使其按研究者的要求发生变化，同时分析这种变化与因变量之间的关系。

④配对法：常用来控制与被试有关的干扰因素。具体做法是把条件相等或相近的被试对

等地分配到实验组和控制组。

⑤随机法：就是把参加实验的被试按照随机化的原则分配到实验组和控制组，这种方法也被用来控制由于被试原因对实验结果的干扰。

（四）行为测量量表

测量工具：用以心理行为研究的量表。

量表分类：名义量表、顺序量表、等距量表、比率量表。

1. 名义量表（分类量表）

将研究对象或资料按某种区分特征进行分类，然后分别给予一个名义。它的性质包括以下几点：

（1）名义量表没有数量和质量的含义。

（2）名义量表只有类别、数字，而没有表示高低的分数。

（3）自变量可以是名义变量。

（4）名义变量可以在每个类别中进行次数的统计，可使用百分比、比例、比率等统计方法。

2. 顺序量表

顺序量表又称等级量表，是将测量对象或资料按某种区分特征的标准进行排序。

（1）顺序量表之间不能进行加减乘除运算。

（2）可以使用中位数、百分位数、等级相关系数、肯特尔和谐系数以及秩序的变差分析。

（3）顺序量表可以确定一个对象是否比另一个对象具有较多（较强）或较少（较弱）的某种特征，但并不能确定多多少或少多少，顺序量表规定了对象的相对位置，但没有规定对象间差距的大小。

3. 等距量表

等距量表是指只有相等单位，而没有绝对零点的测量工具。

（1）等距量表包含顺序量表提供的一切信息，并且可以比较对象间的差别，等于量表上对应数字之差。

（2）等距量表中相邻数值之间的差距是相等的，1 和 2 之间的差距等于 2 和 3 之间的差距，也等于 5 和 6 之间的差距。有关等距量表最典型的实际例子是温度计。

（3）等距量表中原点不是固定的，测量单位也是人为的，因此任何形式为 $y=a+bx$ 的线性变换都能够保持等距量表的特性。

4. 比率量表

在行为科学研究中，比率量表用于物理变量的测量，如反应时间、反应速度、反应的耐久性等，它在心理问卷中一般不采用。

三、心理行为测量的可靠性与有效性

（一）信度

信度是指测量结果的可靠性或一致性。由于接受测验时，被试受到各种原因的影响而产生变动，偏离了其真实行为，这就会导致测量结果出现误差，误差越大，分数的可靠性就越低。

信度系数在0～1之间，它是真实分数标准差和实得分数标准差之间的比率，因此信度系数越大越好。

信度包括重测信度、复本信度、内部一致性信度和评分者信度等几个方面。

（1）重测信度：对某一个应聘者进行测验后，过几天对其进行同一测验，两次测验之间的相关系数。

（2）复本信度：在编制测验时，编制两套在出题方式、测验内容等方面几乎一样的题目，在连续的时间内，让同一组被试接受两个测验，计算所得到的两组分数之间的相关系数。

（3）内部一致性信度：同一个测验内部不同题目之间的一致性程度。

（二）效度

效度就是测验的有效性，即测验是否能测量到所要测量的目标，效度是评价一个测验好坏、选择测验的重要标准之一。

效度系数也在0～1之间，是测量目标的真实分数的方差与总分方差的比率。

效度分为以下三类：

（1）内容效度：检查内容是否测量了所要测量的行为。一般来说，测验内容应包含所需要测量的技能和知识。

（2）效标关联效度：测验分数与外在标准（效标）的关联程度，即测验分数对个体效标行为表现进行预测的有效性程度。

（3）构想效度：测验能够测量到理论上的构想或特质的程度。这一般是问卷编写者关心的问题。

建构效度最关心的问题是量表实际测量的是哪些特征。在评价建构效度时，调研人员要试图解释"量表为什么有效"这一理论问题以及考虑从这一理论问题中能得出什么推论。人事测量方法与预测的准确度之间的关系见表5-8。

表5-8 人事测量方法及预测准确性

人事测量方法	预测的准确性（效度）	人事测量方法	预测的准确性（效度）
评价中心	0.68	个性测验	0.38
结构化面试	0.62	非结构化面试	0.31
工作样本调查	0.55	推荐信	0.13
能力测验	0.54	占星术/笔迹学	0.0

四、行为模拟

（一）行为模拟与模拟研究的类型

1. 人的模仿行为

人的模仿行为的特征是：

（1）非控制性、表面性。

（2）无意模仿和有意模仿。

2. 心理行为模拟

心理行为模拟是对实际事物或现象的仿真，它包括：

（1）与人体尺寸有关的空间界面的模拟。

（2）人机系统信息界面的模拟。

（3）工作环境界面模拟。

（二）人的行为模式

1. 人的生理学行为模式——自然属性模式

人一般的安全行为模式是：

$$S \longrightarrow O \longrightarrow N \longrightarrow M$$

刺激　人的肌体　安全行为反应　安全目标完成

人的安全行为从因果关系上看有两个共同点：

（1）相同的刺激会引起不同的安全行为。

（2）相同的安全行为来自不同的刺激。

领导重视安全工作，有的是有安全意识，受安全科学的指导；有的可能是迫于监察部门监督；有的可能是受教训于重大事故。

2. 人的心理学行为模式——社会属性模式

人的心理学行为模式见图 5-12。

需要｜心理紧张或兴奋｜动机｜目标导向｜目标行动｜安全行为｜需要满足、紧张消除｜新的需要

图 5-12　人的心理学行为模式

3. 人的安全行为与人的失误

（1）人的安全行为。

（2）人的信息处理过程。

（3）人的失误。

①随机失误：与人的心理、生理有关。

②系统失误：由系统设计不足或人的不正常状态引发。

4. 人的失误的致因

（1）人的自身因素，如超过负荷的不适应感。

（2）与外界刺激操作不一致。

（3）对正确的方法不清楚。

（4）人的个性心理特征，如能力、性格、气质等。

（5）非理智行为。

第十节　安全心理与安全伦理

一、安全道德

安全道德的逻辑规定：安全伦理的对象是安全道德，安全道德是安全伦理的核心概念。如何界定安全道德？在马克思主义安全道德观看来，安全道德有广义和狭义之分。

（1）广义上的安全道德：政府部门、企业、商业、风险决策者及其利益相关个人在安全活动中及其结果中所表现出来的职业道德。

（2）狭义上的安全道德：安全管理工作者在安全活动及其结果中所表现出来的职业道德。

这个安全道德观包含如下的逻辑规定：

（1）安全道德与道德的关系。

（2）安全道德与职业道德的关系。

（3）安全道德与安全工作者的职业道德关系。

（4）安全道德与安全工作者在安全活动中的职业道德关系。

（5）安全道德与安全活动行为结果所体现出的道德之间的关系。

安全伦理围绕的两个主要问题：

（1）公共安全活动的伦理原则和道德基础是什么。

（2）在安全活动中，政府、企业、商业、风险决策者或决定者及其个人究竟应当遵循哪些道德规范。

二、安全伦理取得的进展

随着公民社会的发展，目前已经出现了安全伦理学参与实际解决安全问题的可能。在安全权益维护方面，现代公民社会在以下三个方面取得了进展：

（1）公民社会是一个突出个体"人权"保障的民主社会。

（2）公民社会的另一特征是倡导公民有参与意识和责任意识。

（3）在公民社会中，大量存在的民间团体是公民参与风险决策、决定和安全资源分配决定等社会公共安全活动的平台。

三、安全伦理的性质和任务

伦理学是一种关于道德行为的学说，它有两个重要分支，即描述伦理学和规范伦理学。其中，描述伦理学的目的是道德状况的呈现，即它是回答综合的道德状况是什么或正发生什么的问题。描述伦理学对安全活动领域中具体的风险决策者或产生风险的相关者以及由此产生的事故的相关责任人而言，应确证他们的一般的伦理标准"是什么"。然而描述伦理学在道德理论与实践中，易让人产生一种较危险的观念：如果每个人都在那样作为，那么这种行为就是可以接受的。例如：工业史研究表明工业革命以来，几乎所有西方国家处在中国目前工业化发展阶段时，也发生了大量的安全生产事故，并引发了严重的公共安全问题。时下在中国少数精英中盛行的发展阶段"事故难免论"就是依据此说而举证立说的。但是仅仅是过去或现在的如此"不安全"作为，并不能说明它就是应当或正当的。在"事故难免论"的描述伦理学视域下，描述伦理学有其不足和危险的一方面，因此需要规范伦理学加以克服，这恰恰说明了规范伦理学视域内的安全伦理的重要性。

相比之下，规范伦理学作为传统伦理学的主流，重点致力于揭示、发展、说明和建构能指导人们行为和决定的基本道德原则。在应用伦理学视域下，安全伦理则可以对社会发展领域中的日益严重的安全问题及其所引发的道德问题进行研究，并为其确定伦理维度，为安全问题所引起的道德悖论的解决创造一种对话的平台，在处理安全问题上使各类安全问题见解之间取得社会共识。应用伦理学至今在其一般理论、经济伦理、生态伦理、企业伦理、制度伦理、医学生命伦理、政治伦理及全球伦理等方面取得一定程度发展，这些研究领域所涉及的道德问题和进行道德判断时依据的伦理原则（如尊重生命的最基本的伦理原则，平等、公正、正义、行善等伦理原则，底线伦理原则中的不伤害原则以及生命和健康优先原则）均可运用于安全活动领域，以处理和解决由安全问题所引起的道德悖论。应确立安全活动领域内伦理道德的基本问题和基本原则、研究安全生产监察和管理的功能并给予伦理评价、明确安全生产的目的和应承担的道德责任、研究安全生产监察和管理的伦理建设的可能性与路径、确认安全科学学科的人伦价值导向以及安全文化与安全伦理的关系等问题。

四、安全伦理理论框架

如何确定公共安全活动的伦理原则、道德基础以及人们为此应当遵循的伦理规范呢？通过上述对安全问题和公民社会中相关的价值观讨论、对应用伦理学理论信息的挖掘展开，安全伦理在以下三个方面展开工作：

首先，从公民权利的实现出发，用"以人为本"伦理原则建构"安全发展"的伦理基础，对公共安全体系进行"伦理定位"。在这里，权利原则要求的是个人权利不能简单地被功利主义原则所藐视，权利只能被另一个更基本或更重要的权利——生命权利或安全权利所超越。任何一个步入"文明"社会的国家，在处理安全渴望和需求与安全责任状况的矛盾、财富获得与安全获得的价值择优关系时，都应将人的生命价值视为最高或最普遍的价值，而且它只能是其他价值的目的，不能作为其他目的的工具而显出其珍贵。因而在伦理道德体系中，尊重与保存生命原则应具有绝对优先权，政治、经济社会发展不能逾越生存原则去满足其他伦理原则。行动者有理由遵守生命权利神圣不可剥夺的第一性伦理原则。

其次，按照"生命—自由—平等"的伦理正义系列建立特定的基本道德原则及准则，对安全活动及其安全保障体系做"合理性"结构。必须看到，市场无权决定一个人的生命价值，政府部门、企业及个人无权决定人的"命价"。生命权利在自由中表现为不仅有人身自由、人身安全，而且拥有文明社会中基本的、维持生存的生活资料的自由，避免以牺牲生命或健康换取个人基本生活资料。在平等方面，国家平等地把每个人当作人看待，同等地对待每一个人的生命，不容许任意形式的对生命的伤害，也不允许在人之为人的意义上剥夺他赖以生存的基本生活资料。因此，只有在肯定个人安全权利基础上，通过国家、企业组织、民间权益组织的三方"利益博弈"过程与民主协商，才有可能创建平等公正的制度环境。在从以财富获得为目的的公共安全保障体制向以人权保障为目的的公共安全体制转型中，安全获得的前提是创立平等与正义的社会机制与制度环境，并要以此改造传统规范，所以新的规范创立要从"以人为本"的伦理道德规范出发。

最后，改变传统"高举人"的道德理想模式，创立"抬举人"的道德模式。在公共安全活动中，就政府机构及官员、企业、商业及个人来讲，不能以道德理想为标准看待其行为，只能以最基本的人权伦理规范与制度环境约束他们遵循的道德要求，不要触及道德禁区。必须认识到，道德理想不在于政治强制性地接受，而在于自主选择的结果。

五、安全伦理的现实理论意义

安全伦理能帮助我们警惕在中国普遍流行的"事故难免论"或发展代价论（或交学费论）观念以及推卸责任的行为。

第十一节　事故创伤的心理干预

一、心理救援

心理救援是指对处于心理危机状态的个体、家庭及群体采取的、明确有效的心理救助措施。

常见的心理救援包括对受到暴力或事故伤害、事业与情感受挫折者进行的心理治疗，特别是对经受重大灾难者给予物质和精神上的帮助。

心理救援的一般步骤：

（1）在危机发生的最初阶段提供情感支持。

（2）根据实际情况指导寻求可能的援助。

（3）通过心理辅导帮助受害者有效地处理危机事件。

（4）帮助提高心理适应能力，重建生活目标。

心理救援的指导思想：

（1）救援时应有心理工作者对遇难家属进行针对性的心理干预。

（2）在救援善后工作中，使干部得到安全教育。

（3）特别重大的事故应动员社会参与心理救援，使全社会受到人文关怀教育。

二、事故创伤后的心理和行为障碍及干预

（一）创伤后应激障碍

创伤后应激障碍（Post Traumatic Stress Disorder，简称 PTSD）是指突发性、威胁性或灾难性生活事件导致个体延迟出现和长期持续存在的精神障碍，其临床表现以再度体验创伤为特征，并伴有情绪的易激惹和回避行为。简而言之，PTSD 是一种创伤后心理失平衡状态。

根据 Madakasia 等报告，龙卷风受灾者中，PTSD 的患病率为 59%。Armenia 地震和 Andrew 飓风后，PTSD 的患病率超过 30%。中国张北地震受灾人群 3 个月和 9 个月后，

PTSD 的发病率分别为 18.8％和 7.2％。刘爱忠等调查发现，洪灾后人群 PTSD 的患病率为 30.9％。

需要重视的是，PTSD 患者自杀率达 19％，显著高于普通人群，并且合并其他精神障碍的风险较高，如酒精滥用为 20％～70％，广泛性焦虑为 40％～70％，抑郁症为 35％～50％，药物滥用为 10％～25％等。

临床表现：

（1）以下列 1 种以上的方式持续地重新体验到这种创伤事件为特征，如：

①反复闯入性地痛苦回忆起这些事件，包括印象、思想或知觉。

②反复而痛苦地梦及此事件。

（2）对此创伤伴有的刺激作持久的回避，对一般事物的反应显得麻木（在创伤前不存在这种情况），如：

①努力避免有关此创伤的思想、感受或谈话。

②努力避免会促使回忆起此创伤的活动、地点或人物。

③不能回忆此创伤的重要方面。

④明显地很少参加或没有兴趣参加有意义的活动。

⑤有脱离他人或觉得他人很陌生的感受。

⑥情感范围有所限制（例如，不能表示爱恋）。

（3）警觉性增高的症状（在创伤前不存在）表现为：

①难以入睡或睡得不深。

②激惹或易发怒。

③难以集中注意。

（二）事故创伤后的心理及生理障碍

1. 急性应激反应

急性应激反应发生于突发性的严重精神刺激事件之后，由异乎寻常和来势迅猛的精神打击所致。

急性应激反应特征有以下几方面：

①在遭遇精神刺激若干分钟至若干小时内出现。

②行为带有一定的盲目性。

③伴有情感迟钝的精神运动性抑制或缄默少语。

2. 迟发性应激反应

（1）出现于应激性事件结束较长时间之后，如数日或数周。

（2）焦虑、恐惧、忧郁、头痛、头昏、失眠、记忆力减退和内脏功能紊乱等。

3. 恐怖性神经症

恐怖性神经症是伤害引起剧烈心理创伤后产生的严重精神障碍。

4. 伤害致残者的心理行为损害

（1）严重伤害后的残疾会长期刺激受害者的心理健康。

（2）康复需要发挥社会、单位、家庭等各方面的力量，需要它们共同给予帮助。

（三）事故创伤发生后的一般干预原则

（1）总体原则：

①身体创伤方面积极抢救、心理创伤方面提供情感的支持。

②在患者周围营造包容和理解的氛围。

③对患者重点有针对性地进行心理安慰，帮助他们恢复生活的勇气。

（2）重在物质与精神支持，促进其心理康复。

（3）防止因组织行为的过度反应导致"祸不单行"。

（4）积极开展心理治疗工作。

（四）重大伤亡事故发生时的心理恐慌及其干预

（1）在有较多人群的场合，恐慌会造成群体性恐慌。

（2）在非群体性场合，恐慌使个体行为产生严重紊乱和非理性的行为。

（3）救援人员也可能在现场形成恐慌心理。

第六章 安全经济学

第一节 概 述

在过去很长一段时期内，由于安全生产的主要目标和任务是保护人的生命安全与健康，因此在安全活动过程中很少从经济的角度去考虑问题。但是，一方面是社会资源有限的客观性，另一方面是中国社会经济机制有了新的转变，即从计划经济模式转入社会主义市场经济模式，要求讲效益原则、效率原则，安全活动也必须符合这些原则和规律。在这种背景下，安全经济学逐步得到发展和重视。

一、安全经济学的性质

安全经济学以安全工程技术活动为特定的应用领域，是一门经济学与安全科学相交叉的综合性科学，是研究安全活动与经济活动关系规律的科学。它以经济科学理论为基础，以安全领域为阵地，为安全经济活动提供理论指导和实践依据。

安全经济学可定义为研究安全的经济（利益、投资、效益）形式和条件，通过对人类安全活动的合理组织、控制和调整，达到人、技术、环境的最佳安全效益的科学。这一定义具有如下几点内涵：

（1）安全经济学的研究对象是安全的经济形式和条件，即通过理论研究和分析揭示和阐明安全利益、安全投资、安全效益的表达形式和实现条件。

（2）安全经济学的目的是实现人、技术、环境三者的最佳安全效益。

（3）安全经济学的目标是通过控制和调整人类的安全活动来实现的。

二、安全经济学的研究对象

安全经济学的研究对象是根据安全实现与经济效果对立统一的关系，从理论与方法上研究如何使安全活动以最佳的方式与劳动、生产、生活合理地结合起来，最终达到安全劳动、安全生活、安全生存的可行和经济合理，从而取得较好的综合效益。安全经济学应研究如下问题：

（1）安全经济学的宏观基本理论。研究社会经济制度、经济结构、经济发展等宏观经济因素对安全的影响以及与人类安全活动的关系；确立安全目标在社会生产、社会经济发展中的地位和作用；从理论上探讨安全投资增长率与社会经济发展速度的比例关系；把握和控制安全经济规模的发展方向和速度。

（2）事故对社会经济的影响规律。研究不同时期、不同地区、不同科学技术水平和生产力水平条件下，事故的损失规律和对社会经济的影响规律；分析、评价事故和灾害损失的理论及方法，特别是根据损失的间接性、隐形性、连锁性等特征，探索科学、精确的测算理论和方法，为掌握事故和灾害对社会经济的影响规律提供依据。

（3）安全活动的效果规律。研究如何科学、准确、全面地反映安全对社会和人类的贡献，即研究安全的利益规律，测定出安全地实现对个体、企业、国家以及全社会所带来的利益。

（4）安全活动的效益规律。安全的效益不仅包括经济的效益，更为重要的是还包含非价值因素（健康、安定、幸福等）的社会效益。

（5）安全经济的科学管理。研究安全经济项目的可行性论证方法、安全经济的投资政策、安全经济的审计制度、事故和灾害损失的统计办法等安全经济的管理技术和方法，使国家有限的安全经费得以合理使用。

三、安全经济学的研究方法

（1）分析对比的方法。注重微观与宏观相结合、特殊与一般相结合的原则，从总体出发，通过全面、细致的综合分析对比，把握系统的可行性和经济合理性，从而得到科学的结论。安全经济活动所特有的规律，如"负效益"规律、非直接价值性特征等，只有通过分析对比才能获得准确的认识。

（2）调查研究的方法。调查研究是认识安全规律的重要方法，事故损失规律只有在大量的调查研究基础上才得以揭示和反映。

（3）定量分析与定性分析相结合的方法。由于受客观因素和基础理论的限制，安全经济领域有的命题（如人的生命与健康的价值、社会意义、政治意义、环境价值、企业商业信誉等）是不能绝对定量化的。在实际解决和论证安全经济问题时，必须采取定量与定性相结合的方法。

第二节　安全经济学的指标体系

安全经济系统是一个庞大、复杂的系统，用统计的手段是认识安全经济系统的重要途径之一。通过对事故伤亡、事故损失、安全投入及消耗等数量状况的统计，可以为研究和分析安全问题、为认识事故发生规律提供客观基础的数据，从而为安全活动的合理、科学决策提供可行的保证。

一、安全经济统计及其理论基础

安全经济统计是认识安全状态（安全性、事故损失水平、安全效益等）及安全系统条件（安全成本、安全投资、安全劳动等），对设计和调整安全系统、指导和控制安全活动提供依据的重要技术环节。它可以为研究安全规律，促进事故、灾害预防技术及安全工程与管理技术的发展提供基本数据信息，是开展安全经济研究的重要基础工作。

安全统计工作需要建立一套完整、全面、科学的安全经济指标体系，在质和量的辩证统一中，准确反映安全系统的状态、安全经济活动的效果、安全工作的优劣、安全与经济的协调状况，为各项安全决策提供科学依据。

二、安全经济统计指标体系的建立原则

（1）符合客观性和科学性原则。

（2）符合实用性和可操作性原则。

（3）不仅能包容安全经济系统的宏观特性（反映地区、行业、部门以至全国的综合安全经济特性），又能反映安全经济的微观特性（企业、项目的安全经济特性）。

（4）必须反映安全经济效益的特征。

（5）其结构应从安全经济活动规律的要求出发，指标应反映安全活动的目标、任务和要求。

（6）既包括计划指标体系，又包括统计指标体系。

三、安全经济指标体系的结构

安全经济的特性可由三个环节来反映，即安全投入、安全后果和安全效益。因此，安全经济指标体系可由三个部分来构成，即安全投入指标、安全后果指标和安全效益指标。其中每一个部分又可分为宏观结合性指标和微观指标，称为安全经济指标的两个层次。

四、重要的安全经济指标

安全经济指标有如下三个系列。

（一）安全经济的绝对指标

投入方面：主动投入，包括安措费、劳保用品费、保健费、安全奖等；被动投入，包括职业病诊治费、赔偿费、事故处理费、维修费等。

后果及效果方面：负效果，指经济损失量、工作日损失量、环境污染量、伤亡数等；正效果，指生产增值、利税增值、损失（含经济损失和工作日损失等）减少量、污染减少量、伤亡减少量等。

（二）安全经济的相对指标

安全经济的相对指标主要以如下背景来相对地考察问题：职工规模、产量、产值、利税等。安全效益常常用相对指标来反映。从时间相关特性来考察，安全经济指标还可分为静态指标和动态指标，特别是由于安全活动效果的滞后性、延时性等特征，往往需要用动态指标才能准确反映安全经济规律。

（三）重要的安全经济指标举例

在安全管理工作中经常用到的重要的安全经济指标有国民（生产）产值安全投资指数、安措费投资增长率（一般应高于经济增长率）、人均安措费、人均安全成本、专职人员人均安全投资、经济损失达标率、危险源（隐患）现存率、事故损失直间比、经济损失严重度、工日损失严重度、经济损失重要度、工日（时）损失率、人均经济损失、万元安措费保护职工人数、安全专职人员人均保护职工人数、安全专职人员人均安全生产率、百万产值损失

率、百万产值伤亡率、单位产量损失率、单位产量伤亡率等。

目前安全经济学研究获得的一般宏观经济参数及其所占百分比为：

（1）事故损失规模占国内生产总值的 2.5%。

（2）安全投资规模占国内生产总值的 3.5%。

（3）一般安全投入产出比为 1：6。

（4）安全生产贡献率达到国内生产总值的 1.5%～5%。

（5）对于安全保障措施的预防性效果与事后整改效果关系为 1＝5；

（6）安全效益金字塔规律为：系统设计 1 分安全性＝10 倍制造安全性＝1000 倍应用安全性。

第三节　安全经济规律与效益分析

安全经济学是研究安全的经济（利益、投资、效益）形式和条件，通过对人类安全活动的合理组织、控制和调整，达到人、技术、环境的最佳安全效益的科学。这一定义具有如下内涵：

（1）安全经济学的研究对象是安全的经济形式和条件，即通过理论研究和分析，揭示和阐明安全利益、安全投资、安全效益的表达形式和实现条件。

（2）安全经济学的目的是实现人、技术、环境三者的最佳安全效益。

（3）安全经济学的目标可通过控制和调整人类的安全活动来实现。

一、安全经济规律分析

从理论上讲，安全具有两大经济功能：第一，安全能直接减轻或免除事故或危害事件给人、社会和自然造成的损害，实现保护人类财富、减少无益消耗和损失的功能。第二，安全能保障劳动条件、维护经济增值过程，实现为社会增值的功能。

第一种功能称为"拾遗补缺"，可用损失函数 $L(S)$ 来表达：

$$L(S) = L_{\exp}(1/S) + L_0 \quad (1>0, L>0, L_0<0)$$

第二种功能称为"本质增益"，用增值函数 $I(S)$ 来表达：

$$I(S) = I_{\exp}(-i/S) \quad (I>0, i>0)$$

式中，L、1、I、i、L_0 均为统计常数。

损失函数 $L(S)$ 随安全性 S 的增大而减小，当系统无任何安全性时（$S=0$），从理论上讲损失趋于无穷大，具体值取决于机会因素；当 S 趋于 100% 时，损失趋于零。

增值函数 $I(S)$ 随安全性 S 的增大而增大，但是是有限的，最大值取决于技术系统本身功能。

无论是"本质增益"，还是"拾遗补缺"，都表明安全创造了价值。

以上两种基本功能构成了安全的综合（全部）经济功能，用安全功能函数 $F(S)$ 来表达：$F(S) = I(S) + [-L(S)] = I(S) - L(S)$。如将损失函数 $L(S)$ 乘以负号后，即可将其移至第一象限表示，并与增值函数 $I(S)$ 叠加，得到安全经济参数函数曲线见图 6-1，可以得到如下推论：

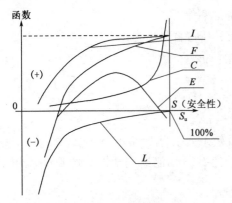

图 6-1 安全经济参数函数曲线

I—安全增值；F—安全产出；C—安全投资（成本）；
E—安全效益；L—事故损失

（1）当安全性趋于零，即技术系统毫无安全保障，系统不但毫无利益可言，还将出现趋于无穷大的负利益（损失）。

（2）当安全性到达 S_L 点，由于正负功能抵消，系统功能为零，因此 S_L 是安全性的基本下限。当 S 大于 S_L 后，系统出现正功能，并且随着 S 增大，功能递增。

（3）当安全性 S 达到某一接近 100% 的值后（如 S_u 点），功能增加速率逐渐降低，并最终局限于技术系统本身的功能水平。由此说明，安全不能改变系统本身创值水平，但保障和维护了系统创值功能，从而体现了安全自身价值。

二、安全经济效益分析

安全的功能函数反映了安全系统输出状况。显然，提高或改变安全性需要投入，即付出代价或成本。安全性要求越大，需要成本越高。从理论上讲，若要达到 100% 的安全（绝对安全），则所需投入趋于无穷大。由此可推出安全的成本函数 $C(S)$：

$$C(S) = C_{\exp}[C/(1-S)] + C_0$$

其中，$C>0$，$S>0$，$C_0<0$。

第四节 安全投资

一、安全投资简介

安全，一般意义上讲是以追求人的生命安全与健康、保护环境为目的。从这一意义上讲，安全投入无所谓投资的意义。但是作为企业，从安全生产的角度考察，安全则具有了投资的价值，即安全的目的有了追求经济利益的内涵。由于安全是为生产服务，首先保护了生产人员，其次安全维护和保障了生产环境，因此，安全对企业的生产和经济效益的取得具有确定的作用，可以带来经济效益。

投入安全活动的一切人力、物力和财力的总和称为安全投资，也称为安全资源。因此，在安全活动实践中，安全专职人员的配备，安全与卫生技术措施的投入，安全设施维护、保养及改造的投入，安全教育及培训的花费，个体劳动防护及保健费用，事故援救及预防，事故伤亡人员的救治花费等都是安全投资。而事故导致的财产损失、劳动力的工作日损失、事故赔偿等，非目的性的被动和无益的消耗则不属于安全投资的范畴。

根据不同的目的和用途，安全投资有如下分类：

（1）按投资的作用划分，分为预防性投资（包括安全措施费、防护用品费、保健费、安全奖金等超前预防性投入）和控制性投资（事故营救、职业病诊治、设备修复等）；

（2）按投资的时序划分，分为事前投资、事中投资、事后投资；

（3）按安全工作的专业类型划分，分为安全技术投资、工业卫生技术投资、辅助设施投资、宣传教育投资、防护用品投资等。

二、安全投资指标体系

（一）安全投资数量的绝对指标

安全投资数量的绝对指标包括货币投入量、人员投入量（指安全专职人员的配备总量）、劳动日投资量。

（二）安全投资数量的相对指标

安全投资的相对量往往用绝对量相对于人员、产量、产值、利税来反映，包括以下几项：

（1）更改费安措投资指数：指安措费占更新改造费的比例，反映安全措施费用所占比重，是衡量安全投资强度的重要指标，公式为：更改费安措投资指数＝安措费/更改费×100％。

（2）生产费用安全投资占用比重：指安全投资总量占企业生产费用总量的比例，公式为：生产费用安全投资占用比重＝安全投资总量/生产费用总量×100％。

（3）国民（生产）产值安措费投资指数：指安措费投资占国民（生产）总值的比例，反映安措投资的水平，它是国家或企业负担安全的指标之一，公式为：国民（生产）产值安措费投资指数＝安措费投资/国民（生产）总值×100％。

（4）国民（生产）产值安全（主动）投资指数：指安全投资占国民（生产）总值的比例，反映安全投资的水平，是考察国家或企业负担安全需要的指标之一，公式为：国民（生产）产值安全（主动）投资指数＝安全投资/国民（生产）总值×100％。

（5）安全总投资：指安全的主动投资，公式为：安全投资＝安措费＋防护品费＋保健费＋安全奖金。

工业安全措施经费包括安全卫生（劳动保护）技术措施投入、个人劳动防护用品费用、工伤与职业病费用。

三、安全投资结构

在一定的安全投资强度比例下，怎样发挥安全投资的作用，要通过合理的投资结构来实现。通常我们研究如下安全投资结构：安全措施费用与个人防护用品费用的结构、安全技术投入与工业卫生投入的结构、预防性投入与事后整改投入的结构、硬件投入与软件投入的结构等。

四、确定安全投资合理比例的基本原则

确定安全投资合理比例的基本原则为经济效益和社会效益相统一，促进经济增长和社会发展目标的实现。安全的发展目标只有与社会和经济的发展目标同步协调，才能更好、更合理地确定出安全投资的合理比例，实现经济效益和社会效益的统一。

依据上述原则，可采用系统预推法、历史比较法、国际比较法等方法确定安全投资的合理比例。

第五节　事故经济损失

评价事故对社会经济和企业生产的影响是分析安全效益、指导安全定量决策的重要基础性工作。事故损失包括直接经济损失和间接经济损失。事故直接非经济损失是指与事故事件当时的、直接相联系的、不能用货币直接定价的损失，如事故导致的人的生命与健康、环境的毁坏等无直接价值（只能间接定价）的损失。事故间接非经济损失是指与事故事件间接相联系的、不能用货币直接定价的损失，如事故导致的工效影响、声誉损失、政治安定影响等。

一、事故经济损失分类

（1）按损失与事故事件的关系划分，分为直接损失和间接损失。

（2）按损失的经济特征划分，分为经济损失（或价值损失）和非经济损失（非价值损失）。

（3）按损失与事故的关系和经济的特征进行综合分类，分为直接经济损失、间接经济损失、直接非经济损失、间接非经济损失。

（4）按损失的时间特性划分，分为当时损失、事后损失和未来损失。

二、生命与健康价值分析

安全最基本的意义是生命与健康得到保障。在追求这个目标以及评价工作成效时，需要衡量安全的效益成果，即安全的价值问题。对于生命、健康、环境影响等非价值因素，不能简单直接地用货币来衡量。但是，在实际安全经济活动中，需要做出客观合理的估价，为安全经济活动的科学评价提供决策依据。

生命价值测定方法有人力资本法、生命绝对值法、减少危险法、支付意愿法、保险金额法、延长生命年法和法庭赔偿法等。对于生命与健康的价值测算有如下理论：

（1）美国经济学家泰勒对死亡风险较大的一些职业进行了研究，其结果是：在一定的死亡风险水平下，人们接受的生命价值水平为 34 万美元。

（2）美国学者布伦魁斯特考察了汽车座位保险带的使用情况。他用人们舍得花一定时间系紧座位安全带的时间价值，推算出人对安全代价的接受水平，推算出人的生命价值为 26 万美元。

（3）国外比较通行的是"延长生命年"法，即一个人的生命价值就是他每延长生命一年所能生产的经济价值之和。

（4）中国提出过一种生命价值的近似计算公式：

$$V_h = D_h \cdot P_{v+m}/(ND)$$

式中　V_h——人命价值，万元；

　　　D_h——人的一生平均工作日，可按 12000 日（即 40 年）计算；

　　　P_{v+m}——企业上年净产值，万元；

　　N——企业上年平均职工人数；

　　D——企业上年法定工作日数，一般取 300 日。

　　由上式可知人的生命价值指的是人的一生中所创造的经济价值，它不仅包括事故致人死后少创造的价值，还包括死者生前已创造的价值。在价值构成上，人的生命价值包括再生产劳动力所必需的生活资料价值和劳动者为社会所创造的价值（$V+M$），具体项目有工资、福利费、税收金、利润等。如果假设中国职工每个工作日人均净产值为 50 元，即 $P_{v+m}/(ND) = 50$ 元，则可算出中国职工的平均生命价值是 60 万元。

　　对生命和健康损失价值评价的目的是反映人类生活实践中，其价值操作的（处理价值实际问题的）客观和潜在的状态，而并非从伦理、道德上对人的总体价值进行评价。即在处理这一经济学命题时，把人作为"经济人"对待，而非"自然人"，是对生命过程中的社会经济关系进行考察，反映人一生的经济活动规模，而非人体的经济价值。

三、事故经济损失计算

　　伤亡事故的损失后果有两种重要表现形式：一是人员伤亡损失，二是经济损失。长期以来，通常仅采用死伤人数、千人重伤率、百万工时损工事件发生率、百万工时总可记录事件发生率等指标。但是仅从人员伤亡方面进行事故的评价显然是不够的，要从如下几项经济损失指标来评价企业职工伤亡事故的规模和严重程度，从而对事故损失做出全面的评价。

（一）千人经济损失率

　　千人经济损失率计算公式为：

$$RM = L/N \times 10^6$$

式中　RM——千人经济损失率，‰；

　　　　L——全年内经济损失，万元；

　　　　N——企业在册职工人数，人。

　　千人经济损失率将事故经济损失和企业的劳动力联系在一起，表明全部职工中平均每一千职工事故所造成的经济损失的大小，反映了事故给企业职工经济利益带来的影响。

（二）百万元产值经济损失率

　　百万元产值经济损失率计算公式为：

$$RV = L/PE \times 100$$

式中　RV——百万元产值经济损失率，万元/百万元；

　　　　L——全年总经济损失，万元；

　　　　PE——企业全年总产值，万元。

　　百万元产值经济损失率将事故经济损失和企业的经济效益联系在一起，表明企业平均每创造一百万元产值因事故所造成的经济损失的大小，反映了事故对企业经济效益造成的经济影响程度。

四、事故赔偿

　　事故赔偿是安全经济活动的重要内容。事故赔偿的方式主要有工伤事故伤残赔偿、职业病赔偿、事故财产损失赔偿等。目前世界范围内普遍通过保险手段来实施事故赔偿。工伤保险是世界各国立法较为普遍、发展最为完善的一项制度，遵循的主要原则有以下几个：

（1）无责任补偿原则：即无论职业伤害责任属于雇主、其他人还是受害人自己，其受害者都应得到必要的补偿。

（2）风险分担、互助互济原则：它强制征收保险费、建立工伤保险基金、分担风险，在待遇分配上，国家责成社会保险机构对费用实行再分配。

（3）个人不缴费原则：工伤保险费由企业或雇主缴纳。

（4）区别因工和非因工原则：在制定工伤保险制度、赔偿时，应确定因工和非因工负伤的界限。

（5）集中管理原则：工伤保险是社会保险的一部分，由专门、统一的非盈利机构管理。

（6）一次性补偿与长期补偿相结合原则。

（7）确定不同等级原则：直接经济损失与间接经济损失进行区别。

第六节　安　全　效　益

一、安全效益的特点

（1）间接性。安全不是直接为物质生产活动的，安全的经济效益是通过减少事故造成的人员伤亡和财产的损失以及通过保护生产技术和过程的间接生产力作用来体现其价值的。一方面，安全使社会、企业或个人遭受的无益的损失得以减轻，实现了间接增值的作用；另一方面，由于保护了生产的人、技术或工具，间接地促进了生产的增值。

（2）滞后性。滞后性也称迟效性。安全的减损（伤亡和财产损失）作用不是在安全措施运行之时就能体现出来，而是在事故发生之后才表现出其价值和作用。安全投资的回收期较长，安全效益往往在安全条件消失之后还存在。

（3）长效性。安全措施的作用和效果往往是长效的，不仅在措施的功能寿命期内有效，就是在措施失去"功能"之后，其效果还会持续或间接发挥作用。

（4）多效性。多效性指安全的活动能通过多种形式促进社会和经济的发展，表现在：安全保障了技术功能的正常发挥，使生产得以顺利进行，从而直接促进生产和经济的发展；安全保护了生产者，维护了其身心健康，提高了人员的劳动生产率；安全措施避免或减少了人员伤亡和财产损失，直接起到为社会经济增值的作用；安全使人的心理及生理需要获得满足，调动了人员劳动积极性，间接促进了社会经济的发展。

（5）潜在性。安全措施的经济效果不是直接地从其本身的功能中表现出来，而是潜在于安全过程和目的的背后。安全发展与经济发展的目标是一致的，在保护人的安全的同时，也保护了人类的经济条件和资源。因此，安全的经济效益潜在于安全的过程和目的之中。

二、安全效益的实现过程

（一）安全非经济效益的实现过程

安全非经济效益指对人安全与健康的保障，对社会安定、环境污染和危害控制的功能等。对于安全的非经济效益实现，要通过安全技术、管理、教育手段来减少事故发生量和危害事件。随着科学技术的发展和经济的日益增长，对安全的要求也大为提高，同时安全的实现所造成的经济消耗与过去相比，负担大大加重，因此安全的成本向安全科学技术提出了挑战。

（二）安全经济效益的实现过程

安全经济效益的体现在于"减损"和"增值"。为达到这两个目的，首先保证事故或灾害得以有效控制和减少，实现"安全高效"的目标；同时要进行安全过程的优化，实现"高效地安全"。从安全经济学的概念出发，安全过程的内涵是指实现"高效地安全"。安全经济效益的实现过程包括安全性目标（标准）的科学确定、安全措施方案的优选和方案的实施。

三、安全经济效益的宏观计量方法

根据经济学理论，安全经济效益有两种具体的表现方式：

（1）用"利益"的概念来表达安全的经济效益，从而得到下面的"比值法"公式：

$$安全经济效益\ E = 安全产出量\ B\ /\ 安全投入量\ C$$

（2）用"利润"的概念来表达安全的经济效益，从而得到下面的"差值法"公式：

$$安全经济效益\ E = 安全产出量\ B - 安全投入量\ C$$

上面的两种形式都表明：

（1）"安全产出"和"安全投入"两大经济要素具有相互联系、相互制约的关系。

（2）用"利益"的概念所表达的安全经济效益表明每一单位劳动消耗所获得的符合社会需要的安全成果；安全经济效益与安全的劳动消耗之积便是安全的成果，而当这项成果的价值大于它的劳动消耗时，这个乘积便是某项安全活动的全部经济效益。

（3）安全经济效益的数值越大，表明安全活动的成果量越大。

所以，安全经济效益是评价安全活动总体的重要指标。根据安全经济理论的分析，可得到：

$$安全产出\ B = 减损产出\ B_1 + 增值产出\ B_2$$

（一）安全的"减损产出"

$$安全的减损产出\ B_1 = \sum 损失减少增量$$

$$= 前期(安全措施前)\ 损失 - 后期(安全措施后)\ 损失$$

损失项目包括伤亡损失减少量、职业病损失减少量、事故的财产损失减少量、危害事件的经济消耗损失减少量，有：

$$安全减损产出\ B_2 = K_1J_1 + K_2J_2 + K_3J_3 + K_4J_4 = \sum K_iJ_i$$

式中　J_1——死亡减少量＋受伤减少量（价值量）；

　　　J_2——计算期内职业病直接损失减少量（价值量）；

　　　J_3——计算期内事故财产直接损失减少量（价值量）；

　　　J_4——计算期危害事件直接损失减少量（价值量）；

　　　K_i——i 种损失的间接损失与直接损失的比例倍数。

（1）计算期内伤亡损失减少量的计算。

计算期内伤亡损失减少量就是计算期内假如没有投资情况下的预测（或实际）事故损失与进行投资后的实际事故伤亡损失之差：

$$J_1 = 预测事故伤亡损失 - 实际事故伤亡损失$$
$$= (R_{死1} - R_{死0})N \cdot V_{命} + (R_{伤1} - R_{伤0})N \cdot V_{健康}$$

式中　$R_{死1}$——投资后的死亡率；

$\quad\quad R_{死0}$——投资前的死亡率；

$\quad\quad R_{伤1}$——投资后的受伤率；

$\quad\quad R_{伤0}$——投资前的受伤率；

$\quad\quad N$——考察期内的总体，其量纲取决于 R（或职工数，或工时数）；

$\quad\quad V_{命}$——人的生命价值；

$\quad\quad V_{健康}$——人的健康价值。

假如没有投资后的事故率（死亡率和受伤率），计算时可以前一时期的事故发生率为基础，结合计算期内的生产危险性质与规模，用外推预测法等方法加以确定。

间接损失与直接损失的比例倍数 K_1 通常在 $3\sim10$ 之间取定。

（2）计算期内职业病直接损失减少量的计算：

$$J_2 = 职业病下降率 \times 接尘总人数 \times 单位人职业病消费期望值$$

（3）计算期内事故财产损失减少量的计算：

$$J_3 = \sum 各类财产损失减少量$$

（二）安全的"增值产出"

安全增值产出是安全对生产产值的正贡献。其计算方法是基于安全的技术功能保障与维护作用转化为增值作用的思想，对这种作用在全部经济增长因素中所占的比重进行考察，从而确定其贡献率。这种方法称为安全增值产出计算的"贡献率法"，计算公式为：

$$安全增值产出 B_2 = 安全的生产贡献率 \times 生产总值$$

确定安全生产贡献率时有如下思路：

（1）根据投资比重来确定其贡献率，称作"投资比重法"。如安全投资占生产投资的比重，或安措经费占更新改造费的比重，以其占用比重系数作为安全增值贡献率系数取值的依据。

（2）采用对安措经费比例系数放大的方法来计算安全的贡献率。更新改造作为扩大再生产和提高生产效率的手段，对生产的增长作用是可以进行测算的，相应地，可从更新改造活动的经济增长作用中，根据安措费所占的比例划分出安全贡献的份额，作为安全的增值量。

（3）采用统计学的方法进行实际统计测算。即对事故的经济影响和安全促进经济发展的规律进行统计学的研究，在掌握其"正作用"和"负作用"本质特性的基础上，对其安全的增值"贡献率"做出确切的判断。

四、安全经济效益的微观计量方法

安全微观经济效益计量是指对于具体的一种安全活动、一个个体、一个项目、一个企业等小范围、小规模的安全活动效益的计量。

（一）各类安全投资活动的经济效益

安全投资活动主要表现为五种类型：安全技术投资、工业卫生投资、辅助设施投资、宣传教育投资、防护用品投资。从安全"减损效益"和"增值效益"来分类，又可分为：

（1）降低事故发生率和损失严重度，从而减少事故本身的直接损失和赔偿损失。

（2）降低伤亡人数或频率，从而减少工日停产损失。

（3）通过创造良好的工作条件提高劳动生产率，从而增加产值与利税。

（4）通过安全、舒适的劳动和生存环境，满足人们对安全的特殊需求，从而创造社会效益。

不同的安全投资类型会有不同的效益内容，计算各类安全投资的经济效益，其总体思路可参照安全宏观效益的计算方法进行，只是对各种效果分别进行考核，再计入各类安全投资活动之中。

（二）项目的安全效益计算

一项工程措施的安全效益可由下式计算：

$$E_{项目} = \frac{\int^{h} \{[L_1(t) - L_0(t)] + I(t)\} e^{it} \, dt}{\int^{h} [C_0 + C(t)] e^{it} \, dt}$$

式中　$E_{项目}$——安全工程项目的安全效益；

　　　　h——安全系统的寿命期，年；

　　　　$L_1(t)$——安全措施实施后的事故损失函数；

　　　　$L_0(t)$——安全措施实施前的事故损失函数；

　　　　$I(t)$——安全措施实施后的生产增值函数；

　　　　e^{it}——连续贴现函数；

　　　　t——系统服务时间；

　　　　i——贴现率（期内利息率）；

　　　　$C(t)$——安全工程项目的运行成本函数；

　　　　C_0——安全工程设施的建造投资（成本）。

根据工业事故概率的泊松分布特性，并认为在一般安全工程措施项目的寿命期内（10年左右的短时期内），事故损失 $L(t)$、安全运行成本 $C(t)$ 以及安全的增值效果 $I(t)$ 与时间均成线性关系，即有：

$$L(t) = \lambda t V_L$$
$$I(t) = k t V_I$$
$$C(t) = r t C_0$$

式中　λ——系统服务期内的事故发生率，次/年；

　　　　V_L——系统服务期内一次事故的平均损失价值，万元；

　　　　k——系统服务期内的安全生产增值贡献率，%；

　　　　V_I——系统服务期内单位时间平均生产产值，万元/年；

r——系统服务期内的安全设施运行费相对于设施建造成本的年投资率,%。

这样,可把安全工程措施的效益公式变为:

$$E_{项目} = \frac{\int^h \{[\lambda_0 tV_L - \lambda_1 tV_L] + KtV_I\} e^{-it} \mathrm{d}t}{\int^h [C_0 + rtC_0] e^{-it} \mathrm{d}t}$$

对上式积分可得:

$$E_{项目} = \frac{\{[\lambda_0 hV_L - \lambda_1 hV_L] + khV_I\}[1 - (1 + h_i) e^{-hi}]/i^2}{C_0 (1 - e^{-hi})/i + rhC_0 [1 - (1 + h_i) e^{-hi}]/i^2}$$

分析可知:λh 是安全系统服务期内的事故发生总量;hV_I 是系统服务期内的产值总量;rh 是系统服务期内安全设施运行费用相对于建造成本的总比例。

综上所述,个体的安全效益可用人均安全代价、人均事故损失等指标的变化率来反映。一个企业的安全效益可根据计算期的安全项目、安全投资类型的效益来综合计算。

五、提高安全经济效益的基本途径

安全效益,需要我们按照自然规律和经济规律办事,合理地利用有限的安全投入,在有限的安全投资下,求得尽可能大的安全性水平;或是在保障安全的前提下,进行尽可能少的安全投资。为了提高安全效益,必须遵循一些基本的原则,在安全活动的各个领域不断提高安全效益。提高安全效益有以下三个方面。

(一) 合理分配安全投入

(1) 明确安全措施费用中各项安全费用的比例关系。国家把从更新改造费中提取的安全措施费用,分为安全技术性费用、工业卫生费用、宣传教育费用和辅助设施费用四种。每年提取的总费用怎样合理地分配是提高企业安全效益的基本保证。

(2) 明确安全技术性(本质安全化)费用与防护费用(辅助性)的比例关系。安全技术性费用是指实现本质安全化的投入,被动防护性费用是指个体防护、辅助设施等作为外延性、辅助性的安全投入。目前,我们在安全技术性方面的投入是较弱的,而要提高安全生产的水平,就必须从安全技术性入手,增加技术性投入力度。

(3) 明确安全硬技术投入与安全软管理投入的比例关系。怎样合理分配这两类活动的投资比例是提高安全效益的重要因素。要重视安全软技术(软科学)的投入,如安全基础科学研究、安全管理、安全教育等方面,同时对安全硬技术方面的投资进行方案优化论证和管理,这样才能使有限的投资获得较大的效益。

(4) 明确主动预防性投入与被动防护性投入的比例关系。安措费用、劳动防护用品等事前的投入均为主动预防性投入,而事故抢救、事故处理等事中和事后的投入均为被动性消耗。要加大预防性投资力度,有效避免事故。

(二) 降低安全活劳动消耗

安全活劳动消耗是指安全活动中所消耗的安全专兼职人员的体力和脑力劳动,可用安全人员的"全员安全生产率"、"年均完成安全投资量"、"人均保护职工数"等指标来反映安全活劳动消耗的水平。要从保证企业安全生产的基本要求出发,配备足够的安全专兼职人员,同时要意识到，并非安全专兼职人员配备的越多越好，而要充分发挥安全技术人员的积极性和创造性，充分发挥安全人员的潜力，尽量降低安全活劳动的消耗。

（三）降低安全生产的物化劳动消耗

物化劳动也称"死劳动"、"过去劳动"或"对象化劳动"，是指活动过程中所占用的劳动（生产）资料。安全条件是靠安全物化劳动的占用来实现的。为了提高安全的总体效益，要在保证实现安全条件的基本前提下，尽量地减少物化劳动的消耗，把节约出的物化劳动用于其他安全条件的实现，提高安全效益。

第七节　安全技术经济分析与管理

一、安全技术经济分析

在安全技术经济决策中，利用"利益—成本"分析方法，最基本的工作是计算安全措施方案的利益值，基本的思路是：

（1）计算安全方案的效果：安全方案的效果 $R=$ 事故损失期望 $U\times$ 事故概率 P；

（2）计算安全方案的利益：安全方案的利益 $B=R_0-R_1$；

（3）计算安全的效益：安全效益 $E=B/C$；C 是安全方案的投资。

安全方案的优选决策步骤是：

（1）用有关危险分析技术（如 FTA 技术）计算系统原始状态下的事故发生概率 P_0；

（2）用有关危险分析技术，分别计算出各种安全措施方案实施后的系统事故发生概率 P_1 (i) $(i=1，2，3\cdots)$；

（3）在事故损失期望 U 已知的情况下，计算安全措施前的系统事故后果 R_0：$R_0=U\times P_0$；

（4）计算出各种安全措施方案实施后的系统事故效果 R_1：R_1 (i) $=U\times P_1$ (i)；

（5）计算系统各种安全措施实施后的安全利益 B (i)：B (i) $=R_0-R_1$ (i)；

（6）计算系统各种安全措施实施后的安全效益 E (i)：E (i) $=B$ (i) $/C$ (i)；

（7）根据 E (i) 值进行方案优选：最优方案 $\mathrm{Max}E$ (i)。

二、安全投资的风险决策

风险决策也称概率决策。它在估计出措施利益的基础上，考虑到利益实现的可能性大小，进行利益期望值的预测，以此预测值作为决策的依据。具体技术步骤是：

（1）计算各方案的各种利益 B_{ij}（第 j 种方案的第 i 种利益）；

（2）计算各利益实现的概率 P_i；

（3）计算各方案的利益（共有 m 种利益）期望 E $(B)_i$：

$$E(B)_i = \sum_m^1 P_i B_{ij}$$

（4）进行方案优选，即获得最优方案 $\mathrm{Max}\ [E\ (B)_i]$。

三、安全经济管理

实现安全生产需要投入大量的资金。为了高效地利用安全资金，需要研究安全经济管理问题。

（一）安全资金的管理

安全费用是安全技术措施得以正常开展和实施的前提保证。它的根本意义不是简单的货币形式，而是保护劳动者在生产过程中安全健康的措施在经济方面的表现。安全经费应是单列专用款项，企业在编制任务计划时，应将安全技术措施列入生产财务计划之内。安全措施资金专款专用，受到《经济法》和有关安全法规的保护，任何组织或个人不得挪作他用。安全经费由安全部门掌握，其使用控制范围包括改善劳动条件、防止工伤事故、预防职业病和职业中毒为主要目的一切技术、管理、教育等内容。安全经费可分为硬技术方面和软技术方面，硬技术方面包括安全技术各类设备的防护装置、保险设施的更新改造费用、工业卫生费用、辅助房屋及设施费用等；软技术方面包括安全管理方面（在行为控制上的一些法规编制、信息警告、安全管理等措施的花费）、安全奖励、宣传教育费用等。

（二）安全设备、设施折旧

为保证安全经费的正常运转，需要对安全措施投资进行折旧回收。从经济管理的观点出发，采用折旧方法应符合下列原则：尽快回收投资、方法不能太复杂、保证帐面价值在任何时候都不能大于实际价值、为国家税法所允许。

（三）企业安全经济管理

运用经济手段管理安全，主要是利用价值规律、商品经济的手段，采用经济杠杆来管理安全。安全经济管理大致分为以下四类：法律管理、财务管理、行政管理、全员管理。安全经济的财务管理是指对安措费、劳动保险费、防尘防毒、防暑、防寒、个体防护费、劳保医疗和保健费、承包抵押金、安全奖罚金等经费的筹集、管理和使用等。

第七章 职业健康管理

第一节 职业健康监护与防护

职业健康是在职业工作中涉及人体健康的一系列防护、监护、管理、个体卫生安全的全过程，是一个动态的、泛指的概念，与工作条件、工作环境、工作性质有关，它包括职业健康防护、职业健康监护、职业健康评价等内容。

一、职业健康监护

职业健康监护是以预防为目的，根据劳动者的职业接触史，通过定期或不定期的医学健康检查和健康相关资料的收集，连续性地监测劳动者的健康状况，分析劳动者健康变化与所接触的职业病危害因素的关系，并及时地将健康检查和资料分析结果报告给用人单位和劳动者本人，以便及时采取干预措施，保护劳动者的健康。职业健康监护主要包括职业健康检查和职业监护档案管理等内容。职业健康检查包括上岗前、在岗期间、离岗时和离岗后医学随访以及应急健康检查。

（一）用人单位的责任和义务

（1）对从事接触职业病危害因素作业的劳动者进行职业健康监护是用人单位的职责。用人单位应根据国家有关法律、法规，结合生产劳动中存在的职业病危害因素，建立职业健康监护制度，保证劳动者能够得到与其所接触的职业病危害因素相应的健康监护。

（2）用人单位要建立职业健康监护档案，由专人负责管理，并按照规定的期限妥善保存，要确保医学资料的机密和维护劳动者的职业健康隐私权、保密权。

（3）用人单位应保证从事职业病危害因素作业的劳动者能按时参加安排的职业健康检查，劳动者接受健康检查的时间就视为正常出勤。

（4）用人单位应安排即将从事接触职业病危害因素作业的劳动者进行上岗前的健康检查，但应保证其就业机会的公正性。

（5）用人单位应根据企业文化理念和企业经营情况，鼓励制定比本规范更高的健康监护实施细则，以促进企业可持续发展，特别是人力资源的可持续发展。

（二）用人单位的工作程序

（1）用人单位应根据《中华人民共和国职业病防治法》和《职业健康监护管理办法》的有关规定，制定本单位的职业健康监护工作计划。

（2）用人单位应选择并委托经省级卫生行政部门批准和具有职业健康检查资质的机构对本单位接触职业病危害因素的劳动者进行职业健康检查。

为了系统地开展好职业健康监护，用人单位可选择相对固定的职业健康检查机构负责本单位的职业健康监护工作。

（3）用人单位根据国家标准的要求，制定接触职业病因素劳动者的职业健康检查年度计划，于每年的11月底前向职业健康检查机构提出下年度职业健康检查申请，签订委托协议书，内容包括接触职业病危害因素种类、接触人数、健康检查的人数、检查项目和检查时间、地点等，同时应将年度职业健康检查计划报辖区的卫生监督机构备案。

（4）用人单位在委托职业健康检查机构对本单位接触职业病危害的劳动者进行职业健康检查的同时，应提供以下材料：用人单位的基本情况；工作场所职业病危害因素种类和接触人数、职业病危害因素监测的浓度或强度资料；产生职业病危害因素的生产技术、工艺和材料；职业病危害防护设施、应急救援设施及其他有关资料。

（5）职业健康检查机构对职业健康检查结果进行汇总，并按照委托协议要求，在规定的时间内向用人单位提交健康检查结果报告，内容包括：所有受检者的检查结果；检出的患有疑似职业病的劳动者、有职业禁忌及出现异常情况人员的名单和处理建议。应根据需要，结合作业环境监测资料，分析发生健康损害的原因，提出相应的干预措施、建议和需要向用人单位说明的其他问题等。对发现有健康损害的劳动者，还应给劳动者个人出具检查报告，并明确载明检查结果和建议。

（三）职业健康监护的对象

（1）接触需要开展强制性健康监护的职业病危害因素的人群都应接受职业健康监护；

（2）接触需要开展推荐性健康监护的职业病危害因素的人群，原则上应根据用人单位的安排接受健康监护；

（3）虽不是直接从事接触需要开展职业健康监护的职业病危害因素作业，但在工作中受到与直接接触人员同样的或几乎同样的接触，就视同职业性接触，需和直接接触人员一样接受健康监护；

（4）根据不同职业病危害因素暴露和发病的特点及剂量—效应关系，应确定暴露人群中需要接受健康监护的最低暴露水平，主要根据是工作场所有害因素的浓度或强度以及个体累计暴露的时间；

（5）离岗后健康监护的随访时间主要根据个体累积暴露量和职业病危害因素所致健康损害的流行病学和临床的特点决定。

（四）职业健康监护的种类

职业健康监护分为上岗前检查、在岗期间定期检查、离岗时健康检查、离岗后医学随访检查和应急健康检查五类。

（1）上岗前检查。

上岗前检查的主要目的是发现有无职业禁忌证，建立接触职业病危害因素人员的基础健康档案。上岗前健康检查均为强制性职业健康检查，应在开始从事有害作业前完成。下列人员应进行上岗前健康检查：

①拟从事接触职业病危害因素作业的新录用人员，包括转岗到该种作业岗位的人员。

②拟从事有特殊健康要求作业的人员，如高处作业、电工作业、职业机动车驾驶作业等。

（2）在岗期间定期检查。

长期从事规定的需要开展健康监护的职业病危害因素作业的劳动者，应进行在岗期间的定期健康检查。定期健康检查的目的主要是早期发现职业病患者或疑似职业病患者或劳动者的其他健康异常改变；及时发现有职业禁忌的劳动者；通过动态观察劳动者群体健康变化，评价工作场所职业病危害因素的控制效果。定期健康检查的周期根据不同职业病危害因素的性质、工作场所有害因素的浓度或强度、目标疾病的潜伏期和防护措施等因素决定。

（3）离岗时健康检查。

①劳动者在准备调离或脱离所从事的职业病危害的作业或岗位前，应进行离岗时健康检查，主要目的是确定劳动者在停止接触职业病危害因素时的健康状况。

②如最后一次在岗期间的健康检查是在离岗前的 90 日内，可视为离岗时健康检查。

（4）离岗后医学随访检查。

①如接触的职业病危害因素具有慢性健康影响，或发病有较长的潜伏期，在脱离接触后仍有可能发生职业病，需进行医学随访检查。

②尘肺病患者在离岗后需进行医学随访检查。

③随访时间的长短应根据有害因素的流行病学及临床特点、劳动者从事该作业的时间长短、工作场所有害因素的浓度等因素综合考虑确定。

（5）应急健康检查。

①当发生急性职业病危害事故时，对遭受或者可能遭受急性职业病危害的劳动者，应及时组织健康检查。依据检查结果和现场劳动卫生学调查，确定危害因素，为急救和治疗提供依据，控制职业病危害的继续蔓延和发展。应急健康检查应在事故发生后立即开始。

②从事可能产生职业性传染病作业的劳动者，在疫情流行期或近期密切接触传染源者，应及时开展应急健康检查，随时监测疫情动态。

（五）职业健康监护的项目

职业健康检查包括常规医学检查项目和特殊医学检查项目。常规医学检查项目是指作为基本健康检查和大多数职业病有危害因素的健康检查都需要进行的检查项目，GBZ 188—2007《职业健康监护技术规范》把常规医学检查项目的内容做了具体的规定。某些特定的职业病危害因素需要进行未包括在常规项目中的其他医学检查，需在相应的地方给予具体的规定。常规医学检查内容包括以下内容。

1. 劳动者个人基本信息资料

（1）个人资料：包括姓名、性别、出生年月、出生地、身份证号码、婚姻状况、教育程度、家庭住址、现工作单位、联系电话等信息。

（2）职业史：包括起止时间、工作单位、车间（部门）、班组、工种、接触职业病危害（危害因素的名称，接触两种以上应具体逐一填写）、接触时间、防护措施等。

（3）个人生活史：包括吸烟史、饮酒史、女工月经与生育史。

（4）既往史：包括既往预防接种及传染病史、药物及其他过敏史、过去的健康状况及患病史、是否做过手术及输血史、患职业病及外伤史等。

（5）家族史：主要包括父母、兄弟、姐妹及子女的健康状况，是否患结核、肝炎等传染病，是否患遗传性疾病，如糖尿病、血友病等，死亡者的死因。

2. 一般医学生理指标的检测

一般医学生理指标的检测包括血压、心率、呼吸频率、身高、体重测量和营养状况观测。

3. 症状询问

下面列出各系统的主要临床症状，在职业健康检查时应针对不同职业病危害因素及其可能危害的靶器官，有重点地询问。

(1) 神经系统：头晕、头痛、眩晕、失眠、嗜睡、多梦、记忆力减退、易激动、疲乏无力、四肢麻木、活动动作不灵活、肌肉抽搐等。

(2) 呼吸系统：胸痛、胸闷、咳嗽、咳痰、咯血、气促、气短等。

(3) 心血管系统：心悸、心前区不适、心前区疼痛等。

(4) 消化系统：食欲不振、恶心、呕吐、腹胀、腹痛、肝区疼痛、便秘、便血等。

(5) 泌尿生殖系统：尿频、尿急、尿痛、血尿、水肿、性欲减退等。

(6) 眼、耳、鼻、咽喉及口腔：视物模糊、视力下降、眼痛、羞明、流泪、嗅觉减退、鼻干燥、鼻塞、流鼻血、流涕、耳鸣、耳聋、流涎、牙痛、牙齿松动、刷牙出血、口腔异味、口腔溃疡、咽部疼痛、声嘶等。

(7) 肌肉及四肢关节：全身酸痛、肌肉疼痛、肌无力及关节疼痛等。

(8) 造血系统、内分泌系统：皮下出血、月经异常、低热、盗汗、多汗、口渴、消瘦、脱发、皮疹、皮肤瘙痒等。

4. 内科常规检查

(1) 皮肤黏膜、浅表淋巴结、甲状腺常规检查，包括皮肤、口腔黏膜的颜色，有无金属沉着线、糜烂等，眼结膜有无充血；

淋巴结：头颈部和腋窝淋巴结是否有肿大、压痛及其活动度；

甲状腺：大小及有无结节和包块，如有肿大还应检查有无血管杂音。

(2) 呼吸系统检查：胸廓外形、胸部叩诊和听诊、记录异常呼吸音的性质和部位。

(3) 心血管系统检查：心脏的大小、心尖搏动、心率、心律、各瓣膜区心音及杂音、心包摩擦音。

(4) 消化系统检查：腹部外形、肠蠕动、肝脾大小和硬度。

5. 神经系统常规检查

神经系统常规检查包括意识、精神状况，跟腱反射、浅感觉、深感觉和病理反射。

6. 其他专科的常规检查

(1) 眼科常规检查：视力和外眼检查。

(2) 口腔科常规检查：口腔气味、黏膜、牙龈及牙齿状态。

(3) 耳科常规检查：外耳、鼓膜及一般听力检查。

(4) 鼻及咽部常规检查：鼻的外形、鼻黏膜、鼻中隔及鼻窦部，咽部及扁桃体等。

(5) 皮肤科常规检查：有无色素脱失或沉着，有无增厚、脱屑或皲裂，有无皮疹及其部位、形态、分布，有无出血点（斑），有无赘生物，有无水疱或大疱等。

7. 实验室常规检查

（1）血常规：血红蛋白、红细胞计数、白细胞计数和分类、血小板计数（如使用血细胞分析仪，则包括同时检测的其他指标）。

（2）尿常规：颜色、酸碱度、比重、尿蛋白、尿糖和常规镜检（如使用尿液自动分析仪，则包括可同时检测的其他指标）。

（3）肝功能：血清丙氨酸氨基转移酶（血清 ALT）、血清总胆红素、总蛋白和白蛋白。

（4）胸部 X 射线检查：胸部透视或胸部 X 射线摄片。

（5）心电图：用普通心电图仪进行肢体导联和胸前导联的心电图描记。

（6）肺功能：指肺通气功能测定，测定指标包括用力肺活量（FVC）、第一秒用力肺活量（FEV1）和用力肺活量一秒率（FEV1/FVC%）。

（7）病毒性肝炎血清标志物：乙肝血清标志物（乙肝五项）和其他病毒性肝炎血清标志物。

二、职业健康防护

职业健康防护是以预防为目的、根据劳动者的职业接触有害物和作业场所的特点采取的一系列保护、防护措施，以最大限度地减少对劳动者身体健康的危害，包括劳动者个人防护和工作场所的防护。

（一）劳动者个人防护

根据劳动者所接触的有害因素分析，钻井系统一般为噪声、振动、高温、石油气、硫化氢，测井系统包含放射性元素等。

1. 噪声的防护

为减少噪声对钻井工人听力的损害，上井作业人员应配带耳塞或耳罩，耳塞一般能降噪30%左右，使用周期以半年为宜。噪声对人体的影响可分为特异和非特异作用，特异作用是指可引起噪声聋；非特异作用是指对人体听觉外系统的不良影响。噪声危害与暴露噪声的强度、频率、时间及个体因素有关。接触的噪声声级若达到或超过 120dB（A）便会出现耳痛。接触强度为 100～110dB（A）的噪声则可引起耳不适感。长期接触强度超过 85dB（A）的噪声即能引起听力损失。这种听力损失与个体的敏感性、噪声声级、频谱特性、接触方式有关。听力损失可发生在接触噪声的头几个月，也可在整个一生的工作期间逐渐发展。听力损失达到一定程度即为聋，聋是不可逆的，也是无法治愈的。职业性噪声聋属于法定职业病。噪声对听觉外系统的不良影响包括可引起心率、血压、末梢血管阻力和前庭功能的改变等。这些改变多是非特异性的，通常称为应激反应。

职业性噪声聋的预防措施主要是降低噪声接触水平，包括采用有效个人防护（佩戴防声耳塞）、缩短工人接触噪声的时间。

应急处理：及时脱离噪声环境、停止噪声刺激、早期治疗。

2. 振动的防护

全身振动和局部振动对人体的危害是不同的，全身振动可使人出现脸色苍白、恶心、呕吐、头疼头晕、心率和血压降低等症状。局部振动早期可出现肢端感觉异常、振动感觉减退，表现为手麻、手疼、手胀、手凉、手掌多汗，长时间使用振动工具，可出现手指肿胀、手指关节变形、指端感觉减退，出现"手套样"感觉障碍。其典型临床表现是振动性白指，严重时血管痉挛，发生骨和关节的改变。

振动的防护措施有：

（1）采取隔振措施，如在平台上增加减振层。

（2）合理发放个人防护用品，如防振保暖手套等。

（3）建立合理的工作制度，坚持工间休息及定期轮换制度。

（4）坚持就业前体检，凡患有就业禁忌症者，不能从事该作业。

（5）定期体检，尽早发现受振动损伤的作业人员，采取适当预防和治疗措施。

（6）采用有效个人防护（佩戴减振手套），减少接触振动时间。

3. 高温的防护

高温作业时，人体可出现一系列生理功能的改变，主要是体温调节、水盐代谢、心血管系统、消化系统、神经内分泌系统和泌尿系统等方面的适应性变化，但如超过一定限度，则可产生不良影响，以致发生中暑，可能导致的职业病为中暑。

中暑的预防措施主要是夏季应加强工作地点的局部通风，减少持续接触高温时间，增加工间休息次数。

夏季为操作工人发放防暑降温饮品。冬季为现场巡检操作工人配发防寒工作服。控制室和操作间设有空气调节器和采暖设施。

应急处理：脱离高温现场；给予清凉含盐饮料，重者送医院抢救。在炎热季节，高温作业员工多吃各种新鲜蔬菜和瓜果。在饮食中增加含钾丰富的豆类，可供应绿豆汤。

4. 硫化氢的防护

硫化氢为无色气体，具有典型的臭鸡蛋味，相对分子质量为 34.08，相对密度为 1.19，沸点为 $-61.8℃$，易溶于水，也溶于醇类、石油溶剂和原油中。

硫化氢是强烈的神经毒物，对黏膜也有明显的刺激作用。高浓度中毒表现为中枢神经系统症状和窒息症状。

劳动者应佩戴个人硫化氢报警仪，从上风侧进入工作地点，硫化氢报警仪如果报警，必须迅速撤离到工作地点的上风侧，佩戴好正压呼吸器后，2人以上方可进入工作地点。

5. 放射源的防护

1）放射工作人员的管理

（1）放射工作人员上岗前，必须由所在单位负责向当地卫生行政部门申请《放射工作人员证》，工作人员持证后方可从事所限定的放射工作。

（2）申领《放射工作人员证》的人员，必须具备下列基本条件：年满18周岁，经健康检查，符合放射工作职业的要求；遵守放射防护法规和规章制度，接受个人剂量监督；掌握放射防护知识和有关法规，经培训、考核合格；具有高中以上文化水平和相应专业技术知识、能力。

（3）《放射工作人员证》每年复核一次，每5年换发一次，超过2年未申请复核的，需重新办证。

（4）放射工作人员调离放射工作岗位时，应在调离之日起 30 日内，由所在单位向发证的卫生行政部门办理注销手续，并交回《放射工作人员证》。

（5）遗失《放射工作人员证》的，必须在 30 日内持所在单位证明，向卫生行政部门申请补发。

（6）放射工作单位不得雇用临时人员从事放射工作，确需使用临时人员从事辅助性放射工作的，需办证后才能工作。

（7）放射工作人员必须接受放射防护培训。放射防护培训须由省级以上卫生行政部门认可的放射卫生防护技术单位举办，并按照统一的教材进行培训，上岗前的培训时间一般为 10 天，上岗后每 2 年复训一次，复训时间不少于 5 天。

2）个人剂量管理

（1）所有从事或涉及放射工作的单位或个人，必须接受个人剂量监测；建立个人剂量档案，并按规定交纳监测费。

（2）放射工作人员调动时，个人剂量档案应随其转给调入单位，在其脱离放射工作后继续保存 20 年。

（3）凡接受个人剂量监测的放射工作人员，工作期间必须佩戴省级以上卫生行政部门认可的个人剂量计。个人剂量计的测读周期一般为 30 天，也可视情况缩短或延长，但最长不得超过 90 天。

（4）放射工作人员个人剂量监测工作的实施由省级以上卫生行政部门指定的技术单位负责。负责监测工作的单位应将监测结果及时通知被监测者所在单位，所在单位应将个人剂量监测结果抄录在各自的《放射工作人员证》中。

（5）进入放射工作控制区以及参加应急处置的放射工作人员，除须佩戴个人剂量计外，还须佩戴报警式剂量仪。

（6）对操作开放型放射源的工作人员，摄入量可能超过年限值的 1/10 时，应开展摄入量监测。

（7）放射工作人员的受照剂量高于年剂量限值的 3/10 时，个人剂量监测单位应督促放射工作人员所在单位查明原因，并采取改进措施，还应对受照人员的器官剂量和全身剂量进行估算。

3）健康管理

（1）放射工作人员上岗后，应每年进行一次健康检查，必要时可增加检查次数。

（2）放射工作人员的健康检查工作由省级卫生行政部门指定的卫生医疗单位负责实施。

（3）放射工作人员所在单位必须为所有放射工作人员建立个人健康档案，详细记录历次医学检查结果及评价处理意见，在其脱离放射工作后继续保存 20 年。

（4）对确诊已妊娠的放射工作人员，不应参与事先计划的照射和有可能造成内照射的工作。授乳妇女在其哺乳期间应避免接受内照射。

（5）对接受计划照射和事故所致异常照射的工作人员，必须做好现场医学处理，根据估计的受照剂量和受照人员的临床症状决定就地诊治或送专门医疗机构治疗，并将诊治情况记入本人的健康和剂量档案中。

（6）对从事过放射工作，凡属于下列情况之一者，应每 2 年对其进行医学随访观察一次：从事放射工作累计工龄 20 年以上或放射性核素摄入量是年摄入量限值的两倍以上；铀矿工在一年内氡子体累积曝露量在 100 个工作水平月以上；一次或几天内的照射剂量当量在 0.1Sv 以上；一年全身累积照射剂量当量在 1.0Sv 以上；确诊的职业性放射病者。

事故受照人员的医学观察费用由被观察对象所在单位支付，涉及人员调动时由调入、调出单位商定。

持职业性放射病诊断书的患者每 2 年进行一次复查、诊断。

4）安全防护

（1）生产、销售、使用放射性同位素和射线装置的单位应当具备下列条件：有与所从事的生产、销售、使用活动规模相适应的，具备相应专业知识和防护知识及健康条件的专业技术人员；有符合国家环境保护标准、职业卫生标准和安全防护要求的场所、设施和设备；有专门的安全和防护管理机构或者专职、兼职安全和防护管理人员，并配备必要的防护用品和监测仪器；有健全的安全和防护管理规章制度、辐射事故应急措施；产生放射性废气、废液、固体废物的，具有确保放射性废气、废液、固体废物达标排放的处理能力或者可行的处理方案。

（2）测井用非密封源的操作应遵循辐射防护原则与要求，尤其注意以下几点：在满足技术要求的条件下，选用毒性较低、γ 辐射能量较低、半衰期较短的放射性核素，并尽量减少使用及储存的活度；采用远距离操作，尽量选用机械、自动和密闭的方式操作；熟练操作技术，努力缩短操作时间；及时处理放射性污染，防止污染的扩散；尽量减少放射性废液、废物的产生；加强安全防护管理，防止放射性污染事故的发生。

（3）测井中的卫生防护要求：放射工作人员必须了解处理放射性污染事故的原则，熟悉放射性污染事故的处理方法。

测井中释放放射性示踪剂应采用井下释放方式，将装有示踪剂的井下释放器随同测井仪一起送入井下一定深度处，由井上控制在井下释放放射性示踪剂。

采用井口释放方式时，应先将示踪剂封装于易在井内破碎或裂解的容器或包装内，施行一次性投入井口的方法；禁止使用直接向井口内倾倒示踪剂的方法，以防止污染操作现场。

释放放射性示踪剂前，必须认真检查井口各闸门、井管压力与水流量，保证其正常、井管与套管通畅、井口丝堵与防喷盒结构严密后，按照常规操作程序释放示踪剂，防止含放射性示踪剂的井水由井口回喷，污染井场与环境。

操作放射性示踪剂和扶持载源井下释放器或注测仪进出井口时，必须采用适当长度的操作工具。

测井现场的空气比释动能率超过 $2.5\mu Gy \cdot h^{-1}$，有可能受到放射性污染的范围，应划为警戒区，并在其周围设置电离辐射危险警告标志，防止无关人员进入。

现场测井操作人员必须穿戴符合要求的专用工作服、帽子、口罩和手套等个人防护用品，并要做到统一保管和处理。操作强 γ 放射源时，还应使用铅防护屏及戴铅防护眼镜。

（4）放射性污染事故的处理原则与应急措施。

处理原则：

①尽早采取去污措施；

②配制合适的去污试剂；

③选择合理的去污方法，防止交叉污染和扩大污染；

④正确处理废物、废液；

⑤穿戴有效的个人防护用品；

⑥详细记录事故过程和处理情况，妥善保管档案。

5）应急处理措施

（1）一般污染事故。液态放射性物质的洒、漏，可用吸液球或吸水纸吸干，粉末状放射性物质的撒落，可用胶布粘贴或湿抹布清除，然后用温水仔细清洗。为防止污染的扩散，去污程序应先从污染轻的周围渐向污染重的部位。如经反复清洗效果不明显时，可根据放射性核素的化学性质和污染表面的性质，选用有效的去污剂进一步去污。

（2）严重污染事故。发生严重污染事故时，应立即通知在场的其他人员，同时迅速标出污染范围，防止其他人员进入污染区。当皮肤或伤口受到污染时，应立即进行清洗；当眼睛受到污染时，应立即用水冲洗；如果放射性物质有可能进入体内，应立即通知医务人员，必要时及时采取急救促排措施。污染区的人员经采取减少危害和防止污染扩散的必要措施后，要脱去被污染的衣服并将其留在污染区，立即离开此区。事故发生后，应尽快通知防护负责人和主管人员，并立即向有关监督管理部门报告。防护人员应迅速提出全面处理事故的方案，并协助主管人员组织实施。污染区经去污、监测后，经防护人员批准方可重新工作。详细记录事故经过和处理情况，作为查找事故原因、改进防护工作、鉴定健康状况的依据。

（二）工作场所防护

工作场所防护主要是针对职业性危害因素而采取的一般和特定的防护措施。

（1）一般防护措施。一般防护措施包括以下两部分：

①设立警示标识、公告栏：要在有毒有害作业场所入口处设置警示标识、公告栏，内容应该包括危害因素的种类、日常监测的浓度（烈度）、物理化学性状对人体产生的主要危害，预防的简易方法等。

②劳动保护用品：包括工作服、帽、口罩、眼镜、手套、耳塞等。

（2）特定防护措施：主要指职业病危害防护设施，用以消除或者降低工作场所的职业病危害因素浓度或强度，减少职业病危害因素对劳动者健康的损害或影响，达到劳动者健康目的的装置。

降噪装置要将作业场所区、生活场所区分开。减少噪声产生的频率，设置隔离带或隔离墙，以及减少噪声、振动的装置。

装配预防硫化氢溢出的装置。

第二节 卫 生 要 求

卫生要求是指生产单位在生产过程中涉及人的除职业健康要求外的一切衣、食、住、行的卫生要求，也是职业健康的一部分，但又与其有所区别，主要包括住地卫生要求、饮食卫生要求、疾病预防与控制。

一、住地卫生要求

(一) 住地设置要求

(1) 住地设置应选择地势平坦、干燥、背向的开阔地，考虑洪水、泥石流、滑坡、雷击等自然灾害的影响。

(2) 尽量靠近水源，以便于取水。

(3) 交通便利，有利于车辆进出。

(4) 远离噪声，避开有毒有害场所，了解当地疫情，避开自然疫源地。

(5) 附近具有可依托的医疗服务、食品采购点。

(6) 远离野生动物栖息、活动区。

(7) 从上风侧起，营地布局依次为厨房、宿舍、卫生间与垃圾点，其中室外露天厕所、垃圾点与厨房、宿舍最小间距不低于 30m。

(8) 具有处理垃圾的相应措施，各宿舍均应设置垃圾桶，营房区设置垃圾储存容器。

(9) 发配电站设在距离居住区 50m 以外。

(10) 放置民用爆破器材的仓库应远离营区，通风良好；严禁将施工用具存放于职工宿舍。

(二) 住地卫生管理

(1) 定期清扫、洒水、清除杂草。

(2) 定期清理垃圾，夏季垃圾应当日清除，冬季可 2～3 日清除一次，垃圾处理方式可采用深埋、焚烧等措施。

(3) 定期开展灭鼠、灭蚊蝇、灭蟑螂工作。

(4) 营区卫生间应定期清扫与消毒，并保持卫生。

(5) 员工宿舍应室内通风、采光良好，照明、温度适宜，有存衣、存物设施。

二、饮食卫生要求

(一) 厨房卫生要求

(1) 厨房应位于向阳、干燥区域，应与有毒、有害场所保持 30m 以上的距离，与有毒、有害场所间距应不小于 30m，且处于有毒、有害场所的上风向。

(2) 食品加工应当有与产品品种、数量相适应的食品原料处理、加工、储存等场所，最低应设有食品储存库、加工间、餐厅。

(3) 加工间和餐厅地面、墙壁、顶棚应由防水材料构成，便于清洗。

(二) 食品和饮用水卫生要求

1. 食品卫生要求

(1) 食品应当无毒、无害、符合应当有的营养要求，具有相应的色、香、味等感官性状。

（2）配备专职或兼职食品卫生管理人员，加强对生产经营食品的检验工作。

（3）员工食堂应取得当地的餐饮服务许可证。

（4）食品加工人员每年必须进行健康检查。凡患有痢疾、伤寒、病毒性肝炎等消化道传染病（包括病原携带者）、活动性肺结核、化脓性或者渗出性皮肤病以及其他有碍食品卫生的疾病的，不得参加食品的加工工作。

（5）食品加工过程应符合下列卫生要求：

①保持内外环境整洁，采取消除苍蝇、老鼠、蟑螂和其他有害昆虫及其孳生条件的措施，与有毒、有害场所保持规定的距离。

②食品加工应当有与加工种类、数量相适应的食品原料处理、加工等场所。

③食品加工工艺流程应合理，防止待加工食品与直接入口食品、原料、成品交叉污染，食品不应接触有毒物、不洁物。

④餐具、饮具和盛放直接入口食品的容器，使用前必须洗净、消毒，炊具、用具用后必须洗净，保持清洁。

⑤储存、运输和装卸食品的容器包装、工具、设备和条件必须安全、无害，保持清洁，防止食品污染。

⑥食品加工人员应经常保持个人卫生，加工食品时，应将手洗净，穿戴清洁的工作衣、帽。

⑦使用的洗涤剂、消毒剂应当对人体安全、无害。

（6）不得采购、加工如下食品：

①腐败变质、油脂酸败、霉变、生虫、污秽不洁、混有异物或者其他感官性状异常，可能对人体健康有害的。

②含有毒、有害物质或者被有毒、有害物质污染，可能对人体健康有害的。

③含致病性寄生虫、微生物或者微生物毒素含量超过国家限定标准的。

④未经卫生检验或者检验不合格的肉类及其制品。

⑤病死、毒死或者死因不明的禽、畜、兽、水产动物等及其制品。

⑥容器包装污秽不洁、严重破损或者运输工具不洁造成污染的。

⑦掺假、掺杂、伪造，影响营养、卫生的。

⑧用非食品原料加工，加入非食品用化学物质或者将非食品当作食品的。

⑨超过保质期限的。

⑩其他不符合食品安全标准和要求的。

2. 饮用水卫生要求

（1）建立必要的卫生管理制度，采取切实可行的措施，做好经常性维护和管理。

（2）直接从事供、管水的人员必须取得体检合格证，经卫生知识培训后方可上岗工作，并每年进行一次健康检查。

凡患有痢疾、伤寒、病毒性肝炎、活动性肺结核、化脓性或渗出性皮肤病及其他有碍饮用水卫生疾病的和病原携带者，不宜直接从事供、管水工作。

（3）依靠地方疾病预防控制机构定期采样检测，随时掌握水源各项卫生指标，并登记备案。

（4）各类储水设施的配备和使用要符合卫生标准和卫生要求，运水车罐、储水罐配备要适应供水量的要求，并每三个月清洗、消毒一次。

（5）生活饮用水要保证消毒，可采用含氯制剂（漂白粉、漂白粉精片等）进行消毒，末梢水水质含游离性余氯不低于 0.05mg/L。

（6）天然水源生活饮用水必须经过沉淀、过滤、消毒、煮沸方可饮用。

三、疾病预防与控制

（一）传染病预防与控制

传染病是由病原体引起的，能在人与人、动物与动物或人与动物之间互相传播的一组疾病。病原体是致病微生物和寄生虫的统称。传染病主要特征是：有特异的病原体，有传染性，有流行性、季节性、地方性，有一定的潜伏期，有特殊临床表现，包括高热、肝脾肿大、毒血症、皮疹等。

传染病流行过程是传染病的病原体从传染源体内排出后，经过一定的传播途径，侵入另一易感机体，形成新的传染，并在外界环境因素的影响下，不断发生、发展、蔓延的过程。控制传染病的流行和传播，必须隔离传染源，切断传播途径，保护易感人群。

传染病分以下 3 类：

甲类：鼠疫、霍乱。

乙类：传染性非典型肺炎、人感染高致病性禽流感、爱滋病、病毒性肝炎、脊髓灰质炎、麻疹、流行性出血热、狂犬病、流行性乙型脑炎、登革热、炭疽、细菌性和阿米巴性痢疾、肺结核、伤寒（或副伤寒）、流行性脑脊髓膜炎、百日咳、白喉、新生儿破伤风、猩红热、布鲁氏菌病、淋病、梅毒、钩端螺旋体病、血吸虫病、疟疾。其中传染性非典型肺炎、人感染高致病性禽流感、炭疽中的肺炭疽采取甲类传染病的预防控制措施。

丙类：流行性感冒、流行性腮腺炎、风疹、急性出血性结膜炎、麻风病、流行性和地方性斑疹伤寒、黑热病、包虫病、丝虫病，除霍乱、细菌性和阿米巴性痢疾、伤寒和副伤寒以外的感染性腹泻病。

传染病预防控制措施如下：

（1）做好传染病防治知识宣传，并建立健全本单位传染病防治规章制度。

（2）对患有《传染病防治法》规定管理的传染病病人按不同病种管理要求采取相应的隔离治疗措施，直至医疗卫生机构证明其不具有传染性时，方可恢复工作。

（3）饮食行业从业人员按照要求，组织好体检工作，取得健康合格证后方可上岗。

（4）野外施工作业单位每到一个新的施工地时，首先确定就近的医疗单位和卫生防疫机构，了解当地传染病、地方病情况，并做好记录及上报工作。

（5）发现可疑传染病疫情，应立即报单位主管部门。

（6）发生传染病突发事件时，各单位管理部门应当在 2h 内尽快向基地服务事业部、公司疾病预防控制中心和当地卫生行政部门报告。

知识链接：传染病突发事件报告范围

传染病突发事件报告范围应依据《国家突发公共卫生事件相关信息报告管理工作规范（试行版）》的有关要求确定如下：

①鼠疫：发现1例及以上鼠疫病例。

②霍乱：发现1例及以上霍乱病例。

③传染性非典型肺炎：发现1例及以上传染性非典型肺炎病例病人或疑似病人。

④人感染高致病性禽流感：发现1例及以上人感染高致病性禽流感病例。

⑤炭疽：发生1例及以上肺炭疽病例；或1周内，同一工地等集体单位发生3例及以上皮肤炭疽或肠炭疽病例；或发生1例及以上职业性炭疽病例。

⑥甲肝（或戊肝）：1周内，同一工地等集体单位发生5例及以上甲肝（或戊肝）病例。

⑦伤寒（或副伤寒）：1周内，同一工地等集体单位发生5例及以上伤寒（或副伤寒）病例，或出现2例及以上死亡。

⑧细菌性和阿米巴性痢疾：3天内，同一工地等集体单位发生10例及以上细菌性和阿米巴性痢疾病例，或出现2例及以上死亡。

⑨麻疹：1周内，同一工地等集体单位发生10例及以上麻疹病例。

⑩风疹：1周内，同一集体单位发生10例及以上风疹病例。

流行性脑脊髓膜炎：3天内，同一工地等集体单位发生3例及以上病例，或者有2例及以上死亡。

⑪登革热：首次发现病例。

⑫流行性出血热：1周内，同一工地等集体单位发生5例（高发地区10例）及以上流行性出血热病例，或者死亡1例及以上。

⑬钩端螺旋体病：1周内，同一工地等集体单位发生5例及以上钩端螺旋体病病例，或者死亡1例及以上。

⑭流行性乙型脑炎：发生1例及以上病例，或者死亡1例及以上。

⑮疟疾：以行政村为单位，1个月内，发现5例（高发地区10例）及以上当地感染的病例；或在近3年内无当地感染病例报告的乡镇，以行政村为单位，1个月内发现5例及以上当地感染的病例；在恶性疟流行地区，以乡（镇）为单位，1个月内发现2例及以上恶性疟死亡病例；在非恶性疟流行地区，出现输入性恶性疟继发感染病例。

⑯血吸虫病：在未控制地区，以行政村为单位，2周内发生急性血吸虫病病例10例及以上，或在同一感染地点1周内连续发生急性血吸虫病病例5例及以上；在传播控制地区，以行政村为单位，2周内发生急性血吸虫病5例及以上，或在同一感染地点1周内连续发生急性血吸虫病病例3例及以上；在传播阻断地区或非流行区，发现当地感染的病人、病牛或感染性钉螺。

⑰流感：1周内，在同一集体单位发生30例及以上流感样病例，或5例及以

上因流感样症状住院病例，或1例及以上流感样病例死亡。

⑱流行性腮腺炎：1周内，集体单位中发生10例及以上流行性腮腺炎病例。

⑲感染性腹泻（除霍乱、痢疾、伤寒和副伤寒以外）：1周内，同一工地等集体单位中发生20例及以上感染性腹泻病例，或死亡1例及以上。

⑳猩红热：1周内，同一集体单位中，发生10例及以上猩红热病例。

㉑水痘：1周内，同一集体单位中，发生10例及以上水痘病例。

㉒输血性乙肝、丙肝、HIV：医疗机构、采供血机构发生3例及以上输血性乙肝、丙肝病例或疑似病例或HIV感染。

㉓新发或再发传染病：发现本县（区）从未发生过的传染病或发生本县近5年从未报告的或国家宣布已消灭的传染病。

㉔不明原因肺炎：发现不明原因肺炎病例。

报告的主要内容：发生传染病突发事件的单位、地点、时间、人数、主要临床症状、波及范围、救治情况及采取的主要措施等内容。

（7）根据当地实际情况，找好医疗救治单位，及时将患者送往医院就诊，保存病人的剩余食物、呕吐物、排泄物等标本，按《传染病防治法》规定对甲类传染病病人、病原携带者予以隔离治疗，对疑似病人确诊前在指定场所单独隔离治疗；对乙、丙类传染病病人采取必要的治疗和控制传播措施。

（8）对密切接触者按要求进行留验或医学观察，积极配合专业机构，根据病种对密切接触者和易感人群采取预防服药、疫苗接种或人工被动免疫措施。

（9）配合并按照专业机构要求，根据病种所采取的空气、环境、物体表面、污水污物消毒、杀虫及灭鼠工作，同时做好个人防护和记录，个人防护按照相关传染病密切接触人员防护指导原则进行。

（10）加强环境卫生和饮水卫生管理，切断受污染的水源，加大饮水消毒药用量。

（11）加强食堂卫生管理。

（12）大力开展健康教育，提高员工的防病意识，做好思想工作，稳定队伍。

（13）在国内、国外施工作业的基层单位，对于当地可能存在的传染病、地方病等，可以进行相应的预防接种。

（二）地方病、寄生虫病预防与控制

地方病是指在某些地方发生的疾病，列为中国国家重点防治的地方病有地方性甲状腺肿、地方性氟中毒、地方性克汀病、鼠疫、布氏菌病、克山病和大骨节病七种。

碘缺乏病指碘缺乏对机体造成的危害。碘是甲状腺激素的必须成分，甲状腺激素对身体发育是必需的，当碘缺乏时，机体可出现各种异常，包括胎儿早产、死产、先天畸形、单纯聋哑、甲状腺肿及痴呆、矮小等，即所谓克汀病和亚临床克汀病。

缺碘是引起本病流行的主要原因，缺碘原因有环境缺碘、饮水缺碘、膳食缺碘、致甲状

腺肿物质。

治疗：对于普通人只需食用加碘食盐即可。

预防与控制：全民食盐加碘。

适量的氟能维持机体正常的钙磷代谢，促进牙齿和骨骼钙化，从而保护牙齿和有利于骨骼的正常生长和发育。氟对于神经传导和代谢酶系统都有一定的作用。氟的每日最高摄入量为 4~5mg，如果超过每日 6mg，就可能引起氟中毒。氟中毒损害全身各个系统，临床表现为以氟斑牙和氟骨症为特征的一系列症状。

地方性氟中毒：由于外环境中氟元素过多，使生活在该环境中的居民长期摄入过量氟所引起的以氟斑牙和氟骨症为特征的一种全身性慢性疾病，因为该病具有明显的地方性，故称为地方性氟中毒又称地方性氟病。

氟斑牙：是地方性氟中毒最早出现的体征。

氟骨症：是过量氟进入机体后与钙结合成氟化钙，主要沉积于骨组织中，少量沉积于软骨中，使骨质硬化，甚至可使骨膜韧带等硬化。氟骨症早期可使脊柱关节持续疼痛，进而使关节活动障碍、肌肉萎缩、肢体麻木、僵直变形，甚至瘫痪。

大骨节病：近年来，有些学者认为低硒、真菌毒素和饮水中有机物 3 者在本病发病上可能有其内在联系，即粮食受真菌污染和饮水受有机物污染的共同结果都是产生半醌自由基，增多的自由基进入人体可损伤软骨细胞；在病区环境缺乏足够硒保护的情况下，便引起发病。

大骨节病是一种以软骨坏死为主要改变的地方性变形性骨关节病。主要预防措施为多食谷物粮食，粮食储存时注意防潮、发霉。

克山病：克山病病因至今未明，硒缺乏与克山病发病关系密切，强化补硒能预防克山病，收到较好的预防效果。

克山病是一种原因不明，以心肌细胞变性、坏死为主要病理改变的地方性心肌病，可能与硒缺乏和病毒感染有关，1935 年首先发现于黑龙江省克山县，遂命名为克山病。治疗时可使用硒盐或每 10 天口服亚希酸钠片 1 次，每次 4mg。

布氏菌病：布氏菌病又称波状热，是由布氏杆菌引起的人、畜共患的传染病，其临床特点为长期发热、多汗、关节痛、睾丸炎、肝脾肿大等。

预防与控制：

（1）采购。采购有动检部门检疫合格的羊、牛和猪等畜产品。

（2）消毒。被病畜的流出物污染的场地均应进行消毒处理。

（3）宣传教育。对疫区的职业人群进行布氏菌病的危害、临床表现及防治知识的宣传教育。

（三）寄生虫病预防与控制

1. 血吸虫病

血吸虫病是血吸虫寄生于人体而引起的疾病，主要有日本血吸虫、埃及血吸虫和曼氏血吸虫 3 种。

预防与控制：个人防护避免或减少接触疫水；安全用水，保护饮用水源，减少或避免人、畜粪便污染；粪管工作，建立无害化粪池。

2. 疟疾

疟疾是由蚊子传播的寄生虫病，它的病原体是疟原虫。寄生于人体的疟原虫有 4 种：间日虐、恶性疟、三日疟、卵形疟（又称蛋形疟）。典型的临床表现呈周期性发作，每天或隔天或隔 2 天发作 1 次，发作时有发冷、发热、出汗等症状。发作多次可出现脾肿大和贫血。重症病例出现昏迷等症状。

预防与控制：对于外出至高疟疾疫区，需要携带预防药并定期服药，回来后需进行血检，对疟史人员和带虫者进行根治。对土地、水体和植被进行改造，控制或减少媒介按蚊的孳生，利用敏感的药物对蚊虫成蚊及幼虫进行杀灭。

3. 丝虫病

丝虫病是由吸血节肢动物传播的一类寄生性线虫病。其症状有反复发作的非细菌感染性肢体（或阴囊、女性乳房）淋巴结炎或淋巴管炎（精索炎、睾丸炎、附睾炎），局部疼痛、触痛、肿胀、温热感，或有丹毒样皮炎，症状持续超过三天，伴有发热、头痛、不适等全身症状。

预防与控制：可采用蚊帐、蚊香、纱窗、驱避剂、灭蚊等措施。

4. 黑热病

黑热病是杜氏里什曼原虫的无鞭毛体，主要寄生在肝、脾、骨髓、淋巴结等器官的巨噬细胞内，常会引起发热、肝脾肿大、贫血、鼻出血等全身症状。在印度，患者皮肤上常有暗的色素沉着，并伴有发热，故又称黑热病（Kala-azar）。因其致病力较强且很少能够自愈，如不治疗会因并发症而死亡。

5. 包虫病

包虫病又称棘球蚴病，是一种在牧区多见而古老的疾病，由棘球绦虫的幼虫寄生于人体或牛羊等食草动物体内，可引起人畜共患，具有牧区或半农、半牧地区流行特征的慢性寄生虫，俗话称做"白泡泡"或者"水疙瘩"病，医学上称为肝包虫、肺孢子虫。包虫病有两种，一种是由细粒棘球绦虫的幼虫寄生于人体引起的囊型包虫病，另一种是由多房棘球绦虫的幼虫寄生所引起的泡型包虫病。

6. 囊型包虫病

囊型包虫病早期可无任何症状，往往在影像学检查中发现。肝囊型包虫病的症状有肝区隐痛、上腹饱胀感、消化不良、消瘦、贫血、肝大、上腹部包块。肺囊型包虫病有胸部隐痛、刺痛、胸闷、咳嗽、气短、咯血，有时随痰咳出粉皮样内囊碎片或子囊，或在痰液检查时发现原头结的头钩。其他脏器包虫病具有该脏器占位性疾病的特有症状。

7. 泡型包虫病

泡型包虫病早期症状为肝大、肝区隐痛。晚期症状为肝功能损害、脾肿大、肝脏可触及硬结节、黄疸、消瘦、衰竭。发生转移时出现转移病灶所在脏器产生的症状。

预防与控制：加强卫生宣传和教育，增强个人卫生，减少手与口接触传播是防止出现该病的重要措施。

8. 华支睾吸虫病

华支睾吸虫病又称肝吸虫病,是由华支睾吸虫寄生在人的肝胆管内所引起的肝胆病变为主的一种人畜共患的寄生虫病,是当前中国最严重的食源性寄生虫病之一,其危害性主要是患者的肝受损。

预防与控制:

(1) 开展健康教育,提高防病意识,不吃生鱼虾,提倡科学的烹调和食用鱼的习惯,防止误食囊蚴,把住"病从口入"关。

(2) 加强粪便管理,防止虫卵入水。

(3) 控制传染源:积极治疗病人和带虫者。

9. 猪囊尾蚴病

猪囊尾蚴病又称猪囊虫病,有囊虫的猪肉为"米猪肉",或称"豆猪肉",是由猪带绦虫幼虫寄生于人或猪、野猪等中间宿主引起人畜共患的寄生虫病。

预防与控制:

(1) 控制传染源:采购检疫合格的畜肉。

(2) 加强粪便管理和无害化处理:禁止随地大便。

(3) 加强健康教育:不吃生肉或未熟的肉,注意个人和饮食卫生。

10. 蛔虫病

蛔虫病是因蛔虫寄生在人体小肠所致的疾病。

预防与控制:

(1) 注意饮食卫生:不吃不干净的生冷食物,生食的蔬菜瓜果一定要洗净后才能食用。

(2) 养成良好的卫生习惯:不可随地大便。

11. 钩虫病

钩虫病是由十二指肠钩虫或美洲钩虫寄生于人体小肠所致的疾病,临床以贫血、营养不良、水肿、腹痛及胃肠功能障碍为主要表现。

预防与控制:

(1) 加强粪便管理及无害化处理。

(2) 加强个人防护及防止感染。

12. 鞭虫病

鞭虫病是由鞭虫寄生于人体盲肠而引起的疾病。

预防与控制:加强粪便管理,注意个人卫生和饮食卫生,并注意保护水源和环境卫生,对病人和带虫者应驱虫治疗。

13. 蛲虫病

蛲虫病是由蛲虫引起的,以肛门、会阴部瘙痒为特征的一种肠道寄生虫病。

预防与控制:

预防的原则是治疗与预防同时进行,个人防治与集体防治要同时进行。要大力宣传蛲虫病的危害,养成良好的卫生习惯,饭前洗手,勤剪指甲,勤换洗内裤、被褥。

14. 广州管圆线虫病

广州管圆线虫病是由广州管圆线虫寄生于人体中枢神经系统而引发的疾病。寄生虫寄生在人的脑脊液中，引起头痛、头晕、发热、颈部僵硬、面神瘫痪等症状，严重者可致痴呆等。

预防与控制：

(1) 不吃生的或半生的螺类，不吃生菜，不喝生水。

(2) 通过各种宣传途径，大力开展食品卫生和食品安全相关知识的宣传教育工作，增强自我保护意识。

(3) 灭鼠，消灭传染源。

(四) 慢性非传染性疾病预防与控制

1. 慢性非传染性疾病简介

慢性非传染性疾病（简称慢性病）是指以恶性肿瘤、心脑血管疾病、慢性阻塞性肺部疾病、糖尿病等为代表，具有病程长、病因复杂、健康损害和社会危害严重、迁延性、无自愈性及很少治愈等特点的一大类疾病。

慢性病的主要类型包括：以高血压、冠心病、脑卒中为代表的心脑血管疾病，以糖尿病为代表的代谢性异常、精神异常与精神病，恶性肿瘤，慢性阻塞性肺疾病，骨关节病，牙病等。

全世界约 60% 的死亡和 43% 的疾病负担由慢性病造成，随着人群死亡率的下降和平均期望寿命的延长，慢性病病因的累积进一步增强，慢性病发病死亡呈上升趋势，已成为重要的公共卫生问题，引起了一系列的危害。中国慢性病死亡占全部死亡的 70% 以上，城市地区可高达 85% 以上，全国平均每天有 1.3 万人死于慢性病，成为疾病负担的主要原因，严重威胁着劳动力人口的健康，是造成医疗费用上涨的主要原因。

2. 慢性病的危险因素

慢性病的发生和流行通常是多个危险因素共同作用的结果。可改变的行为危险因素有吸烟、过量饮酒、不合理膳食、运动不足、超重和肥胖、不健康心理、高血压和高脂血症等。不可改变的危险因素有年龄、性别、种族和遗传等，这些危险因素都能发展或表现为慢性病。更直接的危险因素如肥胖、高血压、高血糖、血脂异常，最终可导致冠心病、脑卒中、糖尿病、恶性肿瘤、慢性阻塞性肺疾病等常见慢性病的发生。

慢性病不同于一般的传染性疾病，它是多因素长期影响所致，具有多病因、多基因、多阶段长期潜伏等特点，其致病因素已经不是单纯的生物病原，还包括许多社会环境因素、个人行为、生活方式等。传统的生物医学模式已经不能很好地解释慢性病的发生和发展，要用生物—心理—社会医学模式从生物的、心理的、社会的三维角度去探究慢性病的危险因素。

3. 慢性病的预防与控制

1) 策略

慢性病大多是终身性疾病，而且病程长、医疗费用高、难以治愈。中国吸取西方国家的经验，由政府提供政策与经济支持，以社区（或工作场所）为基础，社会各方面参与，通过健康促进、健康教育和干预等方法，在全人群中开展控制慢性病主要危险因素的活动，以预防慢性病的发生、降低慢性病的发病率和死亡率。

根据慢性病的特点，针对高危人群和病人，实施慢性病的三级预防：一级预防，即在疾病尚未发生时，在社区（或工作场所）进行健康生活方式等的健康教育，防病于未然，推迟或减少慢性病的发生。二级预防，即通过疾病普查、筛检、定期健康体检、健康监护等方法，使慢性病能够及早发现、及早诊断、及早治疗，改善预后。三级预防，即对慢性病病人进行规范治疗和康复指导、控制病情、缓解症状，预防或延缓并发症的发生，提高病人的生活质量，延长寿命。

2）内容与方法

国内外研究表明，健康的生活方式可以预防 80％的冠心病、90％的 2 型糖尿病、33.3％的恶性肿瘤。以健康教育为主导措施，以降低危险因素为目标的干预策略是国内外公认的一条低投入、高效益的战略决策。各企业单位应针对工作场所内不同的目标人群，有计划、有组织地实行一系列的健康教育活动，以创造有利于健康的环境，改变人们的行为和生活方式，减少慢性病的发生和发展。

各企业单位、班组应通过举办培训班、培训工人中的卫生骨干、开展班组健康教育以及职业性体检、健康体检中的健康教育等多种形式做好慢性病的预防与控制工作。

（1）普及慢性病防治知识，提高自我保健能力。

普及引起疾病的主要病因、早期症状及表现，早期发现和早期治疗的意义，家庭用药及护理知识，心脑血管意外的家庭急救等。重点围绕"健康四大基石"（戒烟限酒、合理膳食、适量运动、心理健康）开展一系列健康教育与健康促进活动，提倡健康的生活方式，改变不良的行为习惯，控制行为危险因素。

①戒烟限酒。

开展控烟活动：制定工作场所禁止吸烟的制度，营造控烟的支持性环境，做到统一领导，各部门密切协作，动员全员参与。通过"吸烟有害健康"知识讲座和知识竞赛、创建"无烟班组、无烟单位、无烟家庭"活动以及经验介绍、典型事例、咨询等方式，广泛宣传吸烟和被动吸烟的危害以及戒烟的好处，提高戒烟和拒绝吸烟的自觉性。

节制饮酒：中国的饮酒现状不容乐观，20 世纪 80 年代末，因为纵酒而导致心血管病死亡者高达 57 万人，而且逐年上升。过量饮酒、酒依赖或酗酒对健康的损害非常明显，应在整个职业人群中进行多方位、多层次干预。制定工作时间禁止饮酒的规章制度，尤其要严格执行国家法令，严惩酒后驾车。提倡适量饮酒，每日饮酒量不应超过：白酒 50mL、啤酒 270mL、红酒 100mL。

②合理膳食、预防肥胖。

在工作场所内广泛宣传"平衡膳食、合理营养、促进健康"，具体就是：每人每天应吃谷物类 300～500g，蔬菜和水果分别是 400～500g 和 100～200g，鱼、禽、肉、蛋等动物性食物 125～200g；奶类 100g，豆类 50g，油脂类不超过 25g。职工食堂为职工提供合理饮食，严格控制油脂和食盐的摄入量。健康安全管理部门要提醒有肥胖倾向的个体，定期检查与肥胖有关的疾病，及早发现高血压、血脂异常、冠心病和糖尿病，对健康体检结果异常者建立档案与追踪随访。

③适量运动。

在工作场所、生活区域内配置各种健身器材，建立各种运动俱乐部或舞蹈培训班等，改变职工的运动理念，通过集体运动，使职工保持较高的锻炼积极性和依从性。根据职业人群特点，宣传合理的体育锻炼方式：伸展运动，如各种广播操、健美操、太极拳等；耐力型的有氧运动，如步行、骑自行车、爬楼梯、慢跑等。这类轻到中等强度的运动、能提高心肺功能的运动项目适合于各种人群，对提高人体素质、预防慢性病起着良好的作用。开展"健康一二一"活动，即"日行一万步、吃动两平衡、健康一辈子"。

④心理健康。

由于慢性病是一组发病潜伏期长，一旦得病不能自愈，而且很难治愈的非传染性疾病。慢性病的患者如果有积极乐观的生活态度，坚持治疗，就会有很好的效果。在工作场所经常开展一些有意义的活动，鼓励员工积极参与各种活动，在思想上经常互相沟通，保持乐观积极的心态，可缓解精神紧张、心情抑郁等不良情绪。同时，通过员工帮助计划（EAP）开展心理咨询、危机干预等措施，也可提高慢性病人的精神卫生水平。

（2）增强从医行为，提高对卫生服务的利用。

可积极参加健康教育、定期体检、疾病普查普治、遵医嘱坚持药物和非药物治疗等，做好三级预防的参与者和接受者。

（3）开展保健技能训练，掌握基本健康技能。

要学会自测脉搏、测血压、测血糖、使用盐勺、自查乳房、掌握心肺复苏技术等基本保健技能。

第八章 应急管理

第一节 概　　述

应急管理也称突发公共事件应急管理，是当今世界关注的一个重要课题，人们正在进行广泛深入的研究。应急管理与人类的发展历史相伴而来，并随着人类历史的发展而不断发展。人类在认识自然、适应自然和与自然界不断斗争的过程中，创造和积累了大量的物质和精神财富。随着人类的发展和技术的进步，人们对客观世界的认识逐步深入，已经可以对一些自然现象做出科学的预测，对某些突发自然灾害可以积极地预测和应对，应急管理逐步成为人们预测风险、化解灾害的一种能力。

在现代社会中，随着世界多极化、经济全球化的快速发展，公共安全、环境安全、经济安全以及社会安全等不确定因素日益增多，各种突发事件频发，危害程度和后果严重，影响范围广泛，管理难度不断增加。由于突发事件的危害性和扩散性，影响的范围会从发生地点迅速扩展到其他地区，也会引发次生灾害或造成社会的不稳定。如果对突发事件的应急处置得当，就能够把事件的影响及时限定在一个局部区域，不会对社会的其他区域带来消极影响，从而保障社会的稳定性，减少事故造成的损失。应急管理的目的是通过对突发事件的早预防、早预警、早准备，减少或避免一些事件的发生，或最大限度地降低事件带来的危害或影响，从而达到保障生命、环境、财产、声誉和正常安全的目的。

通过加强应急管理，使安全管理的关口从事后事故管理逐步向控制和预防前移，在重大突发事件出现时，企业不会茫然失措，实现了安全管理工作的主动性。突发事件应急管理是安全生产的最后一道关口，体现了企业对安全工作的重视，体现的是企业的能力、责任和文化。应急管理是从领导意识、企业价值观念、企业使命以及与之配套的规范和行为出发，包括企业的外在表现、公共感受等一套系统的管理过程，是企业文化的体现。能够对生命、社会、公众、环境负责任的公司，必将通过企业的综合应急能力建设来实现企业的社会责任。

一、国际社会应急管理

20世纪70年代以来，建立重大事故应急管理体制和应急救援系统受到国际社会的普遍重视，许多工业化国家和国际组织都制定了一系列重大事故救援法规和政策，明确规定了政府、企业、社区的责任人在事故应急管理中的职责和作用，并成立了相应的应急救援机构和政府管理部门。

美国是较早建立应急管理体系的国家，经过多年的改进和加强，形成了联邦、州、县、市、社区5个层次的管理与响应机构，各级政府应急管理部门大多建有应急运行中心及备用中心，除作为应急设施外，同时还作为演习和训练的场所。其应急管理机制的基本特点是：

统一管理、属地为主、分级响应、标准运行。"9.11"事件后，美国政府在 2002 年成立了国土安全部（U. S. Department of Homeland Security），把联邦紧急事务管理署（Federal Emergency Management Agency，简称 FEMA）、移民局、中情局及许多相关部门聚集在该部下，力求解决国家的重大国土安全问题。

俄罗斯在 1991 年成立了民防、紧急状况与救灾事务委员会，1994 年改组为民防、紧急状况与救灾事务部（简称紧急状态部），成为俄罗斯民防事务和紧急状况的专门政府机构，直辖 40 万人的应急救援部队及装备。俄罗斯联邦、联邦主体（州、直辖市、共和国、边疆区等）、城市和基层村镇 4 级政府设置了垂直领导的紧急状态机构，同时，为强化应急管理机构的权威性和中央的统一领导，在俄罗斯联邦和联邦主体之间设立了 6 个区域中心，每个区域中心管理下属的联邦主体紧急状态局，全俄罗斯形成了五级应急管理机构逐级负责的垂直管理模式。联邦、区域、联邦主体和城市紧急状态机构（部、中心、总局、局）下设指挥中心、救援队、信息中心、培训基地等管理和技术支持机构，保证了紧急状态部有能力发挥中枢协调作用，在处理各类突发公共事件中发挥了重要作用。目前，俄罗斯联邦安全委员会议融合了国家战争动员和危机管理的多重决策和协调职能；联邦及地区紧急状态部兼有民防动员及平暴制乱、反恐维稳、防汛抗旱、防震减灾、消防灭火等职能。

日本建立了从中央到地方的防灾减灾信息系统及应急反应系统，注重现代科学技术在安全减灾中的应用。日本建立了以内阁府为中枢，通过中央防灾会议决策，突发事件牵头部门相对集中管理的应急体制。1995 年，阪神大地震后，日本进一步强化了政府纵向集权应急职能，实行中央、都（道、府、县）、市（町、村）三级防救灾组织管理体制。值得关注的是，在突发公共事件应急信息化发展方面，日本不仅建立了完善的应急信息化基础设施，而且还在应急实践中积累了利用现代信息技术实现高效应急管理的经验。

英国较早建立了紧急状态法律体系，1974 年提出制定应急预案，2004 年 1 月通过了《国内紧急状态法案》，强调预防灾难是应急管理的关键，要求政府把应急管理与常态管理结合起来，尽可能减少灾难发生的危险。中央政府建立了应急管理协调和决策机制，在面临重大危机并且需要跨部门协同应对时启动，以召开紧急会议的方式运作。英内阁设立了国民紧急事务秘书处，具体协调跨部门、跨机构应急管理工作和紧急救援行动，促进了应急管理与常态管理有机结合，提高了中央政府应对重大危机的效率。建立"金、银、铜"三级应急处置机制：

（1）金层级主要解决"做什么"的问题，由应急处置相关政府部门（必要时包括军方）的代表组成，无常设机构，但明确专人、定期更换，以召开会议的形式运作。

（2）银层级主要解决"如何做"的问题，由事发地相关部门的负责人组成，同样是指定专人、定期更换，可直接管控所属应急资源和人员。银层级负责战术层面的应急管理，根据金层级下达的目标和计划，对任务进行分配，很简捷地向铜层级下达执行命令。

（3）铜层级负责具体实施应急处置任务，由在现场指挥处置的人员组成，直接管理应急资源的运用。它执行银层级下达的命令，正确开展应急处置与救援工作。

二、中国应急管理现状

中国应急管理体系的全面建设起始于 2003 年总结抗击非典的经验和教训。2003 年下半年，国务院结合总结非典防治工作的经验教训，开始布置应急管理的"一案三制"工作。2004年9月，党的十六届四中全会首次提出"执政能力"建设的概念，明确指出："要建立健全全社会预警体系，形成统一指挥、功能齐全、反应灵敏、运转高效的应急机制，提高保障公共安全和处置突发事件的能力"。2005年，国务院组织起草了国家总体预案和专项预案，召开了第一次全国应急管理工作会议，对全面落实"一案三制"进行了部署。2006年，召开了第二次全国应急管理工作会议，出台了《国务院关于全面加强应急管理工作的意见》，同年2月，国家安全生产应急救援指挥中心成立。2007年，国务院下发《关于加强基层应急管理工作的意见》，全国人大常委会通过《突发公共事件应对法》，应急管理体系向各级政府和全社会延伸，各省成立应急管理领导机构，国家应急管理专项机构职能得到加强，突发公共事件预测预警、处置救援、善后处理等运行机制逐步健全。2008年，在经历南方冰冻雪灾和"5.12"汶川特大地震灾害后，在深入总结经验教训的基础上，提出了进一步加强应急管理的方针政策，中国应急管理体系建设再一次站到了历史的新起点。

2007年11月1日正式实施的《中华人民共和国突发事件应对法》，按照统一领导、综合协调、分类管理、分级负责、属地为主的原则，在领导机构、办事机构、工作机构和专家组应急组织体系框架的指导下，初步形成了以中央政府坚强领导、有关部门和地方各级政府各负其责、社会组织和人民群众广泛参与的应急管理体制。按照坚持统一指挥、分级响应、属地管理、公众动员的基本原则，从各级政府应急机构建设、预防与应急准备、监测与预警、应急处置与救援、事后恢复与重建、法律责任等方面，建立了国家应急管理机制的基本模式，是依法全面加强应急管理的重要标志。

2009年5月1日正式实施的《生产安全事故应急预案管理办法》，对应急预案的编制、评审、备案、实施、奖励与处罚等方面提出了规范和参考标准。

现阶段我们国家应急管理工作面临一系列严峻挑战，一是自然灾害事件频发，防灾体系不完善，灾害多损失重；二是经济发展快速，基础薄弱，重特大事故时有发生，安全生产形势严峻；三是经济全球化发展加快，人、财、物的流动渗透引发公共卫生、重大疫情和群体性不明原因疾病防控难度增大；四是世界多极化发展影响，国际经济、政治关系、民族矛盾、宗教冲突等复杂化、多元化，给敌对势力可乘之机，给维护稳定增大难度。各级政府和企业需要更加重视应急管理工作，认真落实科学发展观，全力以赴做好各项工作。

第二节　应急管理基础知识

一、基本概念

突发事件：从狭义上来说，是指在一定区域内突然发生的、规模较大且对社会产生广泛负面影响的、对生命和财产构成严重威胁的突发事件和灾难；从广义上来说，是指在组织或者个人原定计划之外或者在其认识范围之外突然发生的，对其利益具有损伤性的一切事件。目前，"突发事件"一词已经被人们赋予特殊的语义要素，包括事发突然、影响重大、危害严重。另外，研究任何事情都要关注事物的两面性。当今社会把突发事件当作危机管理来研究，在强化研究突发事件负面效应的同时，也不能偏废其潜在的积极作用。

应急状态：为应对已经或可能发生的突发事件，在某个区域或范围内，政府、相关企业、机构组织在一定时间内依据有关法律法规和应急预案采取紧急措施所呈现的状态。

紧急状态：发生或者即将发生特别重大突发事件，需要国家机关行使紧急权力予以控制、消除其社会危害和威胁时，有关国家机关按照宪法、法律规定的权限决定并宣布局部地区或者全国实行的一种临时性的严重危急状态。

次生（衍生）事件：某一突发公共事件所派生或者因处置不当而引发的其他事件。

耦合事件：在同一地区、同一时段内发生的两个以上相互关联的突发公共事件。如地震后的海啸。

应急预案：对突发事件事先制定的，用以明确事前、事发、事中、事后的各个进程中，谁来做、怎样做、何时做以及用什么资源来做的应急反应工作方案。

应急准备：针对可能发生的事故，为迅速、有序地开展应急行动而预先进行的组织准备和应急保障。一般包括救援队伍、物资、专家、技术等的准备。现在把精神准备也列入重要内容，如模拟培训和心理辅导等，使人们在应急处置时，能临危不慌、正确应对。

应急响应：紧急情况发生后，有关组织或人员采取的应急行动。一般从接到应急预警信息时开始，因此出现紧急情况后在处置的同时，最重要的就是报警。

应急救援：在出现紧急情况进行应急响应的同时，为消除、减少事故危害，防止事故扩大或恶化，最大限度地降低事故造成的损失或危害而采取的救援措施或行动。其重要工作是抢救生命、做好防范次生灾害和保护应急救援动员、体现以人为本和全局观念。

应急恢复：事故的影响得到初步控制后，为使生产、工作、生活和生态环境尽快恢复到正常状态而采取的措施和行动。有专家和学者建议把事故调查纳入应急体系建设的应急恢复环节，以便更好地还原事件真相、模拟事态演变过程、查明原因、分析对策、研究和完善应急预案、推动应急管理的持续改进。

二、突发事件特点

（1）突发性。事件发生的时间、地点具有相当的不可预见性。当事件发生后，事物原有的发展格局突然被打乱，使人们既得利益丧失或可能丧失，而且超出了正常社会秩序和人们心理惯性运行的范围。对于突发性事件，人们往往措手不及、难以应对，整个工作、生活秩序混乱，严重影响社会稳定和经济发展。

（2）破坏性强，危害严重。突发事件的发生会对一个社会系统的基本价值、根本利益和行为准则产生严重威胁，其影响范围通常不仅涉及个人，还具有群体性的特点。突发事件会造成对社会系统的高度破坏，导致资金、资产的流失，甚至人员伤亡，还会损坏组织形象及个人信誉等。另外，突发公共事件的连发性强，损失的放大效应显著，往往会对社会秩序、社会功能、环境与资源等造成严重破坏，给生产生活以及经济社会的正常运转造成强烈的冲击。

（3）人为致灾因素突出。随着城市建设步伐的加快，道路交通、生命线工程、安全生产、环境污染、化学、火灾等事故灾难频发。重大群体上访事件、高校群体性事件、民族宗教问题引发的群体性事件、群体性食物中毒以及涉外突发公共事件呈上升趋势。在今后很长一段时间内，这些仍将是发生频率高、伤亡多、危害大的灾害事故。

（4）相互波及影响，易引发次生灾害。各类突发事件之间又会相互影响、相互交叉。例如，地震、洪涝等自然灾害会衍生卫生防疫、环境污染等问题，突发公共卫生事件会诱发社会治安等问题，所以各类突发事件都会面临衍生新的灾害危机的严重后果。

三、突发事件分类分级

（一）突发事件分类

目前，中国将突发事件分为自然灾害、事故灾难、公共卫生事件和社会安全事件四类。

（1）自然灾害：指由于自然原因而导致的突发事件，如水旱、气象、地震、地质、海洋、生物、森林与草原灾害等。

（2）事故灾难：主要指人类在生活、生产和经营活动中，因为人为因素或设备设施和材料等物的因素造成的破坏性紧急事件，例如各类生产安全事故、交通运输事故、危化品泄漏事故、公共设施和设备事故、环境污染和生态破坏事件等。

（3）公共卫生事件：主要指由病菌、病毒引起的大面积疾病流行等事件，包括传染病疫情、群体性不明原因疾病、食品安全和职业危害、动物疫情以及其他严重影响公众健康和生命安全的事件。

（4）社会安全事件：主要指由人们主观行为产生、危及社会安全的突发事件，包括暴乱、非法游行、民族宗教等群体性事件引起的社会动荡、恐怖活动、涉外突发事件和战争等。

（二）突发事件分级

各类突发事件按照其性质、严重程度、可控性和影响范围等因素，分为以下四级。

特别严重级（Ⅰ）：造成30人以上死亡或经济损失特别严重（超过1亿元人民币）或对社会造成特别严重影响的事件。

严重级（Ⅱ）：造成10～29人死亡或1000～10000万元人民币经济损失或对社会造成严重影响的事件。

较重级（Ⅲ）：造成3～9人死亡和100～1000万元人民币经济损失，或对社会造成较大影响的事件。

一般级（Ⅳ）：造成1～2人死亡和100万元人民币以内经济损失，或对社会造成一般影响的事件。

四、应急管理的四个阶段

预防：在应急管理中有两层意义，一是事故的预防，即通过安全管理和安全技术等手段，尽可能地防止事故的发生，实现本质安全；二是假定事故必然发生的前提下，通过预先采取预防措施，达到降低或减缓事故的影响或后果的严重程度，如加大建筑物的安全距离、减少危险物品的存量、开展公共教育等。从长远看，低成本、高效率的预防措施是减少事故损失的关键。

准备阶段：为有效应对突发事件发生而事先采取的各种措施的总称，包括组织机构的建立、法律法规和标准的制定、应急工作机制的形成、应急预案的完善、应急抢险救援队伍的准备、应急物资的储备、应急培训与演练、应急预警预报等。

响应阶段：在突发事件发生以后进行的各种紧急处置和救援工作，包括报警、应急响应、应急处置等，及时响应是应急管理的主要原则。

恢复阶段：突发事件的威胁和危害得到控制或消除后，为恢复生产、恢复环境等所采取的处置工作。恢复阶段的主要工作包括事故调查、应急处置总结、伤亡职工善后处理、事故理赔和生产恢复等。

五、应急管理的"一案三制"

中国应急管理体系的基本框架为一案三制。"一案"是指应急预案；"三制"是指应急管理体制、应急管理机制、应急管理法制。

应急预案又称应急计划，是针对可能发生的重大事故（事件）或灾害，为保证迅速、有序、有效地开展应急与救援行动、降低事故损失而预先制定的有关计划或方案。它是在辨识和评估潜在的重大危险、事故类型、发生的可能性、发生过程、事故后果及影响程度的基础上，对应急机构与职责、人员、技术、装备、设施（设备）、物资、救援行动及其指挥与协调等方面预先做出的具体安排。

应急预案是应急管理的一个重要内容，国家把应急预案摆在对"机制、法制、体制"建设的统领地位，应急预案在应急管理中发挥着纲领和主导作用，是中国应急管理体系建设的首要任务。

应急管理体制是针对预防、预警、处置、响应、救援、恢复等这一应急管理过程所形成或确立的一整套组织形式和管理规则。中国已经初步建立了统一领导、综合协调、分类管理、分级负责、属地管理为主的应急管理体制。

应急管理机制是行政管理组织体系在突发事件事前、事发、事中、事后全过程中采取的各种制度化、程序化的应急管理方法与措施。从某种程度上说，机制就像一支"看不见的手"，它用无形的力量对组织系统实现目标过程中各个环节进行协调，对各种要素进行有机组合和支配，随时对组织系统施加强大的影响，是整个组织系统目标过程得以运行的潜在动力。中国初步建立了应急预测与预警、信息沟通、应急决策和协调、分级负责与响应、社会动员、应急资源配置与征用、国际协调等应急机制。

应急管理法制在"一案三制"中是基础。依法开展应急工作，努力使突发公共事件的应急处置走向规范化、制度化、法制化轨道，使政府和公民在突发公共事件中明确权利、义务，使政府得到高度授权，维护国家利益和公共利益，使公民基本权益得到最大限度的保护。应急法制建设应通过实践的总结，促进法律、法规和规章的不断完善。截至 2008 年，中国涉及突发公共事件应对的法律 35 件、行政法规 37 件、部门规章 55 件，有关法规性文件 111 件。2007 年 11 月 1 日起实施的《突发事件应对法》成为依法全面加强应急管理的重要标志。

六、应急预警预报

应急预警预报是指在灾害或灾难以及其他需要提防的危险发生之前，根据以往总结的规律或观测得到的可能性前兆，向相关部门和人员发出紧急信号，报告危险情况，以避免危害在不知情或准备不足的情况下发生，从而最大限度地降低危害所造成的损失。

国家正建立健全突发事件预警预报制度。可以预警预报的自然灾害、事故灾难和公共卫生事件的预警级别，按照突发事件发生的紧急程度、发展态势和可能造成的危害程度分为一级、二级、三级和四级，分别用红色、橙色、黄色和蓝色标示，一级为最高级别。预警预报发出后，应当根据事态的发展，按照有关规定适时调整预警级别并重新发布。有事实证明不可能发生突发事件或者危险已经解除的，应当立即解除预警，取消已经采取的措施。应急预警阶段应做好以下工作：

（1）根据权限和程序，发布相应级别的警报，明确其范围、级别；

（2）及时向公众发布和传递预警信息；

（3）相关的部门连续跟踪事态发展，采取防范控制措施，做好相应的应急准备；

（4）各级应急机构进入应急准备状态，采取相应的防范控制措施；

（5）达到突发事件级别标准时，启动相应的应急响应程序；

（6）根据已预警突发事件的情况变化，适时宣布预警解除。

七、应急响应

应急响应是对突发事件下一步工作的快速反应，决定了能否把事态控制在一定的范围和可接受的程度上。应急响应表现为对各种资源的组织和有效利用。在应急处置中强调分级响应，就是为了有效利用各种资源，通过应急处置程序最大限度实现对突发事件的早汇报、早处置。

应急响应程序是指按照突发事件的发展态势和过程顺序，结合事件的特点，根据需要明确接警报告和记录、应急处置程序启动、资源调配、媒体沟通、信息告知、后勤保障、应急状态解除和现场恢复等阶段提前制定的应对工作程序。

八、应急预案

应急预案的编制是一项非常重要的基础管理工作，应急预案管理的好坏涉及能否应对企业的各类突发事件，确保安全环保形势的稳定，关乎人员安全、企业利益、社会稳定等大问题，必须给予高度重视。

按照《安全生产法》、《突发事件应对法》等法律、法规的要求，企业的应急预案编制和制度建设是企业主要负责人的责任。因此，应急预案的编制工作应纳入企业管理者的重要议事日程。在单位应急领导小组的领导下，成立以主要领导或主管领导为组长的编制领导小组，对应急预案的编制及管理进行整体策划，制定工作方案，确定预案编制机构和人员，明确牵头部门、工作分工、职责、应急预案体系构成、编制过程控制和时间安排等内容。

应急预案编制的基本程序：包括成立应急预案编制领导小组、进行现状评估、开展编写人员和审核员业务培训、开展修订工作、进行内部审核、进行管理评审并以公文发布、培训和演练、变更管理、备案等。

应急预案的主要要素：企业应急预案一般包括六个核心要素，即方针与原则、危险性分析、应急准备、应急响应、应急恢复和预案管理与评审。

应急预案的主要内容：包括封面、批准页、目录、正文、附件等。

封面：包括预案编号、预案版本号、企业名称、实施日期、应急预案名称、版本有效标志等。

批准页：包括发布及实施要求、签发人（签字）、签发日期。

目录：包括章的编号和标题、条的编号和标题、附件等。

正文：预案编制的主体部分，包括总则、组织机构及职责、风险分析与应急能力评估、预防与预警、应急响应、应急保障、预案管理、附则附件等。

附件："附件"字样应标示在附件的左上角，附件名称、序号应在目录中体现，并保持前后一致。

应急预案的审核：应急预案的审核分为内部审核和管理评审两个部分。内部审核是在预案编制完成后，企业应按照应急预案审核要素，组织有关部门人员进行内部审核，形成审核报告，并对不符合项进行修正。管理评审是企业在完成内部评审后，聘请第三方机构或邀请外部专家组成专家组对应急预案内容进行审核。应急预案的审核结论应形成书面纪要，由参加评审的人员签字确认，并归档保存。

审核的主要内容：

(1) 预案与法律、法规、规章和标准的符合性；

(2) 与地方和上下级相关预案的衔接性；

(3) 危害因素分析、风险识别的准确性；

(4) 组织机构分工明确、责任落实；

(5) 应急程序和应急资源保障措施清晰具体、操作性强；

(6) 内容及要素完整、文字简洁、信息准确；

(7) 满足国家、行业和中国石油的其他有关要求。

应急预案的备案：企业的应急预案应按照规定报当地政府主管部门备案，同时报上级应急管理部门备案。

九、应急演练

应急演练是指演练组织单位（各级人民政府及其部门、企事业单位、社会团体）组织相关单位及人员，依据有关应急预案，模拟应对突发事件的活动。

应急演练目的：检验预案、完善准备、锻炼队伍、磨合机制和科普宣教。

应急演练类型：可采用多种分类方法，即按组织形式划分、内容划分、目的与作用划分。

组织形式划分：桌面演练和实战演练。

内容划分：单项演练和综合演练。

目的与作用划分：检验性演练、示范性演练、研究性演练。

检验性演练：为检验应急预案的可行性、应急准备的充分性、应急机制的协调性及相关人员的应急处置能力而组织的演练。

示范性演练：为向观摩人员展示应急能力和提供示范教学，严格按照应急预案规定开展的表演性演练。

研究性演练：为研究和解决突发事件应急处置的重点和难点问题，试验新方案、新技术、新装备而组织的演练。

应急演练过程：可以划分为应急演练准备、应急演练实施、应急演练评估与总结三个阶段。

应急演练准备：制定演练计划、设计演练方案、演练动员与培训、应急演练保障。

应急演练实施：演练启动、演练执行、演练结束与终止。

应急演练评估与总结：评估、总结、成果应用、文件归档与备案、考核与奖惩等。

第三节 应急保障

一、应急通信

应急通信是应急保障支撑体系的重要内容，在遭到突发自然灾害或重大事故时，应急通信承担着及时、准确、畅通地传递第一手信息的角色，是决策者正确指挥抢险救灾的中枢神经。一个快速响应、全面高效的应急通信系统已经成为紧急情况下降低事件损失的决定性因素。

在不同的紧急情况下，对应急通信的需求不同，使用的技术手段也不相同，语音、视频、卫星、短波、网络等各类技术已成为应急通信的重要手段。

二、交通运输

交通运输在应急保障中起着至关重要的作用，涉及人员救治与紧急撤离、抢险救援物资以及生活物资的运输。尤其是企业在偏远地区、贫困地区或高社会安全风险地区开展生产经营活动，一定要就紧急状况下交通运输工作做出应急方案，确保在发生突发事件时，受伤人员能够及时地被转运到医院或被困人员能够及时撤离或生产生活所需物资能够及时运到。交通运输的方式涉及陆路运输、水路运输、航空运输和管道运输等。

三、应急物资

应急物资是指严重的突发事件应急处置过程中所必须的保障性物质，包括突发事件的预防、救援、恢复等各环节所需要的各种救援物资、应急设备和设施等。

从广义上讲，凡是在突发事件应对的过程中所需的物资都可称为应急物资。应急物资从使用范围和对象上可划分为三大类：一是保障人民生活的物资，主要指粮食、食用油和水、电等；二是工作物资，主要指处理危机过程中专业人员使用的专业性物资；三是特殊物资，主要针对少数特殊事故处置所需的特定物资，这类物资储备量少、针对性强，如某些特殊药品。

目前，规范性的应急物资分类标准是 1996 年国家民政部门制定的《应急物资分类及产品目录》，包括 13 大类、57 小类。

四、应急技术

作为应急管理的重要手段，应急技术在应急响应和救援中起着关键的作用。应急信息技术让我们认知到事件发生的状况，并决定采用怎样的资源去应对；监测预警技术让我们对事件的发展状况有所了解，知道什么时间发展到什么程度，从而提前进行准备；运输技术让我们在各种恶劣的环境下，完成资源的配送工作，将资源运送到恰当的地点。

五、医疗救治

医疗救治是救援工作中非常重要的一部分。在发生灾难事件后，主要体现在现场救护和心理干预。

现场救护：运用救护知识和技能，对各种急症、意外事故、创伤和突发公共卫生事件等施行现场初步紧急救护，包括：

（1）对常见急症进行现场初步处理；

（2）对伤员进行通气、止血、包扎、骨折固定等初步救治；

（3）搬运、护送伤病员；

（4）现场心肺复苏；

（5）在现场指导群众自救、互救。

在现实生活中，若突发事件现场的医疗救护及时、处置恰当，则能为后续的救治打下良好的基础，并减少并发症，降低死亡率和病残率。

心理干预：又称心理危机干预，是指在灾难性事故发生后，针对处于心理危机状态的个人及时给予适当的心理援助，使之尽快摆脱困难。

在偏远地区作业的队伍，作业现场除了按照相关标准配备必要的医疗救护设施和医护人员外，还应对当地的医疗救护工作进行考察和了解，必要时与当地医院就医疗救护工作签署必要协议，以便出现紧急情况后能有效实施人员的救治。

六、安全保卫

安全保卫是指采取保护或警戒措施，以便隔离危险场所，避免造成二次危险或伤害，或者维持现场正常工作秩序。

安全保卫一般是由公安机关或事发单位组织实施，包括派出安保人员进行警戒，并设置隔离柱、隔离带等。

七、救援队伍

应急队伍是应急保障体系的重要组成部分，是防范和应对突发事件的重要力量。应急队伍按照职能和分工的不同分为以下三类：

（1）专业或专职队伍：主要指消防、医疗、危化品、井喷、海洋等专业救援队伍，是突发事件处置行动的重要参与者。

（2）临时或兼职队伍：为有效应对大规模突发事件，特别是面对重特大自然灾害事件，需要众多的非专业人员配合专业队伍进行突发事件的处置工作。

（3）专家及技术支持：专家主要是指事故灾难、自然灾害、公共卫生、社会安全等相关领域的专业研究人员。应急管理中应该吸收社会各方面专家、实验室、监测及检测机构等作为技术支持，为应急工作提供相应的支持、咨询等服务。

八、应急平台

应急平台是以现代信息通信技术为支撑，软、硬件相结合的突发公共事件应急保障技术系统，具备日常管理、风险分析、监测监控、预测预警、动态决策、综合协调、应急联动与总结评估等多方面的功能，是实施应急预案、实现应急指挥决策的载体。应急平台建设是应急管理的一项基础性工作；对于建立和健全应急机制、预防和应对突发公共事件、减少灾害损失具有重要意义。

应急平台的核心内容可以简单概括为值守、准备、处置、评价。

值守：作为常态化的应急值守，需涵盖通信录管理、号码检索、电话管理、短信管理、传真管理、会议管理、事件管理、文档管理、值班日志、工作提醒等内容。

准备：作为常态化的应急准备工作，应能实现对灾害脆弱性的分析，实现风险隐患的评估、防护目标的识别及应急物资、救援队伍、法律法规、典型案例、专家等资源的准备、评估及考核。

处置：实现突发事件时的快速响应和处置，包括信息的接报、核实、续报、辅助决策、领导批示、预案启动、决策方案、指挥调度、过程跟踪、总结报告等内容。

评价：主要包括常态化值守工作的评价、应急准备工作的评价、突发事件处置评价及相关的统计分析报表图表等内容。

第四节 中国石油应急管理现状

一、应急管理"一案三制"体系建设

中国石油高度重视应急管理工作。按照"居安思危、预防为主"的方针和"预防与处置并重、常态与非常态结合"的原则，积极推进应急管理体系建设，形成了"统一领导、分工负责、部门联动"的应急管理工作格局，着力提高预防和应对突发事件的能力。

（一）应急预案体系

中国石油应急预案从试行到重新修订、发布、实施，预案体系不断完善。2003年上半年，针对井喷失控、油气管道、炼化装置着火爆炸事故以及危险化学品泄漏、海上严重溢油事故等5种突发特别重大事故，印发了《突发特别重大事故应急救援预案》。2006年，编制了《突发事件总体应急预案》，并按照事故灾难、公共卫生、社会安全和自然灾害的分类，制定发布了与总体预案配套的《井喷失控事故应急预案》等16个专项预案。之后，中国石油各企事业单位按照要求，结合本单位实际，开展应急预案的编制工作，逐步建立起"横向到边、纵向到底"的应急预案体系。

随着中国石油业务整合、专业化持续重组以及国家法律法规的不断完善，外部环境和面临风险也发生了很大的变化。中国石油本着应急预案在层次上清楚、结构上合理、内容上具体、操作上简明的基本思路，坚持"科学、实用、简明易行"的修订工作原则，2008年对应急预案进行了大规模的制修订工作，并按计划完成了应急预案的审批和发布工作。修订后的应急预案，内容上进一步充实，结构上进行了简化，在应急职责、响应流程上做了细化，系统性和操作性进行了增强。18 个专项预案作为支持性附件，共同构成了中国石油"1＋18"的应急预案模式。

（二）应急管理体制

中国石油实行应急管理工作行政领导负责制和责任追究制。各成员企业是应对突发事件的责任主体，全面负责本级突发事件的应急管理；岗位员工做好本岗位的应急工作是员工应尽的义务和职责。

按照中国石油应急管理工作推进部署和构想，中国石油及所属企业设立专门应急管理工作职能机构，配备专业人员，加强日常应急管理工作。同时，明确有关应急协调部门、落实责任，并与总部各有关职能部门进行业务衔接。按照"两级行政、三级业务"管理模式，建立起中国石油自上而下的应急组织体系，形成应急管理网络。积极与地方政府有关部门、社区和相关方开展工作联系，形成全员参与、齐抓共管、企地联动的应急管理工作格局。

（三）应急制度体系

中国石油不断加快应急管理规章制度、规范和技术标准建设。结合国家法律法规和中国石油应急管理制度体系，在修订完善《应对突发重大事件（事故）管理办法》、《应急预案编制通则》等规章制度的基础上，出台了《应急平台建设指导意见》、《突发事件风险隐患排查工作指导意见》、《应急管理培训工作总体实施方案》、《应急预案备案管理办法》和《应急预案审核指南》；制定应急指挥中心建设、应急基地建设、应急救援队伍建设、应急装备配备和应急物资储备等标准、规范，促进应急管理工作向规范化、制度化、标准化方向发展。

（四）应急运行机制

中国石油建立了突发事件应急预警机制、应急响应机制、应急处置机制和信息管理机制。

应急预警机制：建立了各类突发事件预警系统，重点建设了具备信息报告、数据查询、综合研判、辅助决策、应急指挥和总结评估等功能的突发事件应急信息平台，应用和装备无线视频技术及设备，加强与国家、政府有关部门的信息和联系。

应急响应机制：根据自然灾害、事故灾难、公共卫生、社会安全四类突发事件和Ⅰ、Ⅱ、Ⅲ级突发事件的启动条件，分级启动应急响应程序，一旦应急响应启动，上一级组织进行预警，并根据实时情况采取行动。

应急处置机制：中国石油总部侧重突发事件的响应救援和组织协调以及联动机制的建立。各企业侧重突发事件的应急处置、抢险救援和现场恢复工作。同一地区的企业按照区域联动机制侧重突发事件的应急响应、组织协调和救援增援。海外项目的应急处置和演练由地区协调领导小组、中国石油办事处或中国石油指定的牵头单位负责组织。

信息管理机制：建立了突发事件新闻发布机制，加强与新闻媒体的沟通和联系，正确对待公众的知情权，及时引导公众对突发事件的认识，为及时有效开展应急救援响应工作营造良好的社会环境，体现社会责任。

二、应急保障体系建设

（一）应急物资

2009 年初，中国石油对所属全部 156 家企事业单位进行了安全生产应急管理基础信息调查，应急物资是重要调查内容之一。由于中国石油尚未统一应急物资分类标准，参照民政部应急物资分类情况，结合行业特点，将中国石油应急物资装备分成 13 项，包括人身防护、医疗急救、污染控制、检测监测、工程抢险、消防救援、剪切破拆、电力抢修、通信联络、交通运输、应急照明、防洪防汛和其他等。

（二）应急队伍

中国石油在专业化救援队伍建设方面形成了专职消防队与危险化学品应急救援队伍、长输管道维抢修队伍、海上应急救援响应中心、井控应急救援响应中心。

（1）专职消防队与危险化学品应急救援队伍。2006 年 3 月，中国石油对所属 23 家专职消防队伍进行业务整合，分成 7 个联防区域，制定了《消防区域联防工作方案》，建立了消防区域联防机制，提供了整体消防救援能力。在此基础上，把专职消防队与危险化学品救援基地合并建设，大庆石化、吉林石化、辽阳石化、兰州石化和乌鲁木齐石化分别被列为国家级危险化学品救援基地，大庆油田、原四川石油管理局分别被列为国家油气田救援大庆基地、广汉基地。

（2）长输管道维抢修队伍。中国石油在北京油气调控中心设置油气管道应急办公室，在专业公司及各地区公司设立了维抢修应急指挥协调部门，形成了较完备的管道维抢修应急救援体系。在东北、华北、西北、西南、华中和华东 6 大区域，设立了 10 个维抢修中心、25 个维抢修队、1 个封堵中心，配备了履带吊焊机、割管机、囊式封堵器等应急抢险设备 470 多套。

（3）海上应急救援响应中心。2006 年 12 月，中国石油在冀东油田正式成立了海上应急救援响应中心，下设曹妃甸、塘沽和营口 3 个救援站，120 多人。初步建立了应急指挥决策系统，实现了语音通信指挥、网络传输等 7 项主要功能。

（4）井控应急救援响应中心。2007 年 5 月，四川油气井灭火公司胜利完成土库曼斯坦奥斯曼 3 井井喷失控灭火任务。2009 年 6 月，中国石油依托该公司成立了中国石油井控应急救援响应中心。目前，该中心已成为集井控救援、作业试验、培训演练于一体的国家级应急救援基地，具备应对压力小于 70MPa、产量低于 $200 \times 10^4 m^3$ 的高含硫井井喷失控着火的抢险救援能力。

在加强专业应急救援队伍建设的同时，着力做好基层群防性应急保障队伍建设。企业根据实际，建立应急救援队伍，通过配备必要的防护装备、应急工具（设备）等物资，定期演练，增强应对突发事件的综合协调指挥能力。

（三）应急通信

中国石油应急管理主要通过公网电话和传真进行日常办公调度和应急指挥，缺乏专用的应急通信指挥调度系统。

部分生产企业具备综合调度系统，通信手段包括有线电话、移动电话、无线集群调度系统（防爆对讲与电台）、手机短信群发和录音通知等手段。很少企业配置海事卫星终端。

按照中国石油生产业务特点和可能导致的突发事件类型，在日常通信网络系统的基础上，建立专门的应急系统是非常必要的。应急通信系统将包含综合指挥调度系统、多路传真系统、数字录音系统、短波系统及卫星通信系统等。

（四）应急医疗体系

中国石油非常重视应急医疗体系建设，分别在河北省廊坊市、黑龙江省大庆市、吉林省吉林市、甘肃省兰州市设置公共卫生应急救援中心，并在河北省、吉林省、黑龙江省、辽宁省、四川省、甘肃省、新疆维吾尔自治区设立 16 家职业卫生技术服务机构，应对突发事件疫情。

（五）应急技术研究与开发

中国石油高度重视运用科技提高应对突发事件的能力，加强应急管理科学研究，研究制定应急管理标准体系，加强应急技术与产品开发，产业化应用推广，提高应急准备和技术水平。同时，加快非常规突发事件应急技术研究，培养适应中国石油应急工作需要的各层次人才，形成中国石油应急管理科技的支撑体系。

中国石油针对安全生产事故灾难、自然灾害、公共卫生事件、社会安全事件等不同类型的突发事件，从预防、准备、响应和恢复四个阶段开展应急通信、应急分析、应急决策、应急指挥、应急处置和紧急救助等方面的研究。目前，在信息化应急平台体系建设、应急基础数据库建设、应急物资分类与配备等方面加快了研究与实施的步伐。

三、长城钻探应急管理

长城钻探工程公司坚持以科学发展观为指导，以贯彻落实突发事件应对法为主线，坚持预防与处置并重、常态与非常态相结合，抓好基础性工作，把握关键性环节，不断提高应对突发事件的能力和水平。

2008 年，公司重组整合后，在原有预案的基础上，2009 年进行了修订完善，形成了"1＋17"的应急预案体系；之后，印发了《应急预案编制指导意见》、《事故（事件）报告管理办法》、《重大（突发）事件信息报告制度》、《突发事件舆情报告暂行办法》、《应急物资管理办法》、《应急管理办法》等。

公司成立了应急领导小组，构建了应急组织机构，并结合重组整合情况，及时对应急领导小组及办公室成员进行了调整。

公司积极开展应急培训及演练活动，坚持对各员工和管理人员进行进行应急技能培训工作，组织开展以井控、地震、防恐怖袭击、火灾、防洪等为主题的应急演练活动。

第五节　应急处置典型事故案例

一、利比亚项目人员撤离事件

（一）事件概况

2011 年 2 月 15 日，利比亚第二大城市班加西发生数百人的示威游行。之后数日，多个城市爆发示威活动，东部动荡局势迅速加剧，游行示威演变成武装冲突，直至卡扎菲政权的覆灭。

公司利比亚项目共有 8 个钻修井队、2 个测井队、9 个录井队、2 个顶驱队、1 个下套管队、1 个取芯队；中方人员 81 人，其中首都的黎波里 21 人、贾卢绿洲地区 16 人、奥巴里地区 44 人。

（二）响应过程

（1）做好预警和应急准备工作。面对利比亚社会安全形势的突变，利比亚综合项目部积极应对，做好相关工作，如向公司汇报、停止倒班、制定撤离计划、联系境内包机、人员集中、储备应急物资、设备封存等。

（2）积极响应、行动迅速。中国石油召开紧急会议、派遣工作组、保持 24h 联系、启动 I 级应急响应等。

（3）统一领导、多方协作。中国石油工作组、长城钻探工程有限公司突尼斯项目组、中国驻突尼斯大使馆、商业包机公司（国内 4 架次、国际 6 架次）、中国石油天然气集团公司东方地球物理勘探有限公司东方物探、中华人民共和国东北化学建筑工程公司安全转移中方人员 638 人，中国石油 279 人，其他企业 146 人。

（三）成功经验

（1）迅速、果断的应急响应是关键。公司针对利比亚社会安全形势突变，按照中国石油要求立即启动 I 级应急响应程序，果断命令项目部人员全部撤离。

（2）统一组织和协调是成功撤离的根本。中国石油于 2 月 22 日召开了紧急会议，要求在利比亚各单位统一思想、加强领导、统一部署，在前线工作组的统一协调下，各单位按照中国石油的统一部署进行有序撤离，做到了撤离时不慌、不乱，保证了应急撤离工作正常进行。

（3）信息沟通是应急撤离的基础。在这次应急撤离前，由于利比亚的通信基本瘫痪，卫星电话的信号也被干扰，项目部依托全球宽带局域网（BGAN）建立了利比亚应急小组 QQ 群，所有的指令、措施、方案、信息等都通过 QQ 群来快速传递，确保了项目部与国内、大使馆、前线基地、作业队伍以及利比亚各中国石油单位间的信息沟通。

（4）应急撤离方案是依据。利比亚项目部按照公司要求，制定了多套应急撤离方案，在一套方案受阻的情况下，可以及时调整措施，确保顺利撤离。项目部在制定人员从现场撤离到首都的方案中既考虑了空中撤离，也对陆路撤离进行了安排，并且根据形势的变化不断调整撤离方案，为撤离的实施提供依据。

（5）应急资源是保障。撤离方案是否能够顺利实施，应急资源的掌握至关重要。一是飞机资源保障。利比亚项目部、突尼斯项目部把握先机，第一时间掌握了飞机资源，确保了撤离时的主动性，为应急撤离赢得关键工具。二是资金保障。利比亚项目、突尼斯项目提早从银行提取了现金，为包机的正常起飞提供了资金保障。在资金不够的情况下，项目部员工主动募集资金，保证了包机的正常飞行。三是应急生活物资保障。项目在各地紧急储备了至少 2 周的应急生活物资，为人员提供了突发事件下生活的基本保障。四是车辆资源保障。事件发生后，现场立即将车辆集中，统一使用，确保了奥巴里、贾卢地区人员迅速集中和撤离。五是应急通信保障。项目部及时调试了从现场带回的海事卫星电话，确保了现场的应急通信。

（6）地区联动发挥了决定性作用。突尼斯项目部发挥了重要角色，为利比亚到突尼斯空中走廊的打通、人员到突尼斯手续办理以及接待等工作给予了重要帮助，确保了人员的迅速、安全撤离。此次从利比亚向第三国撤离的成功案例也为其他项目在突发事件时的应急撤离提供了宝贵经验。

二、某石化厂苯爆炸事故

（一）事故概况

2005 年 11 月 13 日 13 时 40 分左右，吉林某石化公司双苯厂苯泄漏发生连续爆炸，附近百米之内居民楼的玻璃都被震碎，共造成 6 人死亡，70 多人受伤。爆炸还造成约 100t 苯类物质流入松花江，造成了江水严重污染，哈尔滨市因此事件停水 4 天。

黑龙江省哈尔滨市 11 月 26 日监测的水质数据表明，受污染的松花江水中硝基苯浓度已超过国家标准的 30.1 倍。

松花江干流将汇入位于中俄边界的黑龙江，污染水流还可能威胁俄罗斯东部地区哈巴罗夫斯克，该地区已于 11 月 25 日宣布进入紧急状态。

（二）直接原因

双苯厂没有事故状态下防止受污染的消防水流入松花江的措施。爆炸事故发生后，未能及时采取有效措施防止泄漏出来的部分物料、循环水、事故现场的消防水与残余物料的混合物流入松花江。

（三）经验教训

一是应急预案有重大缺失。生产单位没有进行深入的风险识别与评估，没有污染救援方案及措施。

二是应急救援相关部门对水污染估计不足、重视不够，未提出防控措施和要求。

三、12·23 井喷特大事故

（一）事故概况

2003 年 12 月 23 日，重庆开县的一口天然气井发生井喷特大事故，大量混有剧毒硫化氢的天然气外泄，共造成 243 人死亡。

（二）直接原因

对罗家 16# 井的特高出气量估计不足；高含硫高产天然气水平井的钻井工艺不成熟；在起钻前，钻井液循环时间严重不够；在起钻过程中，违章操作，钻井液灌注不符合规定；未能及时发现溢流征兆，这些都是导致井喷的主要原因。有关人员违章卸掉钻柱上的回压阀是导致井喷事故的直接原因。

（三）经验教训

一是应急指挥不力。井喷发生后，大量含有高浓度硫化氢的天然气喷出扩散，没有及时采取放喷管线点火措施，导致大量人员中毒伤亡。

二是生产单位没有进行深入的风险识别与评估，没有污染救援方案及措施。

三是信息传播慢。事故发生 1h 后，开县人民政府才接到了有关井喷的消息，通知村民紧急撤离。

四是公众缺乏常识。群众对硫化氢不了解，发现异味不知如何应对。

四、北京某小区污水井吞 7 命

（一）事故概况

2009 年 7 月 3 日 14 时许，因排污不畅，小区物业公司派维修人员前往 6 号楼西侧污水井进行维修。第一批员工 3 人在未经检测且未使用安全防护用品的情况下，先后下井并晕倒。赶来营救的 7 名物业员工及领导陆续下井救援，均出现中毒现象。当日 14 时 55 分，当地公安消防支队新华街中队到达事故现场组织施救，又有 1 名消防员牺牲。事故共造成 6 人死亡，5 人受伤。

（二）直接原因

经检测，认定本次事故为硫化氢、甲烷引起的窒息性气体中毒。

（三）经验教训

一是对有限空间作业现场检查不到位；

二是未及时发现和消除井下作业存在的安全隐患；

三是未及时向公司申请相关的劳动防护用品和相关检验检测设备；

四是事故发生后，在未采取有效安全防护措施的情况下贸然组织施救，导致事故进一步扩大。

（四）类似事故

2012 年 5 月 25 日，国务院安全生产委员会办公室下发文件，通报了 5 月份因盲目施救导致事故扩大的 11 起案件，事发时只有 14 人涉险，最终导致 40 人伤亡、8 人受伤，损失惨重，教训深刻。

五、消防通道被堵造成重大人员伤亡

（一）事故经过

1994 年 12 月 7 日，新疆维吾尔族自治区教委"义务教育与扫盲评估验收团"一行 25 人到克拉玛依市检查工作。12 月 8 日 16 时，克拉玛依教委组织 15 所中、小学 15 个规范班和教师家长等 769 人在友谊剧院为检查团进行文艺汇报演出。大约 18 点 20 分左右，舞台上的幕布被电灯烤燃，引发大火，造成 325 名学生和教师等遇难。

（二）直接原因

事件的直接原因是消防通道和应急逃生通道被堵，从而导致火灾发生后人员未及时撤离，引起人员踩踏和窒息性气体中毒死亡。

（三）经验教训

（1）当时正是克拉玛依的冬季，剧院为保温需要，一些出口被人为封堵，只有一个出口开放，发生火灾事故时造成人员拥挤。

（2）由于断电，唯一一个出口的卷帘门最后关闭，其他关闭的门都安装了防盗门，外面的人无法打开，造成人员大量窒息死亡。

（3）事故发生时，剧院的值班电工不在，导致未及时对着火的幕布进行有效处理。

（4）事故发生后，撤离指挥不当，学生等着领导先走，错过了最佳撤离的时间。

六、技术装备落后，受困人员未得到及时救援

（一）事故经过

2003 年 4 月 16 日 17 时 18 分，湖南省某煤矿发生突水事故，距离地面 120m 左右，造成 16 人被困井内窒息死亡、1 人失踪。

（二）原因

事故发生后，当地政府及时制定营救方案，准备打救援井实施营救工作。此次事故救援技术方案正确，但由于使用的挖掘营救巷道的设备不能满足要求，掘进速度慢，到 22 日才打通营救巷道，错失了救人的最佳时间。

2002 年 7 月 24 日至 28 日，美国宾夕法尼亚州一煤矿发生一起特大突水事故。当时，井下 9 人被堵在采掘工作面，距离地面 300 多米。当局应用快速钻机从地面进行钻孔救人，48h 即完成钻孔施工，用小钻孔给被困人员供氧，实现通信联系。后用大钻孔下放吊桶将 9 人全部救出地面。

（三）经验教训

没有现代化的应急装备，就难以从根本上提高应急救援水平。

参 考 文 献

[1] 李红杰，鲁顺清．安全人机工程学．武汉：中国地质大学出版社，2006.

[2] 中国石油天然气集团公司安全环保部．HSE 风险管理理论与实践．北京：石油工业出版社，2010.

[3] 罗远儒．石油天然气工程健康安全环境管理．北京：石油工业出版社，2002.

[4] 罗远儒．石油天然气工程境外作业人员 HSE 培训教程．北京：石油工业出版社，2009.

[5] 中国石油天然气集团公司安全环保部．Q/SY 1002.1—2007《健康、安全与环境管理体系 第 1 部分：规范》释义．北京：石油工业出版社，2009.

[6] 中国石油天然气集团公司安全环保与节能部．HSE 管理体系审核教程．北京：石油工业出版社，2012.

[7] 罗云．安全经济学．2 版．北京：化学工业出版社，2010.

[8] 中国石油天然气集团公司安全环保部．石油石化员工应急知识读本．北京：石油工业出版社，2009.

[9] 罗云．注册安全工程师手册．北京：化学工业出版社，2010.

[10] 刘景凯．企业突发事件应急管理．北京：石油工业出版社，2010.